Michel Rocard
Pierre Larrouturou

La gauche n'a plus droit à l'erreur

Flammarion

ISBN : 978-2-0812-8244-5

« On n'ose plus parler du capitalisme, alors que ce système vit une crise foudroyante et suicidaire à moyen terme pour l'humanité.

Nous, socialistes, devrions être bien placés pour l'expliquer et y répondre. »

Michel Rocard
Le Parisien, le 25 août 2007

« La prochaine crise risque d'être plus grave que celle de 1930. »

Mervyn King,
Gouverneur de la Banque d'Angleterre
Sky News, 6 octobre 2011

« Nous sommes face au risque d'un *effondrement* de l'ensemble du système économique mondial. »

Jean-Pierre Jouyet,
Président de l'AMF
France Inter, 23 septembre 2011

« En Chine, l'activité recule pour le onzième mois consécutif. »

AFP, 24 septembre 2012

« Le président chinois a demandé à la marine "de mener des préparatifs intensifs en vue du combat militaire". Cette annonce est intervenue après un voyage en Asie du président Obama. »

Le Monde, 12 décembre 2011

Prologue

Avant qu'il ne soit trop tard

Vendredi 24 novembre 2017 / Edition **Namur/Luxembourg** / Quotidien / N° 304 / 1,30 EUR (G.-D. L. : 1,40 EUR) / 02 225 55 55

lesoir.be

LE SOIR

La Chine a envahi Taïwan, les Etats-Unis entrent en guerre

« Une guerre hélas prévisible » a affirmé le Président du Conseil européen en ouvrant la réunion extraordinaire des 27 Chefs d'Etat et de gouvernement.

« Une guerre hélas prévisible », a affirmé le président du Conseil européen en ouvrant la réunion extraordinaire des vingt-sept chefs d'État et de gouvernement.

« Début 2012, au moment où la bulle immobilière explosait en Chine et provoquait une forte augmentation du chômage, le gouvernement avait publiquement annoncé qu'il allait doubler son budget militaire, qu'il aurait en 2015 un budget militaire quatre fois supérieur à celui du Japon, son ennemi héréditaire, et qu'il voulait "être capable de gagner des guerres locales". » Les intentions de la Chine n'étaient pas tenues secrètes. Nous ne pouvons pas dire que nous ne savions pas.

« C'est en 2007 que la crise a commencé. C'est en 2012 que la Chine a été violemment touchée à son tour, que les émeutes sociales se sont multipliées et que le gouvernement a décidé d'accélérer la professionnalisation de ses armées. Nous autres, Européens, nous qui sommes la première puissance économique mondiale et le premier client de la Chine, nous qui savons mieux que quiconque comment la crise de 1929 a débouché sur une tragédie, nous aurions dû agir depuis longtemps pour changer notre modèle social, pousser la Chine à faire de même et réaffirmer – au sein du G20 comme de l'OMC – que c'est par la justice sociale et la coopération que tous nos pays pouvaient sortir de la crise.

« Nous avons trop longtemps nié la gravité de la crise. En Europe comme dans le reste du monde, nous avons perdu trop de temps en vaines querelles. Nous avons agi trop tard, trop peu. Nous en payons le prix aujourd'hui », a conclu le président avant de rentrer dans la salle du Conseil.

À New York, au même moment, le Conseil de sécurité de l'ONU entamait une réunion de crise.

À Londres, le gouvernement vient de démissionner face à la pression des chômeurs et des précaires qui manifestent dans les rues de la capitale. C'est le second gouvernement européen qui démissionne en un mois.

***

« Toutes les grandes défaites se résument en deux mots : *trop tard* », affirmait le général Douglas MacArthur. Allons-nous attendre qu'il soit *trop tard* pour mesurer la gravité de la crise, en Europe et dans le reste du monde ? Allons-nous attendre qu'il soit *trop tard* pour nous attaquer à ses causes fondamentales et pour agir en posant des actes à la mesure des dangers qui nous menacent ?

« Nos dirigeants sont dans le déni de la réalité, affirme Paul Krugman, Prix Nobel d'Économie. Ils enrobent tout de sucre. Ils fuient leur responsabilité. »

« Personne ne veut regarder les choses en face, écrivait Joseph Stiglitz, autre Prix Nobel, fin 2009. Nous sommes en train de préparer le terrain pour d'autres crises, aussi violentes que celle que nous traversons. Elles détruiront des millions d'emplois à travers le monde. Depuis le début de la crise, on s'est contenté de déplacer les fauteuils sur le pont du *Titanic* [1]. »

Dans ses *Mémoires de guerre*, Churchill montre comment on aurait pu éviter la Seconde Guerre mondiale, la « guerre superflue », comme il l'appelle. Churchill explique que tous les dirigeants s'étaient convaincus que leur rôle fondamental était d'être optimistes, totalement optimistes, et de rassurer les peuples : « La reprise est au coin de la rue, la crise est bientôt finie. » « M. Mussolini ne veut pas la guerre. » « Avec la ligne Maginot, la France ne craint rien »… À force d'être optimistes, on a laissé nos pays glisser vers la barbarie.

En ce début 2013, la question n'est pas d'être optimistes ou pessimistes. La question est d'arrêter de faire l'autruche. Sortir du déni et permettre au plus grand nombre de citoyens et d'élus de prendre conscience des dangers qui nous menacent.

La question est ensuite de poser un diagnostic, le plus juste possible, de la situation : *qu'est-ce qui cloche ?* Pourquoi ce que nous avons fait depuis cinq ans n'a pas réglé les problèmes et les a même parfois aggravés ? À partir de ce constat, nous pourrons mieux voir sur quels leviers il est possible d'agir avec efficacité avant que le piège ne se referme sur nous.

---

1. *Le Triomphe de la cupidité*, Les Liens qui libèrent, 2010.

***

L'Union européenne est la première puissance économique mondiale. Elle peut être la première à sortir de la crise et à devenir un pôle de stabilité et de prospérité.

Produit intérieur brut (PIB) en 2011

Union européenne	17 960 Mds
États-Unis	15 034 Mds
Chine	6 988 Mds

Source : OCDE.

L'Europe a tous les atouts pour s'extraire de la « spirale de la mort » que dénonce régulièrement Paul Krugman. Nous avons toutes les cartes en main pour que l'Europe – et chacun de ses États membres – sorte renforcée de la crise, mais cela suppose d'arrêter d'agir au coup par coup : nous devons rompre avec le « *too little, too late* » – trop peu, trop tard – qui ne peut qu'accroître le scepticisme de nos concitoyens.

Au-delà des mesures d'urgence, nous devons établir un plan global de sortie de crise. Quelles sont les causes fondamentales du problème ? Si les solutions mises en œuvre depuis cinq ans n'ont pas réussi à vaincre le mal, c'est sans doute que le diagnostic était faux ou incomplet. Nous devons nous accorder sur les moyens d'attaquer enfin les racines de cette crise.

Depuis plusieurs années, ensemble ou séparément, par des livres et des articles, nous avons tous les deux tiré la sonnette d'alarme, à de multiples reprises, et nous avons déjà avancé un certain nombre de solutions dans le débat public. Sans être jamais vraiment contredits, mais sans être non plus jamais vraiment entendus de nos dirigeants.

Alors, pourquoi publier un nouveau livre ? Pourquoi espérer être entendus aujourd'hui alors que nous ne l'avons pas été depuis dix ans ?

1. La crise s'aggrave

Il ne se passe pas une semaine sans qu'un économiste faisant autorité explique que nous rentrons dans une nouvelle phase qui ne peut pas se confondre avec une banale récession. Tous les « idiots utiles » qui affirmaient, il y a deux ou trois ans, que la crise était finie se font plus discrets. Peut-être les esprits sont-ils plus ouverts aujourd'hui à regarder les choses en face et à entrer dans des raisonnements nouveaux.

2. La gauche, en France, a gagné tous les moyens d'agir

François Hollande est l'un des membres du G8. S'il le veut, il peut organiser une réunion extraordinaire du G8 ou du G20. S'il le veut, il peut saisir le Conseil de sécurité de l'Onu ou mettre sur la table du prochain sommet européen les analyses et les solutions avancées dans ce livre. S'il le veut, il peut pousser les partenaires sociaux à l'audace (et eux-mêmes peuvent décider de faire preuve d'une audace nouvelle) et ouvrir des dossiers jusque-là tabous.

Crise sociale, crise financière, crise écologique, crise alimentaire, crise démocratique… Dans bien des domaines, nos sociétés approchent d'un point de non-retour, de basculement. La France, l'Europe et la planète tout entière sont à la croisée des chemins. Pour le meilleur ou pour le pire, les livres d'histoire parleront dans vingt ans des années 2013-2014. Comme des années soit d'effondrement, soit de sursaut, de renaissance.

En économie, on parle souvent de l'effet domino dans un sens négatif : en 2008, la chute d'une banque aux États-Unis a suffi à provoquer une récession mondiale. Nos systèmes sont de plus en plus interdépendants. Interdépendants pour le pire, mais aussi pour le meilleur : l'effet domino peut jouer aussi pour *sortir* de la crise.

Si la France est capable de clarifier les termes du débat et de mettre très vite en œuvre des politiques réellement efficaces, d'autres pays suivront sans tarder, avec leurs traditions et leurs cultures propres, mais en s'inspirant de ce que nous aurons fait.

« Si les hommes auxquels le pouvoir est confié interprètent convenablement la réalité historique, ils peuvent favoriser des accouchements, les rendre moins pénibles, moins douloureux ; ou, au contraire, freiner tel ou tel progrès », affirmait Pierre Mendès France. Il avait raison : la première chose à faire est d'interpréter convenablement la réalité historique.

Le programme économique du PS a été rédigé pour l'essentiel en 2010, quand beaucoup pensaient que la crise touchait à sa fin et que l'activité allait reprendre comme avant. Il prévoit le retour de la croissance dès 2013. Visiblement, ce n'est pas le cas. Il est fondamental que la gauche française fasse enfin son *aggiornamento*. Il est urgent d'arriver à construire un diagnostic commun des dangers qui nous menacent. C'est par cet exercice que nous proposons au lecteur de commencer.

Chapitre I

Qui peut croire que la crise est finie ?

« 417 000 nouveaux chômeurs d'ici fin 2013. » Les prévisions publiées par l'Unedic [1] le 16 mai 2012 auraient dû être à la une de tous les journaux mais bien peu en ont parlé car tous les regards étaient tournés vers l'Élysée et la formation du nouveau gouvernement.

417 000 chômeurs supplémentaires en dix-huit mois ! Alors que le nombre de chômeurs a déjà augmenté de 1 500 000 depuis que la crise des *subprimes* a commencé. Ce serait terrible ! Déjà plus de 5 millions d'inscrits à Pôle Emploi.

Le cap symbolique a été franchi au début de l'été 2012 avec 5 002 000 demandeurs d'emploi. Sans compter les 275 000 demandeurs d'emploi des départements d'outre-mer. Ni les 230 000 dispensés de recherche d'emploi (celles et ceux qui ont plus de 57 ans et ne sont pas comptabilisés comme demandeurs d'emploi même s'ils sont bien au chômage et ne touchent qu'une maigre indemnité). Ou encore les plus de 600 000 RMIstes qui sont au chômage mais en fin de droits et ne sont pas comptabilisés, eux non plus, à

1. Union nationale interprofessionnelle pour l'emploi dans l'industrie et le commerce.

Demandeurs d'emploi inscrits en fin de mois
à Pôle emploi en catégories A, B, C, D, E

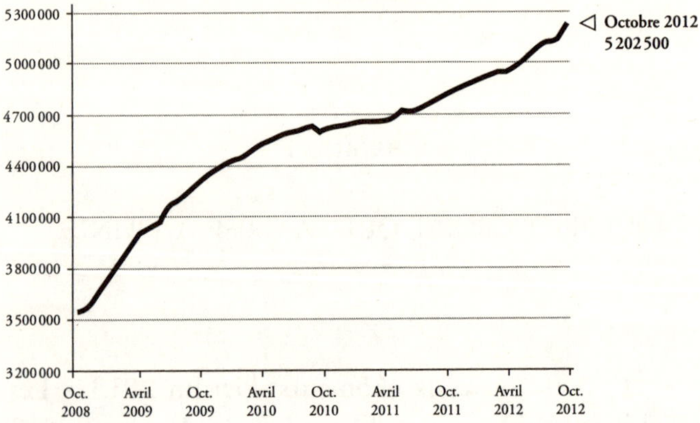

Source : Ministère du Travail.

Pôle Emploi. Sans compter non plus les milliers de jeunes qui sont encore « chez papa et maman » à 26 ou 27 ans : ils n'ont jamais eu d'emploi stable, ils n'ont pas cotisé suffisamment pour avoir droit à une indemnité et ne vont donc pas s'inscrire au chômage…

Les chiffres publiés chaque mois par le ministère du Travail sont impressionnants mais ils ne disent pas la gravité réelle de la crise. Pour le mois d'octobre 2012 par exemple, le ministère a annoncé que le chômage avait augmenté de 42 000 en un mois [1]. Ce chiffre est déjà catastrophique en lui-même (presque 1 500 chômeurs de plus chaque jour !), mais en lisant la note détaillée publiée par le ministère, on comprend que cette augmentation de 42 000 n'est que le solde entre les 537 000 entrées à Pôle Emploi enregistrées en octobre et les 495 000 sorties comptabilisées le même mois.

1. Ministère du Travail, 28 novembre 2012.

Entrées et sorties de Pôle Emploi
pour le mois d'octobre 2012

Entrées à Pôle Emploi	537 000
Sorties de Pôle Emploi	495 000
Solde = augmentation du chômage	+ 42 000

Source : Ministère du Travail.

Oui. Vous avez bien lu : 537 000 hommes et femmes se sont inscrits à Pôle Emploi, en un mois seulement. C'est une foule immense que nul ne voit jamais – chacune et chacun est seul(e) à son domicile pour s'inscrire par Internet ou tenter de parler par téléphone à un conseiller de Pôle Emploi – mais ce chiffre permet de comprendre pourquoi, dans toutes les enquêtes, le chômage et la précarité apparaissent comme la première préoccupation des Français : chaque mois, plus de 500 000 personnes font l'expérience traumatisante de « tomber » au chômage. C'est un chiffre colossal, que nul n'aurait pu imaginer il y a dix ou vingt ans.

Moins de la moitié des « sorties » sont des retours à l'emploi

Vu leur charge de travail, les salariés de Pôle Emploi ont de plus en plus de difficultés à accompagner comme ils le souhaiteraient chaque demandeur d'emploi (un conseiller de Pôle Emploi accompagne en moyenne 165 chômeurs [1]). Il est très difficile de dire en temps réel qui retrouve un emploi parmi ceux qui

1. *Les Échos*, 1er août 2012.

quittent les fichiers du chômage. Le ministère du Travail a cependant publié le 1er juin 2012 une étude qui montre qu'un peu moins de la moitié seulement de ceux qui quittent Pôle Emploi retrouvent un travail.

> **47 % des sortants de Pôle Emploi reprennent un travail**
>
> Près de 47 % des demandeurs d'emploi sortis des listes de Pôle Emploi en septembre dernier ont repris un travail, selon une étude du ministère du Travail publiée vendredi. Sur 459 300 demandeurs d'emploi sortis des listes d'inscrits en septembre 2011 [1], 46,6 % ont repris un emploi.
>
> Parmi les autres « sortants », 11 % sont entrés en formation et 17 % se sont aussitôt réinscrits car leur sortie était liée à un problème d'actualisation de leur situation mensuelle (oubli, retard). Les autres ont été radiés (2 %), ne se sont pas réinscrits (volontairement ou pour des raisons accidentelles) ou sont partis à la retraite.
>
> Parmi les sortants retrouvant un emploi, la proportion accédant à un contrat à durée indéterminée (CDI) ou à un contrat à durée déterminée (CDD) de plus de six mois reste inférieure à la moitié (46,2 %).
>
> *Le Figaro*, 1er juin 2012

En résumé :

1. Chaque mois, plus de 500 000 personnes arrivent à Pôle Emploi.

2. Si le « stock » de chômeurs augmente de 30 000 ou 40 000 « seulement », c'est parce que les sorties sont presque aussi nombreuses que les entrées? mais moins de 50 % des sortants trouvent un emploi.

3. Pour ceux qui trouvent un emploi, l'« emploi normal » – le CDI – devient de plus en plus rare : les CDI et les CDD de plus de six mois constituent 46 %

1. Avant que notre économie ne plonge à nouveau en récession.

des reprises d'emploi, donc 22 % seulement des sorties. Au deuxième trimestre 2012, les embauches en CDI (à temps plein ou à temps partiel) n'ont représenté que 15 % des embauches hors intérim [1].

Déclarations d'embauches hors intérim au cours du 2e trimestre 2012

Taille de l'entreprise	0 à 19 salariés	20 salariés ou plus	Total
Embauches de plus d'un mois	769 000	955 000	1 724 000
Dont CDD de plus d'un mois	408 000	539 000	947 000
Dont CDI	**361 000**	**416 000**	**777 000**
CDD de moins d'un mois	1 190 000	2 271 000	3 461 000
Total des embauches	1 959 000	3 226 000	**5 185 000**

Source : Acoss.

Quant à l'emploi en intérim, il occupe 605 200 ETP, si l'on en croit les chiffres du patronat des métiers de l'intérim [2]. ETP ? Équivalent Temps Plein. « Les missions d'intérim durent 1,7 semaine en moyenne. Les contrats sont souvent de un jour ou deux dans l'hôtellerie-restauration et sont plus longs dans l'industrie. L'intérim occupe 605 000 personnes qui, en moyenne, travaillent à mi-temps sur l'année. »

1. Chiffres publiés par l'Acoss, le 19 juillet 2012. L'Agence centrale des organismes de sécurité sociale est la Caisse nationale des Urssaf. Elle est chargée d'assurer la gestion commune de la trésorerie des différentes branches du régime général de la Sécurité sociale. Toutes les entreprises qui embauchent un salarié doivent le signaler à l'Acoss.

2. www.prisme.fr. Données pour juin 2012.

Comment fait-on pour construire son avenir quand on enchaîne des contrats qui durent neuf jours en moyenne ? Comment fait-on pour transmettre à ses enfants la « valeur travail » ? Comment fait-on pour les motiver pour leurs études – « tu auras un bon métier quand tu seras grand » – quand on ne sait pas soi-même dans quelle entreprise on sera dans un mois ?

Chaque mois, des dizaines de milliers de « fin de droits »

En 2010, tous les journaux ont consacré leur une au problème des « fin de droits ».

> **Un million de chômeurs en fin de droits en 2010**
>
> Un million de demandeurs d'emploi vont perdre leurs droits à l'assurance-chômage en 2010, prévoit la direction de Pôle Emploi. Seuls 38 % de ces « fin de droits » devraient bénéficier de la solidarité nationale : « Sur un an, de juillet 2008 à juin 2009, 16 % des chômeurs en fin de droits étaient éligibles à l'Allocation spécifique de solidarité (ASS) et 22 % au Revenu minimum d'insertion (RMI), remplacé depuis par le Revenu de solidarité active (RSA) », indique Jean-Paul Blouard, directeur adjoint de Pôle Emploi.
>
> L'éligibilité à l'ASS comme au RSA est en effet soumise aux conditions de ressources du foyer et non de l'individu.
>
> Ce sont donc plus de 600 000 chômeurs qui verront leur sort remis au seul soutien familial, entraînant un accroissement sensible de la pauvreté en France.
>
> *Le Monde*, 19 janvier 2010

Porte de sortie « naturelle » des chômeurs qui ont épuisé leurs droits à une allocation-chômage, l'Allocation spécifique de solidarité (quelque 450 euros par mois) nécessite d'avoir travaillé cinq ans sur les dix dernières années, et de ne pas gagner, pour un couple, plus de 1 665 euros par mois.

Si leurs conjoints gagnent correctement leur vie, les chômeurs en fin de droits ne peuvent bénéficier d'aucune aide : ils n'apparaissent plus dans aucune statistique mais, globalement, les revenus de leur famille ont été divisés par deux en deux ans…

En 2010, le total des inscrits à Pôle Emploi a augmenté d'un peu moins de 300 000. Certes. Mais, dans le même temps, quelque 600 000 personnes tombaient en fin de droits.

Derrière ces chiffres, chacun d'entre nous peut mettre des visages. Des amis, des cousins, des parents qui sont touchés par le chômage ou qui sont en situation précaire.

Derrière les chiffres, on imagine comment la vie quotidienne de ces milliers de personnes bascule en quelques semaines : comment peut-on vivre décemment (vivre vraiment et pas seulement survivre ou sous-vivre) avec le RSA ? 466 euros par mois pour une personne seule et sans revenus, 700 euros pour un couple sans enfant…

Derrière les chiffres, il y a cet homme à Montpellier qui explique que le plus dur, quand on est au chômage de longue durée, c'est qu'on fait vraiment attention à chaque dépense et qu'« on ne peut plus inviter sa femme au restaurant. Même pour fêter notre anniversaire de mariage ».

Derrière les chiffres, il y a cette femme rencontrée à Toulouse. À 50 ans, elle élève seule ses deux enfants et dit son désarroi : « Mes enfants me disent que j'ai une vie de con : j'alterne des mois de chômage, où je déprime à la maison, et des CDD pendant lesquels je travaille cinquante heures par semaine, avec l'espoir que si je me tue à la tâche, on va prolonger mon contrat… C'est vrai, c'est une vie de con. »

Derrière les chiffres, il y a ces milliers de jeunes qui, à 26, 27 ou 28 ans, sont encore obligés de « rester chez papa et maman » ou de leur demander régulièrement un coup de main pour faire face aux dépenses incontournables, à l'âge où ils aimeraient être libres et indépendants.

Derrière les chiffres, il y a cet homme qui a tenté de s'immoler par le feu, à Mantes-la-Jolie, le 8 août 2012, parce qu'il venait d'apprendre que son RSA était suspendu…

43 % des hommes jeunes sont au chômage dans les quartiers sensibles

Fin 2010, un rapport de l'Observatoire national des zones urbaines sensibles montrait que le chômage atteint 43 % des hommes jeunes dans les quartiers sensibles. Comment parler de République, comment parler de Liberté, d'Égalité ou de Fraternité quand, dans certains quartiers, les chiffres officiels (qui sont toujours en dessous de la réalité) disent que près d'un jeune sur deux est au chômage ?

« À quoi ça sert de mettre des milliards pour refaire le béton des cités, si on n'est pas capables de leur donner le moindre espoir ? s'interrogeait il y a trois ans un responsable de l'ANRU [1]. Cela fait des années qu'on met des milliards sur la rénovation urbaine. C'est sans doute mieux que si on ne faisait rien, évidemment. Mais si le chômage et la précarité continuent à casser

1. Agence nationale pour la rénovation urbaine.

les gars et à casser les familles, autant pisser dans des violons ! »

Jamais notre pays n'a été aussi riche, globalement. Mais jamais notre pays n'avait connu un tel chômage, une telle précarité. Jamais, dans toutes nos villes, on n'a vu autant d'hommes et de femmes attendre les poubelles des supermarchés pour y trouver de la nourriture.

« Contre le chômage, on a tout essayé », disait François Mitterrand. À droite comme à gauche, beaucoup partagent ce fatalisme et ont, de fait, renoncé à chercher des solutions à la hauteur du drame que nous sommes en train de vivre. Tous ceux qui se résignent ont-ils bien mesuré l'ensemble des conséquences du chômage et de la précarité de masse ?

D'après les dernières études de l'Insee [1], six millions de salariés ont un salaire inférieur ou égal à 750 euros par mois. En 1994, quand ils avaient voulu créer un smic [2] jeune (smic moins 20 %), Édouard Balladur et Nicolas Sarkozy avaient provoqué une telle levée de boucliers qu'ils avaient dû, très vite, renoncer à leur projet. Pour tous les manifestants, le smic était un salaire *minimum*. Et il n'était pas question que quiconque soit payé au-dessous… Mais dix-neuf ans plus tard, d'après l'Insee, la multiplication des emplois à temps partiel est telle que plus de 12 % des salariés ont aujourd'hui un salaire inférieur au smic. Un salarié sur huit a un salaire inférieur au salaire minimum !

La multiplication de ces emplois précaires est, humainement, une catastrophe. Il y a trente ans, quand

1. Institut national de la statistique et des études économiques.
2. Salaire minimum interprofessionnel de croissance.

un homme ou une femme retrouvait un emploi après quelques mois de chômage, c'était – presque toujours – un CDI à plein temps. C'était du solide. Un nouveau départ. La vie pouvait recommencer… Aujourd'hui, pour des millions d'hommes et de femmes, la vie consiste en une alternance de périodes de chômage et de périodes de précarité. Ils se sentent englués, sans avenir. La galère à durée indéterminée…

Des millions d'hommes et de femmes n'ont que des emplois précaires et parmi ceux qui ont un emploi stable, combien se sentent « à l'étroit » dans leur poste ? Selon l'Insee, 25 % des salariés sont aujourd'hui surqualifiés par rapport aux emplois qu'ils occupent.

Quand ils atteignent un tel niveau, le chômage et la précarité ne concernent pas seulement les chômeurs, les précaires et leurs familles (ce qui fait déjà un nombre considérable de personnes), mais déstabilisent l'ensemble de la société.

« Si t'es pas content, tu peux aller voir ailleurs »…

Dans beaucoup d'entreprises, dit ou non dit, le « si t'es pas content, tu peux aller voir ailleurs » remplace souvent toute vraie négociation. Combien de millions de salariés doivent se contenter des conditions de travail et des salaires qui leur sont imposés ?

Jamais le stress et la souffrance au travail n'avaient atteint un tel niveau. On a beaucoup parlé des suicides chez France Télécom ou chez Renault, mais ces deux entreprises ne sont pas des exceptions.

À Clermont-Ferrand, un jeune retraité raconte comment il s'inquiète pour son fils, cadre dans une grande entreprise publique. Il doit accepter chaque année un travail plus lourd et prend des anxiolytiques tous les soirs pour trouver le sommeil : « Quand j'avais son âge, si on n'était pas content du contenu du travail ou bien de la charge de travail, on pouvait donner sa démission et on retrouvait un emploi en quelques mois. Mais aujourd'hui, quand on voit le nombre de chômeurs et de précaires, qui peut prendre le risque de donner sa démission ? Personne. Tout le monde s'écrase. Tout le monde se laisse écraser petit à petit par le système. »

Souffrance due au chômage, au sous-travail et à la précarité d'un côté. Souffrance, stress et maladies professionnelles dues au surtravail de l'autre… Ce sont les deux faces d'une même médaille. Deux conséquences d'un même déséquilibre.

Il ne s'agit pas pour nous de noircir le tableau. Il y a fort heureusement des entreprises où les salariés sont heureux, où le travail est intéressant et les rythmes de travail tout à fait acceptables. Mais, au bout de quarante ans de chômage et de précarité, nul ne peut nier la dégradation générale du marché du travail. Une étude publiée en avril 2011 montrait que moins d'un salarié sur trois estime être « souvent » heureux au travail [1].

Le travail devrait être un lieu d'épanouissement, un lieu de dialogue, de partage et de créativité. Mais, à cause de la peur du chômage, un nombre croissant de salarié(e)s restent sur des postes qui ne les intéressent pas (ou moins qu'avant), avec une charge de travail

---

1. *La Tribune*, 5 avril 2011.

trop importante ou un salaire décevant. Le nombre de celles et ceux qui vont au travail tous les matins sans vraiment s'y épanouir, mais principalement pour des raisons alimentaires, ne cesse d'augmenter.

Et la France n'est évidemment pas une exception. C'est l'ensemble de la planète qui souffre du chômage, de la précarité et de leurs conséquences.

75 millions de jeunes au chômage dans le monde

Un tiers des jeunes dans les pays développés ne sont ni à l'école ni au travail, s'alarme l'Organisation internationale du travail. Le taux mondial du chômage des jeunes reste bloqué à son plus haut niveau de la crise et ne devrait pas redescendre avant 2016 au moins. L'OIT chiffre au total à 75 millions le nombre de jeunes chômeurs âgés de 15 à 24 ans dans le monde, soit quatre millions de plus qu'en 2007.

La situation est particulièrement alarmante dans les économies développées, où le taux dépasse les 18 %, jusqu'à 23 % dans l'Union européenne, selon les dernières statistiques d'Eurostat. Pire, en Grèce ou en Espagne, c'est un jeune sur deux qui n'a pas de travail.

Plus inquiétant encore, pointe l'organisation internationale de Genève, est l'augmentation des 15-24 ans qui sont à la fois hors des circuits d'emploi et d'étude. Cumulés avec le nombre de chômeurs, cela touche un tiers des jeunes dans les pays développés. « Il y a un vrai risque de génération perdue », commente Ekkehard Ernst, expert à l'OIT.

D'autant, relève encore l'OIT, que de nombreux jeunes « sont confinés dans des emplois temporaires, faiblement productifs qui n'augurent pas de meilleurs emplois ». Pour le directeur exécutif de l'OIT, José Manuel Salazar-Xirinachs, la crise du chômage des jeunes peut être vaincue, à condition que cela devienne une priorité politique.

Le Figaro, 22 mai 2012

Combien de générations sacrifiées ?

Début 2009, Angel Gurria, secrétaire général de l'OCDE [1], affirmait déjà : c'est « maintenant qu'il faut agir car sinon, les jeunes qui débutent sur le marché du travail en 2009, ceux qui forment la génération 2009, courent un grand risque de devenir une génération sacrifiée ». Il n'a guère été entendu et, quatre ans plus tard, les problèmes n'ont fait que s'aggraver.

Aux quatre coins de la planète, les jeunes se rebellent : aux États-Unis comme au Japon, en Espagne comme en Tunisie, ils disent leur désarroi et leur colère. Et, petit à petit, la peur du chômage contamine un nombre croissant d'adolescents et même d'enfants, remettant en question leur envie de se former : à quoi ça sert de se concentrer six heures par jour, à quoi ça sert de rester des années au collège et au lycée, si c'est pour être au chômage plus tard, comme ceux qui n'ont pas fait cet effort ?

60 % des Français redoutent de se retrouver un jour à la rue

En septembre 2008, 60 % des Français interrogés par la Sofres jugeaient possible qu'eux-mêmes ou un de leurs proches se retrouvent un jour sans domicile fixe [2]. C'était il y a quatre ans. Alors qu'il y avait un million de chômeurs en moins…

Quand ils atteignent un tel niveau, le chômage et la précarité changent de nature. Quand des millions d'hommes et de femmes sont condamnés à vivre au

---

1. Organisation de coopération et de développement économique.
2. Sondage TNS Sofres, réalisé les 23 et 24 septembre 2008 auprès d'un échantillon représentatif de mille individus.

rabais par manque de travail, sur tous les continents ; quand des millions de salariés vivent avec la peur du lendemain et que, même en vacances, ils ne parviennent pas à oublier les soucis du travail et la peur de perdre leur emploi, quand des millions de jeunes pensent qu'ils seront au chômage – même s'ils font grandir leur intelligence – et risquent de finir eux aussi en cherchant de la nourriture dans les poubelles, le chômage et la précarité ne sont plus seulement une « question sociale » parmi d'autres. Ils deviennent un enjeu de civilisation.

Qui donc est l'homme pour accepter que tant d'individus vivent dans des conditions si précaires ? Qui donc est l'homme pour se résigner à un tel niveau d'injustice et de violence sociale ?

C'est de notre humanité qu'il s'agit, et pas seulement de PIB et d'économie. Alors que nous avons tous les mêmes besoins fondamentaux, les mêmes peurs et les mêmes désirs, alors que sur le fronton de toutes nos écoles, nous avons gravé notre attachement à la Liberté, à l'Égalité, à la Fraternité, comment accepter que vivent côte à côte des hommes de plus en plus riches et des citoyens de plus en plus pauvres ? Dans une société qui – globalement – n'a jamais connu une telle abondance, comment accepter que se côtoient dans les mêmes quartiers des citoyens qui survivent avec 450 euros par mois et d'autres qui gagnent 400 fois plus et ne savent plus quoi faire de leur richesse ?

De telles inégalités sont inacceptables. Choquantes. Chacun de nous le ressent et l'exprime avec ses mots. L'humanité arrive à un tournant de son histoire. Si nous ne sommes pas capables de virer de bord, de changer très profondément notre contrat social, l'humanité risque une sortie de route.

***

Comment faire cuire une grenouille ?

Quand on veut faire cuire une grenouille, la méthode intuitive consiste à faire bouillir de l'eau et à plonger l'animal dans l'eau bouillante. Mais, avec sa détente caractéristique, la grenouille a un sursaut et sort de l'eau instantanément.

La grenouille réagit bien aux signaux forts.

Si vous voulez ébouillanter une grenouille, il faut la plonger dans l'eau froide et la mettre sur le feu. Elle nagera, sentira la température monter doucement, mais n'éprouvera pas le besoin de réagir tout de suite. Quand elle le voudra, les muscles ramollis par la chaleur, elle n'en aura plus la force.

La grenouille réagit mal aux signaux faibles.

Combien de civilisations ont su gagner des guerres mais sont mortes d'une lente décadence ?

***

Si, tout d'un coup, il y avait eu cinq millions de chômeurs et des millions de précaires ; si, tout d'un coup, nous nous étions retrouvés avec une dette publique de 1 800 milliards d'euros et une croissance à 0 ; si nous nous étions retrouvés avec le Front national à 20 % et avec l'Europe en panne… Si tout cela était arrivé soudainement, sans doute aurions-nous interrompu les émissions de divertissement. Les politiques auraient arrêté leurs petites phrases et nous aurions vraiment réfléchi aux solutions possibles pour sortir du drame. Mais c'est lentement, subrepticement, que la crise s'est installée.

Peut-être avons-nous été piégés par la lenteur du phénomène. Peut-être avons-nous consacré beaucoup trop d'heures de « cerveau disponible » à nous vider la tête au lieu de réfléchir ensemble aux meilleurs moyens de sortir de la crise [1]... Et c'est ainsi, au bout de presque quarante ans de crises à répétition, que beaucoup commencent à douter qu'on puisse un jour en sortir.

Est-il trop tard pour provoquer un sursaut ? Non.

Sortir de la crise est encore possible. Nous en sommes totalement convaincus. Mais pour cela, il faut comprendre la situation, ne pas se tromper de diagnostic et agir avec audace.

Si nous ne changeons pas radicalement de politique, le pire est à craindre car les prévisions de croissance sur lesquelles s'appuie l'Unedic quand elle annonce 400 000 nouveaux chômeurs – et 800 000 en fin de droits ? – d'ici fin 2013 sont sans doute trop optimistes tant s'accumulent des nuages noirs sur l'économie mondiale.

---

1. Voir Neil Postman, *Se distraire à en mourir*, Nova éditions, 2011. Préface de Michel Rocard.

Chapitre II

ZONE EURO : UNE CRISE QUI PEUT DURER VINGT ANS ?

« La crise de la zone euro peut durer vingt ans, affirme Patrick Artus, directeur des études de la banque Natixis. D'où le risque d'une grande instabilité économique, financière, sociale et politique durable [1]. »

La zone euro a enregistré une croissance nulle au premier trimestre 2012 après une baisse de 0,3 % de son PIB au quatrième trimestre 2011. Ce chiffre de 0,0 a permis à la zone euro de ne pas annoncer qu'elle était officiellement retombée en récession fin 2011 : du point de vue technique, on ne parle de récession que si le PIB recule pendant deux trimestres consécutifs. Afficher une croissance non négative (même de 0,0…) permet donc d'éviter le mot en R, « le mot qui fait peur », comme disent les Américains.

Mais, derrière les statistiques officielles, la réalité ne trompe personne : en Allemagne, l'activité a reculé de 0,2 % dès le dernier trimestre 2011 et l'ensemble de la zone euro a replongé au deuxième trimestre 2012.

Sans un changement radical de nos politiques publiques, rien ne laisse espérer une sortie de crise

1. Note publiée le 8 août 2012.

rapide : en France, 500 000 personnes tombent chaque mois au chômage et plus de 100 000 tombent en fin de droits ou n'ont que les 450 euros de l'ASS pour vivre... On voit mal dans ces conditions comment l'économie pourrait « repartir » : des millions d'hommes et de femmes sont obligés de compter chaque euro et doivent parfois se rationner à partir du 15 du mois. Selon l'Insee, 40 % des Français n'ont aucune épargne : ils consomment chaque mois la totalité de ce qu'ils gagnent. Et parmi ceux qui ont des revenus corrects, beaucoup sont inquiets : ils ont peur de perdre leur emploi, d'une baisse des retraites ou d'une forte augmentation des impôts ; leur taux d'épargne n'a jamais été aussi important [1].

Il y a quelques années, un ministre de l'Économie affirmait que les Français devaient retrouver la confiance et que la confiance allait booster la consommation et la croissance. La confiance donne la croissance. Et le retour de la croissance va renforcer la confiance. Et la confiance, etc... Sur le papier, c'est très séduisant, mais en pratique, dans le contexte de 2013, qui peut y croire ?

Et la France n'est pas le seul pays à rechuter. Les quatre principales économies européennes rechutent en même temps :

---

1. Le taux d'épargne des Français est équivalent en moyenne à 17 % de leur revenu. Un maximum historique. Alors que 40 % d'entre eux n'ont aucune épargne ! « L'année 2011 restera comme une année record pour l'épargne en France, affirme l'Insee dans sa note du 30 mars 2012. Le taux d'épargne des ménages atteint 16,8 % de leur revenu disponible brut sur l'ensemble de 2011 contre 16,1 % en 2010. Le patrimoine net des Français, essentiellement constitué d'immobilier, représente en moyenne plus de huit fois leur revenu disponible. Hors immobilier, les Français possèdent globalement près de 4 000 milliards d'euros d'actifs financiers, soit plus du double de la dette publique de la France. »

Allemagne : baisse de 8 % des commandes industrielles sur un an

Les commandes à l'industrie allemande ont chuté de 1,7 % en juin sur un mois en données corrigées, a annoncé le ministère de l'Économie, une baisse supérieure aux attentes qui s'ajoute à la publication récente de plusieurs autres mauvais résultats économiques dans le pays.

En juin, la baisse est due principalement à une chute des commandes en provenance de la zone euro, en baisse de 4,9 %, dont celles venues d'Allemagne (– 2,1 %).

Sur un an, les commandes de l'industrie allemande ont reculé de 7,8 %.

En juin, les ventes de détail ont reculé en Allemagne pour le troisième mois consécutif.

AFP, 7 août 2012

En Espagne aussi, la crise s'aggrave. Le nombre de faillites a triplé en quatre ans et atteint aujourd'hui un sommet : nombre de PME ont « tenu » le plus longtemps possible (en rognant les salaires et les primes, en ne payant pas les fournisseurs, en ne payant pas toutes les charges…) mais elles finissent par tomber : le patron n'en peut plus, les salariés sont usés eux aussi et la trésorerie est totalement à sec. À force de tirer sur la corde, elle craque ! Le nombre de faillites enregistrées au deuxième trimestre 2012 est le plus important jamais vu en Espagne : trois fois plus que sur la même période en 2008.

Durant l'été, deux des régions les plus riches d'Espagne ont publiquement reconnu qu'elles étaient en très grande difficulté : le 20 juillet, la région de Valence demandait à Madrid de l'aider à refinancer sa dette. Quelques jours plus tard, c'est la très riche Catalogne qui annonçait qu'elle faisait face à de graves problèmes de liquidité : « Le gouvernement catalan, en proie à de graves difficultés financières, a annoncé le 31 juillet qu'il ne verserait pas en juillet les subventions aux organismes sociaux. Il s'agirait de 400 millions d'euros, destinés aux hôpitaux, centres pour handicapés, résidences pour personnes âgées ou centres d'accueil pour mineurs, écrivaient *Les Échos*. Quelque 100 000 salariés risquent d'être directement affectés par cette annonce. »

Nombre de faillites en Espagne entre 2008 et 2012

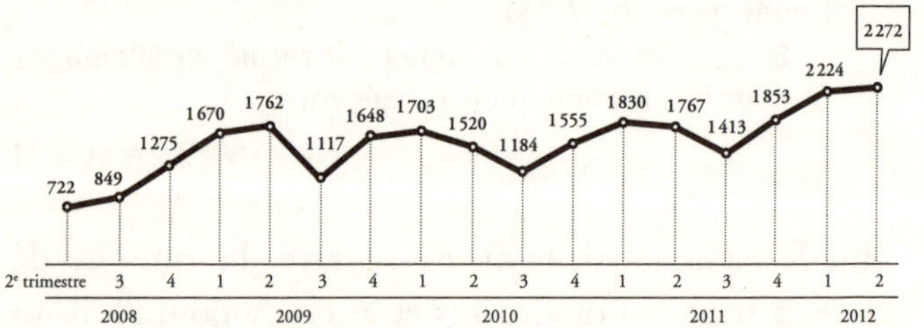

Source : INE (Instituto Nacional de Estadística), 7 août 2012.

Couper le financement des hôpitaux et des centres sociaux, c'est sinistre socialement et cela ne peut que nuire à l'activité économique, car les salariés de ces structures comme les artisans et les PME qui travaillent pour elles vont voir leur revenu et leur activité diminuer encore.

En Italie aussi, la récession s'aggrave à cause des politiques d'austérité mises en place depuis un an.

Plombée par l'austérité, l'Italie s'enfonce dans la récession

L'Italie s'est enfoncée dans la récession au deuxième trimestre 2012 avec une baisse de son PIB de 2,5 % sur un an. Les prévisions du gouvernement, qui table toujours sur une contraction limitée à 1,2 % du PIB en 2012 et sur un retour à la croissance en 2013, sont clairement dépassées.

Le PIB recule pour le quatrième trimestre consécutif. La production industrielle, pilier de l'économie italienne très liée aux exportations manufacturières, s'est contractée de 8,2 % sur un an.

Variation du PIB italien en glissement annuel en %

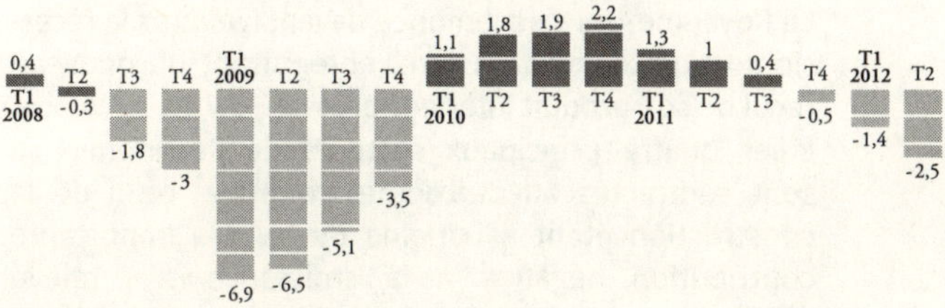

Source : Istat.

La consommation a également accusé un nouveau repli de 0,2 % en mai sur un mois, après avoir déjà enregistré des baisses de 1,7 % en avril et 0,7 % en mars, les Italiens se serrant la ceinture sur fond d'austérité et de récession.

Depuis son entrée en fonction en novembre 2011, le gouvernement de Mario Monti s'applique à mettre en œuvre une série de mesures drastiques pour réduire l'endettement du pays.

Ce plan a suscité de vives critiques de la part du patronat italien (Confindustria) pour qui ce plan risque de provoquer une « boucherie sociale ».

Les Échos, 8 août 2012

Une « boucherie sociale »

Quand le patronat d'un des pays fondateurs de l'Union européenne confirme l'analyse faite depuis des mois par les syndicats et annonce qu'on va vers une « boucherie sociale », qu'attendons-nous pour réfléchir très vite à des politiques alternatives ?

Hors de la zone euro, les nouvelles ne sont guère plus réjouissantes. Ce qui amène à relativiser quelque peu les arguments des pseudo-souverainistes de tous bords qui expliquent que tous nos problèmes viennent de la monnaie unique…

> **Le Royaume-Uni s'enfonce dans la récession**
>
> Le Royaume-Uni s'est enfoncé davantage dans la récession au deuxième trimestre, enregistrant un nouveau recul de son produit intérieur brut de –0,7 %.
> « Les quatre principaux secteurs de l'économie se sont contractés au deuxième trimestre, celui de la construction étant à l'origine de la plus importante contribution négative à la croissance », a relevé l'Office national des statistiques. Il s'agit du troisième trimestre consécutif de recul du PIB britannique.
>
> *Le Monde,* 26 juillet 2012

Alors que Londres et toute sa région bénéficiaient des grands travaux destinés à accueillir les Jeux olympiques, alors que la Banque d'Angleterre faisait le maximum pour relancer la croissance, la Grande-Bretagne s'enfonçait dans la récession pour le troisième trimestre consécutif.

Et ceci alors que n'a pas encore éclaté la « bombe » que tous les économistes surveillent avec inquiétude : la dette totale du Royaume-Uni est supérieure à 900 % du PIB. Oui, 900 % du PIB principalement à cause de la dette des ménages (170 % de leur revenu disponible contre 127 % « seulement » aux États-Unis…), mais aussi et surtout de la dette des banques privées anglaises.

Au printemps 2012, la zone euro a passé de longues semaines à sauver les banques espagnoles mais les dettes des banques anglaises sont bien plus inquiétantes, comme le montre cette étude de Morgan Stanley…

Distribution de la dette totale sur 10 pays

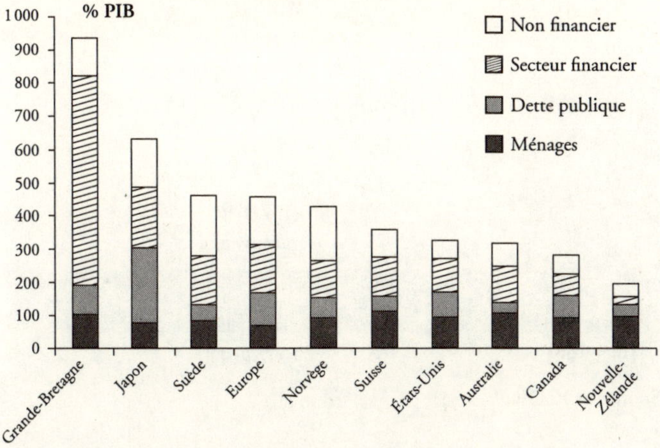

Source : Haver Analytics, Morgan Stanley Research.

Vingt ans de crise, comme le Japon ?

À la fin des années 1980, beaucoup affirmaient que le Japon allait dominer l'économie mondiale au XXIe siècle. Or, la croissance très impressionnante de ce pays était due principalement à une énorme bulle. Depuis son éclatement, le Japon n'arrive pas à sortir de la crise. Malgré des plans de relance pharaoniques qui l'ont conduit à tripler sa dette publique (elle dépasse aujourd'hui les 200 % du PIB), le Japon n'a même pas 1 % de croissance depuis vingt ans. Très dépendante des exportations vers le reste du monde, l'économie japonaise s'est effondrée en 2009. Après un court répit, elle est retombée en récession dès le quatrième trimestre 2010 [1].

1. Le Japon est retombé en récession quelques mois *avant* l'explosion de la centrale de Fukushima. Contrairement à ce qu'on lit ici et là, ce n'est donc pas cette explosion qui a fait replonger le Japon dans la crise économique, même si nul ne peut nier évidemment qu'elle a eu des conséquences dramatiques.

La croissance au Japon entre 1985 et 2011

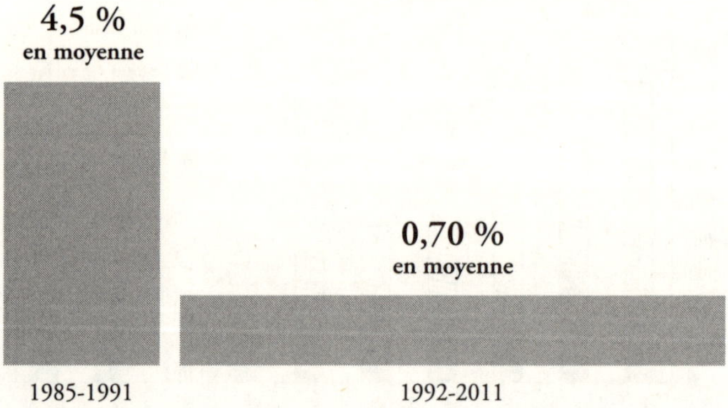

Source : OCDE.

Patrick Artus et les chercheurs de Natixis ont-ils raison ? L'Europe est-elle partie pour vingt ans de crise, comme le Japon ? Vingt années à alterner des phases de récession et de courtes phases de pseudo-reprises ? Tous les chiffres cités par Patrick Artus sur le niveau de dette (privée et publique) accumulée depuis vingt ans plaident pour une crise de longue durée. Mais quand on voit les dégâts humains, sociaux et politiques causés par les cinq premières années de la crise, on frémit à l'idée qu'elle puisse durer vingt ans encore. Combien de générations sacrifiées ? Cette perspective serait dramatique si l'on réfléchit à ses conséquences sur le nombre de chômeurs et de précaires, sur notre système d'éducation et de santé.

Hélas, comme l'écrivait Xavier Timbeau, directeur des études à l'OFCE [1], l'institut d'économie de Sciences Po, dans *Le Monde* du 7 avril 2009 : « Un scénario à la japonaise est le pronostic le plus favorable. » Voilà enfin

1. Observatoire français des conjonctures économiques.

une nouvelle réjouissante. Le long pourrissement est le scénario le plus optimiste !

Si l'Europe était seule au monde, on pourrait penser, en effet, qu'elle est partie pour vingt ans de lente dégradation. Mais, si nous ne changeons pas très vite de politiques, l'Europe risque d'être bientôt déstabilisée par les crises qui se préparent chez nos deux grands partenaires : les États-Unis et la Chine.

Chapitre III

« Les États-Unis s'approchent de la falaise »

La tempête qui sévit en Europe ne doit pas nous empêcher de regarder le reste du monde : en 2007, c'est bien des États-Unis qu'est partie la crise des *subprimes.* En 2008, c'est bien la faillite d'une banque américaine qui a fait plonger l'ensemble de la planète en récession. Alors, comment justifier qu'en 2013 nos débats soient franco-français ou européo-centrés ?

« Outre-Atlantique, le vent de panique lié au plafond de la dette durant l'été 2011 semble se lever à nouveau, annonçait *Les Échos* en mai 2012. Les dirigeants de la Réserve fédérale américaine voient dans la possibilité d'un brusque assainissement des finances publiques des États-Unis un risque important. »

Les USA s'approchent de la falaise budgétaire

La Banque centrale américaine s'inquiète d'un retour à marche forcée vers l'équilibre budgétaire aux États-Unis. C'est ce qui ressort des minutes de la réunion de son Comité de politique monétaire des 24 et 25 avril publiées à Washington.
Lors de cette rencontre, « la possibilité d'un brusque assainissement des finances publiques aux États-Unis

était perçue par les participants comme un risque important » pour les perspectives de croissance de l'économie américaine, indique ce document. C'est la première fois que les minutes insistent de la sorte sur ce qu'il est désormais convenu d'appeler aux États-Unis la « falaise budgétaire » (« *fiscal cliff* »).
L'image de cette falaise dont on ne pourrait que tomber est utilisée pour rendre compte de la situation qui sera celle des États-Unis fin 2012 si aucun accord n'est entériné d'ici là au Congrès sur la question budgétaire, source de désaccords profonds entre les démocrates du président Obama et l'opposition républicaine, qui dispose d'un pouvoir de blocage.
Une contraction de 3 à 5 %. Dans ce cas, un certain nombre de mesures de relance et de réductions d'impôts vont expirer alors que des baisses automatiques des dépenses publiques entreront en vigueur. La baisse totale de la contribution économique de l'État qui résulterait de cette contraction pourrait être comprise entre 3 et 5 % du PIB américain.
À l'heure où la croissance économique tourne aux alentours de 2 %, cette probabilité a de quoi inquiéter. Les États-Unis pourraient replonger en récession dès le début 2013.

Les Échos, 17 mai 2012

Le 1er août 2012, le Congrès américain a trouvé un accord pour éviter la falaise. Mais celui-ci ne concerne que la période du 1er octobre 2012 au 31 mars 2013. Il permet d'éviter un blocage de l'État fédéral qui aurait gravement perturbé la campagne électorale [1]. Les deux partis auraient certainement souffert d'un nouveau psychodrame comparable à celui de l'an dernier.

Mais ce nouvel accord ne résout pas la question de la « falaise fiscale », la combinaison de la fin de dérogations fiscales de l'ère Bush et de coupes budgétaires automatiques qui pourrait plonger l'économie dans une nouvelle récession. Comme l'a rappelé Harry Reid, leader de

1. L'élection présidentielle américaine ayant lieu le 6 novembre 2012.

la majorité démocrate au Sénat, cet accord sur six mois ne fait que donner « de la stabilité pour les mois qui viennent, lorsque nous aurons à résoudre des questions cruciales pour les familles de la classe moyenne ».

L'accord obtenu par Barack Obama durant l'été 2011 avait permis de « reculer la falaise » d'un an. L'accord conclu en août 2012 va permettre de tenir six mois de plus. Le 6 novembre 2012, Barack Obama a été élu pour un second mandat. La joie de ses supporters n'a duré que quelques heures. Immédiatement, tous les médias ont demandé : comment éviter la falaise ? Comment éviter la récession ? Début 2013, le nouveau président va-t-il signer un accord qui permettra de tenir trois mois de plus ou va-t-il, enfin, s'attaquer à la racine du mal ? Cela devient d'autant plus urgent que, même en acceptant un déficit colossal et en faisant tourner la planche à billets autant que de besoin, les États-Unis n'arrivent manifestement pas à sortir de la crise.

Dette totale aux États-Unis depuis 1925

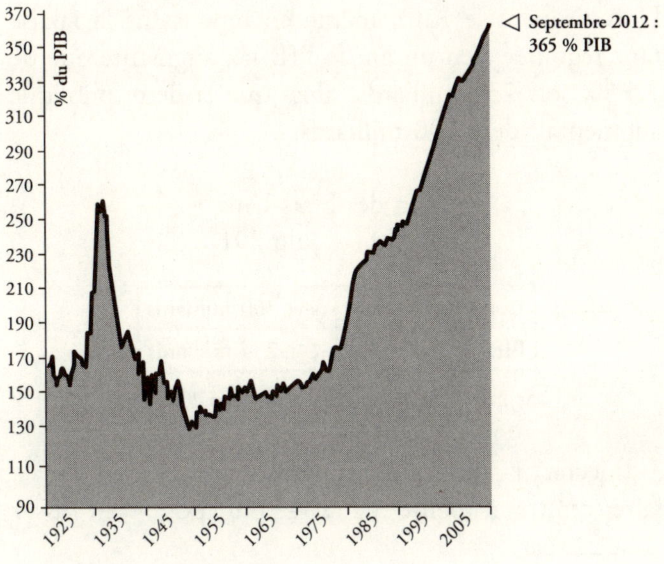

Source : Réserve fédérale.

La dette totale des États-Unis a dépassé les 360 % du PIB. Le niveau de dette atteint au plus fort de la crise de 1929 est dépassé depuis longtemps.

En un an, la dette publique des États-Unis a augmenté de 1 300 milliards de dollars [1]. Un chiffre colossal, mais pour un effet de plus en plus marginal. Car, avant même de buter sur la falaise qu'ils craignent tous, les dirigeants américains constatent que l'économie réagit de moins en moins aux stimulus qu'ils lui envoient.

En juin 2012, les ventes de détail reculaient pour le troisième mois consécutif alors que le gouvernement annonçait que le déficit public venait d'atteindre un maximum historique ! À six mois de la présidentielle, le gouvernement fait tout pour relancer la croissance mais, malgré cela, la consommation recule…

Si l'on croise les chiffres de la Banque centrale américaine sur l'évolution de la dette publique et les chiffres publiés par le gouvernement concernant l'évolution de la croissance, on voit immédiatement que les États-Unis risquent le K.O. même en repoussant la falaise tant redoutée : en un an, le PIB n'a augmenté que de 1,5 %, soit 234 milliards, alors que la dette publique augmentait de 1 300 milliards.

Bilan des États-Unis
Juin 2011 – juin 2012

Dette publique	+ 1 300 milliards
PIB	+ 234 milliards

Source : Réserve fédérale, septembre 2012.

Injecter 1 300 milliards dans l'économie pour la faire croître à peine de 234 milliards, c'est assez

1. Réserve fédérale, 7 juin 2012.

décevant… Il faut six doses de déficit pour obtenir une dose de croissance. Et encore ! Le correspondant à Washington du journal *Le Monde* rappelait le 2 août 2012 que l'essentiel de la croissance américaine est dû à sa croissance démographique : « Si l'on s'en tient à l'indicateur du PIB par habitant, la croissance des États-Unis au deuxième trimestre 2012 n'est pas de 1,5 % mais seulement de 0,5 %, en rythme annuel. » En vérité, il faut dix-huit doses de déficit pour obtenir une dose de croissance !

« Entre 1913, date de sa création, et 2007, la Réserve fédérale avait créé 600 milliards de dollars. On en est aujourd'hui à 2 700, notait *Le Figaro* du 7 février 2011. En quatre ans, la Réserve fédérale a créé quatre fois plus de dollars qu'en quatre-vingts ans d'existence. »

« On a appris cette semaine sans surprise mais avec effroi que la Réserve fédérale est passée devant la Chine comme le plus gros détenteur d'emprunts américains, relevait *La Tribune* le même jour. Madoff était un petit joueur. Geithner et Ben Bernanke sont aujourd'hui dans une fuite en avant qui mène les États-Unis dans le mur. »

Même si elle pouvait continuer à faire tourner la planche à billets en se moquant des conséquences d'une telle politique, même si elle parvenait à repousser, de plus en plus difficilement, l'échéance fatale, l'économie américaine arriverait bientôt à l'heure de vérité. La fuite en avant, ça ne marche plus !

Vers un « *global collapse* » ?

Fin 2009, la presse anglaise a fait état d'une note confidentielle de la Société générale envoyée à ses clients les plus importants. Les économistes de la banque y soulignaient le risque d'un « *global collapse* ». Non pas un ralentissement passager ou une récession de quelques mois, mais un effondrement complet du système économique et financier. Et la banque d'expliquer à ses grands clients qu'ils pouvaient continuer à jouer sur les marchés financiers (« tant que la musique joue… »), mais qu'ils devaient être capables de se retirer en quarante-huit heures.

Trois ans plus tard, certains voudraient nous faire croire que la crise est finie. Tous les économistes sérieux savent qu'il n'en est rien. Au contraire.

Beaucoup s'inquiètent de la situation de la Grèce : avec un déficit de 10 % du PIB et une dette publique supérieure à 120 %, la Grèce ne risque-t-elle pas de faire faillite ? Mais la situation des États-Unis est-elle radicalement différente de celle de la Grèce ? « L'Amérique est presque comme la Grèce », répondait déjà le journal économique *Die Zeit* le 15 février 2011.

Dans les pays de la zone euro, le déficit moyen a culminé à 6 % du PIB en moyenne. En 2011, il n'était que de 4,1 % du PIB. En Amérique, au contraire, le déficit a dépassé 11 % du PIB en 2009 et 2010. Il était de 10 % en 2011. Le déficit des États-Unis est bloqué à un niveau deux fois plus élevé que celui de la zone euro. Et, malgré cela, la croissance ne redémarre pas et le chômage reste à un niveau très élevé.

Le 3 août 2012, le correspondant à Washington du *Figaro* faisait remarquer que, si le chômage restait en dessous de la barre des 9 % aux États-Unis, c'est seulement parce que, tous les mois, 100 000 ou 150 000 personnes quittaient la population active : des chômeurs découragés qui ne sont plus pris en compte dans aucune statistique. Mais le taux d'emploi des 25-65 ans est à un des plus bas niveaux de l'histoire, ce qui prouve que, même en faisant tout pour relancer la croissance à quelques mois d'une élection cruciale, avec des politiques budgétaires et monétaires hétérodoxes, les États-Unis ne parviennent pas à s'en sortir.

La banque Morgan Stanley juge inévitable la faillite de certains pays riches : « La question n'est pas de savoir si des gouvernements vont faire faillite, mais quand et comment », affirme Morgan Stanley. « Le ratio entre la dette et le Produit intérieur brut est devenu trop élevé et les problèmes budgétaires ont été considérablement sous-estimés par plusieurs gouvernements de pays riches. » « Le roi dollar est nu. La surabondance de création monétaire risque de faire sauter le dollar lui-même », affirmait déjà Jean-Marc Vittori dans *Les Échos* le 16 novembre 2010.

En 2016, le krach ultime ?

Vittori est l'un des rares journalistes qui avait annoncé la crise des *subprimes* avant qu'elle se déclenche. Dans un éditorial publié fin 2009, il annonce pour 2016 l'« ultime krach » : les États-Unis n'arrivent plus à financer leur dette. Ils ne trouvent plus d'acheteurs pour leurs Bons du Trésor. C'est le « Treasury Bond Crach » : on entre dans une époque que nul n'arrive à imaginer.

Les uns après les autres, les grands pays occidentaux ne parviennent plus à financer leurs dettes.

Les conséquences sont immédiates et concrètes : ils ne savent plus comment payer les retraites ni les salaires des fonctionnaires (enseignants, médecins, policiers…). « Oui, conclut Vittori, il peut y avoir des événements encore plus terribles que la faillite de Lehman Brothers. »

Que se passera-t-il en cas de krach des finances publiques des États-Unis ? Personne ne le sait, que ce soit pour les Américains ou pour le reste du monde. Une seule chose est certaine : l'impact d'une telle crise serait sans commune mesure avec ce que nous avons connu depuis cinq ans.

Des centaines de milliers de fonctionnaires à la rue, des millions de pauvres et de retraités privés de prestations ou vivant avec des indemnités réduites, et le premier défaut de l'Amérique sur sa dette en plus de deux siècles d'histoire… Un krach des Bons du Trésor américain et, par contagion, une crise de toutes les finances publiques occidentales, c'est pour toute la planète une récession bien plus grave et bien plus longue que celle que nous venons de subir. Avec un impact sur l'emploi considérable et un effet totalement destructeur sur l'ensemble des services publics, et donc sur l'ensemble de nos sociétés.

Une deuxième crise encore plus grave

Depuis cinq ans qu'a commencé la crise des *subprimes*, ce qui a assuré la stabilité du système économique mondial, c'est la confiance que tous les acteurs économiques gardaient dans la solidité financière des grands États : quand Lehman Brothers s'effondre fin 2008, il suffit de quelques jours au plan Paulson pour rétablir la confiance car nul ne doute que les États-Unis peuvent mettre sur la table les 400 milliards que Bush et Paulson promettent.

En 2013, le climat a totalement changé : après l'Islande, l'Irlande et la Grèce, c'est la note du Portugal puis de l'Espagne et celle du Japon qui ont été dégradées. La dette publique du Japon dépasse 200 % du PIB et le gouvernement japonais affirmait début juillet avoir peur d'un défaut de paiement en octobre : « Le Japon risque fort de se retrouver sur la paille à la rentrée. La zizanie est telle au sein du Parti démocratique au pouvoir que le parlement pourrait tout simplement ne pas adopter la loi permettant au gouvernement d'émettre les obligations d'État qui financeraient le déficit qui correspond à 49 % du budget 2012-2013. Sans cette loi, le gouvernement japonais serait incapable de payer les fonctionnaires, les retraites, les indemnités de chômage… Un scénario catastrophe qui ressemble à celui qui avait menacé les États-Unis pendant l'été 2012 [1]. »

Le système va-t-il s'effondrer en 2016 comme l'imaginait Vittori il y a trois ans, ou craquera-t-il bien avant ? Nul ne le sait. Car la situation des États-Unis se dégrade plus vite qu'on ne le pensait et l'autre « moteur » censé tirer la croissance mondiale ne va pas mieux : en Chine, la bulle immobilière a atteint un volume deux fois plus important que le maximum atteint par la bulle immobilière aux États-Unis en 2007, et elle vient d'éclater.

1. *Le Figaro,* 6 juillet 2012.

Chapitre IV

« POUR ÉTANCHER SA SOIF, LA CHINE A BU DU POISON. »

La Chine, que beaucoup nous présentaient il y a quelques mois encore comme le sauveur de l'Europe et du monde réunis, est sans doute la zone du monde la plus instable économiquement.

Dans les pays occidentaux, le moteur le plus robuste de l'économie est constitué par la consommation des ménages : pour la plupart d'entre nous, nous faisons trois repas par jour. Même en temps de crise, même quand le moral n'est pas bon, nous continuons *grosso modo* nos dépenses d'alimentation. Quand leurs tennis sont trouées, nous achetons de nouvelles chaussures aux enfants et nous leur offrons des cadeaux pour leurs anniversaires, etc… Autant les grosses dépenses d'investissement peuvent être remises à plus tard en temps de crise, autant les dépenses de consommation sont globalement assez robustes.

La consommation des ménages représente 60 % du PIB en Europe. Elle représente aussi 60 % en Inde [1] et

1. La proportion est exactement la même mais le niveau de vie est évidemment différent en valeur absolue.

70 % aux États-Unis. Mais elle ne représente que 28 % du PIB en Chine.

Les dépenses des ménages dans le PIB

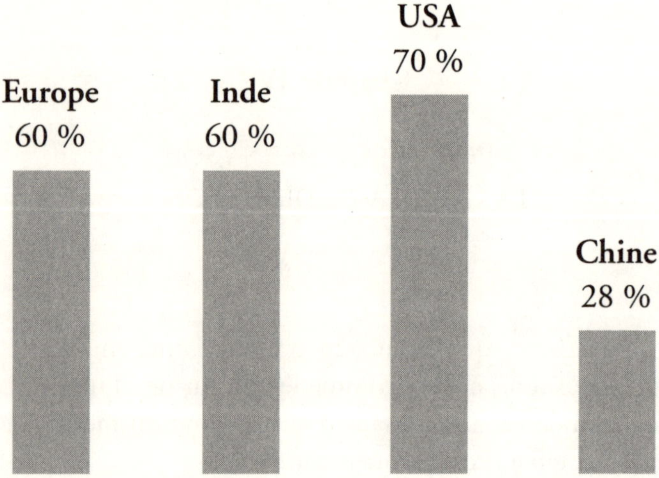

Source : OCDE 2011.

La partie robuste de l'économie est deux fois plus petite en Chine que dans le reste du monde. Le « socle » de l'économie chinoise est deux fois plus étroit que partout ailleurs. Pourquoi ? Parce que la Chine est l'un des pays du monde où les inégalités de revenu sont les plus grandes : c'est le pays où le nombre de millionnaires augmente le plus vite depuis dix ans, mais c'est aussi le pays où la part des salaires dans le PIB est, globalement, la plus faible.

Des centaines de millions de Chinois gagnent moins de 2 euros par jour. Voilà pourquoi tant d'entreprises occidentales ont voulu investir en Chine depuis vingt ans, mais voilà aussi pourquoi l'économie chinoise est si fragile et dépendante des deux autres moteurs que sont l'investissement et les exportations.

Part de la masse salariale en Chine, en % du PIB

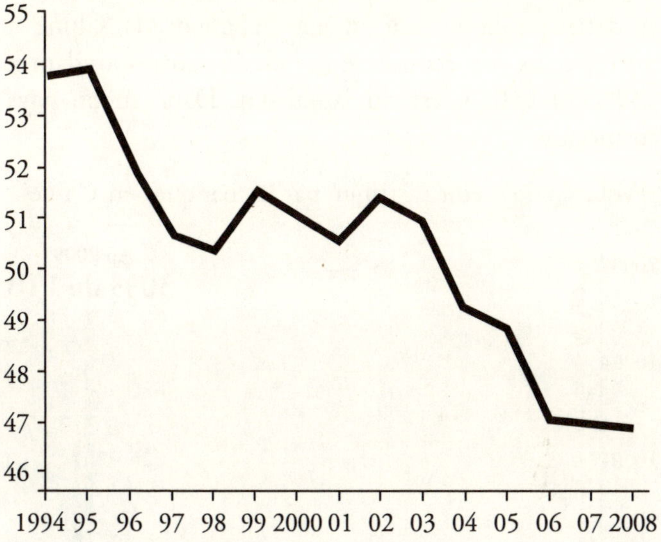

Source : Data Stream, Natixis.

Fin 2008, les exportations s'effondrent

Fin 2008, après la chute de Lehman Brothers, le monde entier tombe en récession et les exportations s'effondrent. Le gouvernement prend peur et, au lieu de changer de modèle de développement et d'améliorer les salaires (ce qui est l'objectif officiel de tous les dirigeants chinois mais qu'ils remettent toujours à plus tard), il donne l'ordre aux banques de distribuer un maximum de crédit pour favoriser l'investissement : n'importe qui peut obtenir un prêt pour acheter un ou deux appartements, acheter une voiture ou agrandir la zone industrielle de sa commune.

En un an, la Chine injecte dans son économie 30 % du PIB par le crédit privé et 14 % par un plan de relance public. En Europe, nous avions inscrit dans le traité de Maastricht qu'il ne fallait pas que les déficits dépassent 3 % du PIB mais, si on totalise dette privée et dette publique, en un an seulement, la Chine a injecté dans son économie des crédits correspondant à 44 % du PIB. C'est du jamais-vu. Dans aucun pays au monde.

Volume de crédit distribué par les banques en Chine

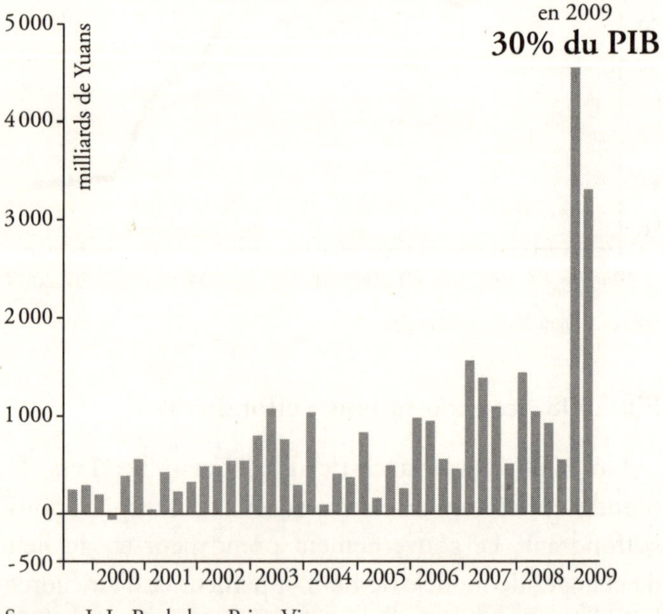

Source : J.-L. Buchalet - PrimeView.

En 2009, 88 % de la croissance de la Chine vient de l'investissement. Jamais, dans aucun pays, on n'a vu une croissance aussi déséquilibrée ! « Le rétablissement chinois n'est ni stable, ni solide, ni équilibré », admettait le 10 septembre 2009 le Premier ministre, Wen Jiabao. Le même jour, Xu Xionian, professeur à la China Europe International Business School, affirmait : « Pour apaiser sa soif, la Chine a bu du poison. »

« Pour étancher sa soif, la Chine a bu du poison. »

Depuis 2010, pour masquer leurs erreurs, les banques chinoises titrisent leurs mauvaises dettes comme l'avaient fait les banques américaines [1] avant qu'éclate la crise des *subprimes*. Mais maquiller le bilan des banques ne suffit pas à changer la réalité d'une économie où beaucoup ont perdu le sens de la mesure.

L'excès d'investissement n'est pas un problème nouveau en Chine. En 2006, déjà, certains tiraient la sonnette d'alarme :

> **La spéculation immobilière atteint d'inquiétants sommets en Chine**
>
> Le Bureau national des statistiques a annoncé que les constructions n'ayant pas trouvé preneurs avaient atteint 123 millions de mètres carrés à la fin du premier trimestre 2006, soit une hausse de 24 % sur un an. Pourtant, sur la même période, les investissements dans de nouveaux projets ont augmenté de 20 % !
>
> Le mois dernier, un magazine économique chinois avait précisé que les 112 millions de mètres carrés vides représentaient 26 % du marché. Au rythme actuel, les 30 % devraient bientôt être atteints. Un niveau inquiétant puisque, comme le précise l'agence Chine nouvelle, la cote d'alerte internationale se situe à 10 %. L'inquiétude gouvernementale est renforcée par le fait que 50 % des investissements du secteur sont financés grâce à des prêts.
>
> *La Tribune*, 26 avril 2006

1. Au lieu de publier des bilans qui montrent qu'elles ont pris de grands risques en prêtant des sommes considérables pour des projets très risqués, les banques chinoises suivent l'« exemple » des banques américaines et se repassent le mistigri en se vendant les unes aux autres les prêts risqués. Comme l'ont fait les banques américaines il y a quelques années, elles font apparaître comme des ressources rentables ce qui, en réalité, devrait figurer au passif de leur bilan avec des clignotants rouges indiquant une créance dangereuse.

« Les experts d'Ernst & Young estiment que les créances douteuses [1] des banques chinoises représentent quelque 911 milliards de dollars, une somme qui correspond presque à la moitié du PIB chinois en 2005 », annonçait *Le Monde* le 5 mai 2006.

Quelques jours plus tard, soucieux de garder de bonnes relations avec le gouvernement chinois, les dirigeants d'Ernst & Young reniaient cette étude explosive mais il était évident, en 2006 déjà, que la Chine avait une croissance très déséquilibrée. Ces déséquilibres ont atteint des proportions catastrophiques après la crise de 2008, quand le gouvernement chinois a décidé de favoriser l'investissement au lieu de le ralentir.

« Un village chinois s'offre un immeuble plus grand que la tour Eiffel », annonçait à sa une *Le Figaro Économie* du 10 octobre 2011 : « Le village chinois de Huaxi, province du Jiangsu, a fêté ses 50 ans en inaugurant une tour de 328 mètres de haut, soit 4 mètres de plus que la tour Eiffel. […] Détail : l'hôtel 5-étoiles abrite une statue de bœuf d'une tonne, en or. » « C'est en même temps Babel et le Veau d'or », écrit le même jour le correspondant de *Libération* à Pékin.

Mais il y a des limites à tout. En 2012, la bulle immobilière éclate au grand jour. Depuis l'été 2011, le gouvernement chinois censurait l'indice des prix de l'immobilier. En août 2011, *The Economist* s'en était étonné et avait reconstitué la courbe de l'indice des prix. Elle était assez éloquente :

1. Des prêts que les banques ont accordés pour construire des immeubles et que les promoteurs auront le plus grand mal à rembourser si les immeubles restent vides.

Évolution des prix de l'immobilier
en Chine dans 70 agglomérations
2009-2011

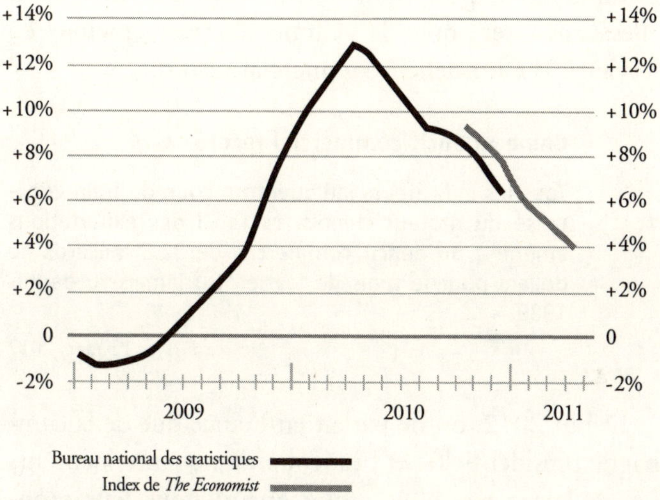

Source : *The Economist*, août 2011.

Début 2012, le problème est devenu tellement visible (des milliers de Chinois sont ruinés car ils se sont endettés pour acheter des appartements avant que les prix ne s'effondrent et des centaines de milliers d'ouvriers du bâtiment sont au chômage) que le gouvernement est obligé de dire enfin la vérité :

> **Chine : Baisse de 25 % des ventes de logements en janvier-février**
>
> Les statistiques publiées vendredi à Pékin ont au moins un mérite : elles dressent un diagnostic clair, celui d'un fort ralentissement. Les économistes avaient beau s'attendre à des chiffres en baisse, ils ont été dépassés par la réalité du coup de frein. Les ventes de logements sont en baisse de 25 % sur les deux premiers mois de l'année.
>
> Lesechos.fr, 10 mars 2012

Hélas pour la Chine, pour les Chinois et pour l'ensemble de l'économie mondiale, les deux moteurs de l'économie chinoise font défaut au même moment, puisque les exportations ralentissent très nettement elles aussi et que la Chine connaît même en février 2012 un déficit commercial record.

Chine : déficit commercial record

Tous les indicateurs indiquent un coup de frein généralisé du moteur chinois. Le recul des exportations amène à un déficit commercial de 31,5 milliards de dollars pour le mois de février. Du jamais-vu depuis 1989.

Le Figaro, 12 mars 2012

Début 2012, on ne parlait en France que de la campagne présidentielle, et beaucoup de nos interlocuteurs ne voulaient pas nous croire quand nous leur montrions ces chiffres, mais tous les indices confirment un atterrissage assez brutal de la Chine.

Officiellement, le pays connaît certes un atterrissage, mais « en douceur ». Officiellement, le taux de croissance de l'industrie est passé de 20 % à 9 % [1]. Le ralentissement est indiscutable, mais c'est encore une croissance très honorable.

Officiellement, le gouvernement « maîtrise » la situation, mais de nombreux indices en font douter : tous les pays voisins admettent être proches de la récession. Qui peut croire que la Chine continue à bénéficier d'une forte croissance si tous les voisins (dont elle est souvent le premier client et le premier fournisseur) affichent leur déprime ?

1. *Les Échos*, 10 août 2012.

Inde : l'économie traverse une zone de turbulence

Le Premier ministre indien a admis mercredi que l'économie indienne traversait « une zone de turbulence » en raison du ralentissement de la croissance. S'adressant à ses ministres, M. Manmohan Singh a déclaré que le gouvernement devait se battre pour relancer l'activité, en pleine déprime.

AFP, 7 juin 2012

Recul du PIB de Singapour

L'économie de Singapour, très dépendante du commerce international, s'est contractée de 1,1 % au deuxième trimestre après une croissance soutenue au premier trimestre.
Les échanges internationaux représentent l'essentiel du PIB de cette ville-État qui est, à ce titre, considérée comme un bon indicateur avancé pour l'ensemble de l'Asie.

Reuters, 13 juillet 2012

Taïwan : le PIB en recul pour la première fois depuis 2009

L'économie taïwanaise a baissé de 0,2 % sur un an au deuxième trimestre 2012. La raison ? Le ralentissement de ses marchés exportateurs, au premier rang desquels la Chine.

Reuters, 31 juillet 2012

La Chine continuerait à bénéficier d'une croissance de 7 ou 8 % ? Alors que tous les voisins sont en récession ? Des spécialistes de la Chine, comme Jean-Luc Buchalet et Pierre Sabatier [1], expliquent qu'il faut se méfier des chiffres officiels de croissance qui peuvent être facilement « améliorés » pour plaire au

1. Voir *La Chine, une bombe à retardement*, Eyrolles, 2012.

Croissance du PIB chinois
et de la production électrique

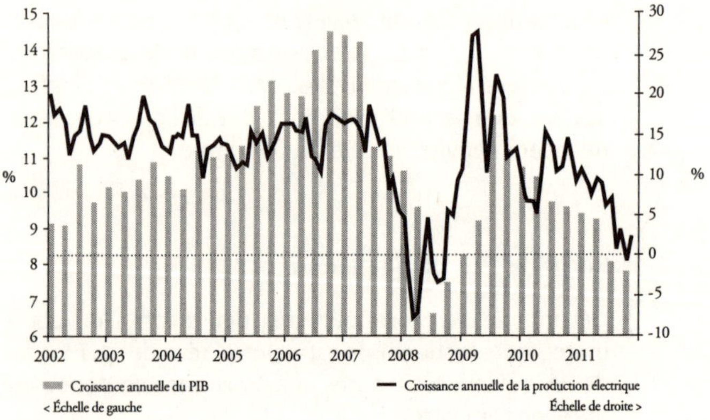

Source : PrimeView, FactSet.

pouvoir en place. Depuis près de vingt ans que Jean-Luc Buchalet étudie l'économie chinoise, il pense que l'indicateur le plus fiable est la production d'électricité.

Entre juillet 2011 et juillet 2012, la production d'électricité n'a augmenté que de 0,5 % sur un an. On est très loin des 7 ou 8 % de croissance mis en avant officiellement par le gouvernement. Ces données confirment l'évolution de l'indice PMI [1] calculé chaque mois par HSBC, qui indique que l'activité industrielle recule depuis la fin 2011 [2].

---

1. *Purchasing Manager Index* : indicateur composite de l'activité manufacturière d'un pays, fournissant une évaluation de la confiance d'un panel de directeurs d'achats.

2. Si l'indice PMI est supérieur à 50, l'activité manufacturière augmente. S'il passe au-dessous de 50, l'activité diminue. En août 2012, HSBC, qui mène chaque mois une enquête auprès de plusieurs centaines d'entreprises, affirmait que l'activité recule en Chine depuis neuf mois.

Chine : indice PMI HSBC
2004-2012

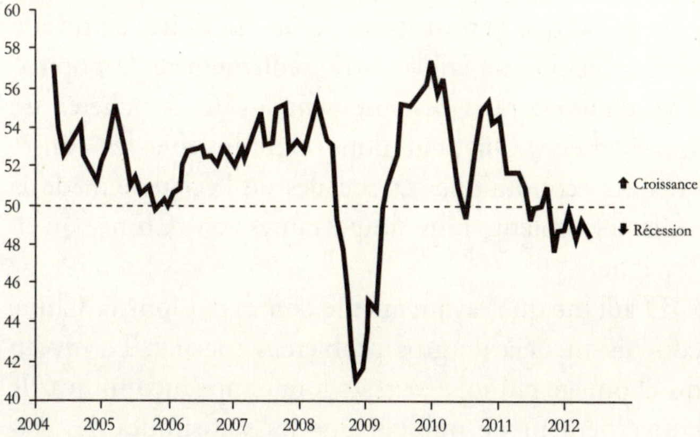

Source : Datastream, Markit Economics, Natixis.

Quant aux services des douanes chinoises, ils reconnaissaient cet été que les exportations n'avaient progressé que de 1 % en un an et que les importations de pétrole ont baissé en juillet [1]...

Le gouvernement chinois va évidemment tout faire pour relancer la machine. En juin 2012, les banques chinoises ont prêté 920 milliards de yuans (contre 739 milliards en mai) [2], ce qui prouve que l'assouplissement monétaire demandé par le gouvernement est suivi par les banques. Mais on a vu en Espagne ce que donne l'éclatement d'une bulle immobilière : en quatre ans, le chômage est passé de 8 % à 24 % de la population active. Malgré tous les plans de relance décrétés par le gouvernement, le chômage a triplé et le gouvernement de José Luis Zapatero a dû démissionner.

1. Reuters, 10 août 2012.
2. Reuters, 12 juillet 2012.

En Chine, la bulle immobilière a atteint une taille plus importante qu'en Espagne, en proportion du PIB (aucun village espagnol ne s'est offert un immeuble plus grand que la tour Eiffel), et les inégalités de revenu sont telles qu'une faible partie seulement de la population chinoise peut sérieusement aspirer à acheter un appartement. On peut donc craindre que les conséquences économiques et sociales de l'éclatement de la bulle ne soient plus importantes en Chine qu'en Espagne.

D'autant que, avant même son explosion, la Chine connaissait déjà de gros problèmes sociaux. Le niveau du chômage chinois est resté longtemps inconnu car le gouvernement ne publiait que les statistiques des travailleurs urbains, faisant l'impasse sur les régions rurales. Mais tous les spécialistes de la Chine [1] affirment que, avant même le ralentissement en cours, elle était déjà confrontée au problème du chômage et que la justice sociale n'était visiblement pas le premier souci d'un régime qui se dit communiste.

« Les travailleurs chinois payent au prix fort le prétendu miracle que vit leur pays, s'inquiétait fin 2005 la Confédération internationale des syndicats libres qui regroupe deux cent trente-quatre organisations dans le monde. Sept cents millions de Chinois vivent avec moins de 1 dollar par jour. Plus de 15 000 meurent chaque année dans des accidents du travail. Des millions de personnes travaillent entre 60 et 70 heures par semaine et gagnent moins que le salaire minimum en vigueur dans leur pays. Elles dorment dans des dortoirs où s'entassent parfois jusqu'à vingt personnes [2]. »

1. Tous les spécialistes qui vont sur le terrain et dont la parole est libre par rapport au gouvernement chinois…

2. Rapport publié le 9 décembre 2005.

Dans *Libération*, Pascale Nivelle soulignait le malaise grandissant des jeunes Chinois qui ne trouvent pas d'emploi malgré un bon niveau de formation :

> En juin, la Commission d'État au développement, grand organe de planification, a averti : cette année, près de 60 % des nouveaux diplômés ne trouveront pas d'emploi, soit 22 % de plus que l'an dernier. À l'échelle de la Chine, cela fait 2,53 millions de nouveaux chômeurs.
>
> Malgré le miracle économique et les 10 % de croissance annuelle, les étudiants (cinq fois plus nombreux qu'en 1998) ne sont plus assurés de trouver un travail. Le désarroi des jeunes qualifiés laisse imaginer le désarroi des chômeurs de plus de 40 ans, happés par la Révolution culturelle à l'âge où ils auraient pu faire des études... Ils sont sûrement immensément nombreux dans un pays incapable de fournir des statistiques fiables en matière de chômage.
>
> *Libération*, 4 décembre 2006

Début 2007, le ministre du Travail chinois, Tian Chengping, reconnaissait que « 24 millions de personnes supplémentaires arriveront cette année sur le marché du travail dans les villes, mais l'économie ne sera en mesure de fournir un emploi qu'à la moitié d'entre elles [1] ».

Pourquoi cette insuffisance d'emplois alors que la croissance oscillait entre 7 et 10 % par an ? Parce qu'un grand nombre d'entreprises occidentales se sont ruées en Chine pour profiter des très faibles salaires. Elles sont arrivées avec les robots les plus modernes et les machines-outils les plus performantes. Du fait des transferts de technologie, la productivité a augmenté à un rythme de plus de 8 % par an. Du coup, le volume

1. Reuters, 13 mars 2007.

d'emploi ne suit pas la croissance de la population et le chômage augmente !

Voilà pourquoi tous ceux qui affirmaient que, grâce à la croissance, la situation sociale était parfaitement stable en Chine se trompaient gravement : si la productivité augmente de 8 % par an, avoir une croissance de 8 % ne suffit pas pour donner du travail aux millions d'hommes et de femmes qui quittent les campagnes et viennent chercher du travail en ville. Et si la croissance tombe nettement en dessous de 8 % et que les dirigeants n'ont aucune autre politique sociale en réserve, le problème peut devenir explosif…

Et maintenant ?

Fin 2010, le gouvernement chinois reconnaissait que le chômage touchait environ 22 % de la population active : « La Chine est confrontée à de gros défis en matière d'emploi aujourd'hui et dans un avenir prévisible », admettait ce jour-là Yi Chengji, porte-parole du ministère des Ressources humaines et de la Sécurité sociale, devant la presse [1]. « Il y a environ 100 millions de travailleurs ruraux sans emploi. » Avant que la bulle éclate, avant que les exportations ralentissent, il y avait déjà 22 % de chômage. Que va-t-il se passer maintenant ?

Le seul pays où la bulle avait atteint une telle proportion est l'Espagne – on l'a dit –, mais il y a, en Espagne, un système de Sécurité sociale et des solidarités familiales qui ont permis d'atténuer les conséquences de l'éclatement. Qu'en sera-t-il en Chine ?

1. AFP, 10 septembre 2010.

Quels seraient les effets d'une récession sans un changement rapide et radical du modèle de développement ?

Il n'y a pas de couverture sociale pour les chômeurs : pas d'allocation-chômage, pas de RMI, pas de couverture santé… Les tensions montent entre la Chine et certains de ses voisins (Taïwan, Japon) et le budget militaire de la Chine a plus que doublé depuis dix ans ! Des millions d'hommes et de femmes sont déracinés : pour trouver du travail, ils ont quitté leurs campagnes et s'entassent dans la banlieue des villes [1]. Le déséquilibre constaté dans les naissances (118 garçons pour 100 filles en 2005) fait que des dizaines de millions d'hommes vont se retrouver célibataires forcés. Si, en plus, ils sont des dizaines de millions à se retrouver au chômage…

Sommes-nous sûrs que ce qui s'est passé en Allemagne entre 1929 et 1945 ne peut pas se reproduire en Chine dans les dix ou quinze ans qui viennent ?

C'est déjà ce qu'écrivait Thérèse Delpech [2], en 2005 :

« Taïwan jouera au XXIe siècle le rôle qu'a joué l'Alsace-Lorraine.

Qui peut prétendre que la troisième guerre mondiale n'aura jamais lieu ? En huit ans, la Chine a doublé son budget militaire et Pékin n'a jamais renoncé à utiliser la force contre Taïwan. Le nationalisme chinois prend d'ores et déjà de telles proportions que le gouvernement de Pékin peut être placé dans une situation impossible *si la croissance ralentit.* […]

1. La part de la population urbaine vient de passer les 50 %, comme en Allemagne en 1932.

2. Conseillère en stratégie militaire d'Alain Juppé lorsqu'il était Premier ministre.

Taïwan jouera au XXIe siècle le rôle qu'a joué l'Alsace-Lorraine au siècle dernier. Après les Jeux olympiques de 2008 et à un moment où le ralentissement de la croissance poserait des problèmes socio-politiques majeurs, la Chine pourrait lever ce qui lui reste d'inhibition tant vis-à-vis de Taïwan que du Japon [...].

Le Japon a déclaré en février 2005 qu'il ne serait pas inactif dans l'hypothèse d'un conflit entre la Chine et Taïwan [1]. »

Il ne s'agit pas d'avoir peur.

Il ne s'agit pas de se faire peur. Il s'agit seulement de mesurer la gravité de la situation et l'ampleur de nos responsabilités.

Sur la Chine et le risque d'une escalade militaire, nous espérons nous tromper. Évidemment. Mais en janvier 2011, la Chine a fait décoller un avion bombardier furtif, le Chengdu J-20, à la veille de la visite du secrétaire américain à la Défense, Robert Gates. Et, quelques jours plus tard, un général qui dirigeait le service des télécommunications de l'armée taïwanaise était arrêté pour des faits d'espionnage au profit de la Chine. Le ministère taïwanais de la Défense a défini cette affaire comme « la plus grave depuis un demi-siècle [2] ».

Si la crise sociale s'exacerbe, qui dit que l'évolution de la Chine sera pacifique ? En 1933, l'Allemagne était un très grand pays, qui avait donné au monde quelques-uns de ses plus grands philosophes et de ses plus grands musiciens. Cela n'a pas empêché le peuple allemand de donner le pouvoir à Hitler.

1. *L'Ensauvagement du monde*, Grasset, 2005.
2. AFP, 9 février 2011.

« Pour étancher sa soif, la Chine a bu du poison. »

Dans *Quand la Chine change le monde*, Erik Izraelewicz citait un propos entendu à Pékin sous le sceau de l'anonymat : « Le XIXe siècle a été pour la Chine celui de l'humiliation, le XXe celui de la restauration, le XXIe sera celui de la domination [1]. »

Cette volonté de domination d'une partie des Chinois n'est pas étonnante : ils ont en mémoire les horreurs commises par les Japonais quand ils ont envahi la Chine. « La Chine et, dans une moindre mesure, les Philippines furent parsemées de centaines et de milliers d'Oradour dont bien peu connaissent les noms, écrit Jean-Louis Margolin, spécialiste de cette époque. Les Japonais n'admettaient pas qu'on leur résiste. Il y eut donc relativement peu de massacres dans les territoires où ils étaient accueillis avec faveur (Java, Birmanie…) mais tout acte d'hostilité provoquait un déchaînement de violence démesuré. Les partisans chinois capturés étaient systématiquement promis à la mort, généralement après avoir été torturés [2]. »

Les Chinois affirment que 35 millions des leurs furent victimes de la terreur nippone. Et certains continuent à penser que l'affront subi par leur pays durant l'invasion japonaise n'a pas encore été lavé. Pour un grand nombre de spécialistes de cette région, il est évident qu'en cas de crise sociale aiguë une dérive nationaliste ne peut pas être exclue : « Quand la crise sociale est trop grave et que les dirigeants sont incapables d'y faire face, déclencher une guerre contre le pays voisin

1. *Quand la Chine change le monde*, Grasset, 2005.
2. *L'Armée de l'empereur, violences et crimes du Japon en guerre 1937-1945*, Armand Colin, 2007.

ou contre une partie du territoire qui veut faire sécession est un bon moyen de ressouder l'unité nationale et d'assouvir le besoin de violence. En 1930, l'Allemagne de Weimar était une grande démocratie. Cela ne l'a pas empêchée de basculer dans la barbarie. Pour arriver au pouvoir et amener son pays à la guerre, Hitler a joué sur l'envie de revanche après l'humiliation du traité de Versailles. En Chine, beaucoup attendent le match retour contre le Japon pour laver l'humiliation de la Seconde Guerre mondiale. »

Depuis quelques années, l'effort de réarmement de la Chine devient vraiment inquiétant.

La Chine pointe 900 missiles sur Taïwan

Le Pentagone évalue à plus de 900 le nombre de missiles dirigés par la Chine sur Taïwan.
Ce nombre ne fait qu'augmenter. Sous couvert de l'anonymat, des responsables taïwanais ont admis que les 200 missiles déployés sur l'île ne pourraient pas faire face à la puissance de feu chinoise.
La Chine considère toujours Taïwan comme partie intégrante de son territoire et menace régulièrement l'île de réprimer toute velléité d'indépendance formelle. Taïwan est séparé de fait de la Chine depuis 1949, quand le régime nationaliste s'est réfugié sur l'île devant l'avance des troupes maoïstes.

AFP, 22 janvier 2007

Pékin augmente son budget militaire de 18 %

La Chine augmente de 18 % son budget militaire en 2007, confirmant sa volonté de moderniser ses forces armées. Cette hausse intervient après un accroissement de 15 % en 2006. La Chine cherche à moderniser ses forces armées en fabriquant de nouveaux bateaux, des missiles et des chasseurs, ainsi que d'autres équipements qui permettront à Pékin d'accroître sa portée stratégique et de maintenir la pression sur Taïwan. Pékin maintient que l'île, dotée de son propre gouvernement, devra accepter à terme sa réunification avec la Chine continentale.

Reuters, 4 mars 2007

La Chine teste des armes spatiales

La Chine a procédé avec succès à son premier essai d'une arme capable de neutraliser les satellites. Lors de cet essai, les Chinois ont détruit un vieux satellite chinois avec une charge lancée par un missile balistique. Jusqu'à présent, seuls les États-Unis et l'ex-Union soviétique étaient capables de détruire des objets dans l'espace. L'entrée de la Chine dans ce club très fermé, si cela était confirmé, ne manquerait pas de relancer le débat sur la militarisation de l'espace. À Tokyo, le porte-parole du gouvernement a exprimé ses « inquiétudes concernant la sécurité internationale ». « La capacité de détruire des satellites dans l'espace n'est pas conforme à l'opposition traditionnelle de la Chine à la militarisation de l'espace », s'inquiète également le ministre australien des Affaires étrangères. La Chine a refusé tout commentaire officiel.

AFP, 19 janvier 2007

La Chine essaie un nouveau sous-marin nucléaire

La Chine procède actuellement aux essais en mer du premier de cinq sous-marins à propulsion nucléaire de nouvelle génération, capable de lancer des missiles balistiques d'une portée presque quintuplée. Ces essais s'inscrivent dans une stratégie d'ensemble de la Chine de faire pièce à la puissance navale américaine dans le Pacifique occidental. La nouvelle génération de submersibles sera équipée de missiles d'une portée de 8 000 kilomètres, alors que les missiles actuels ne pouvaient parcourir que 1 800 kilomètres. Les sous-marins nucléaires lance-engins sont considérés comme la force de dissuasion par excellence. Difficiles à repérer, ils donnent la quasi-garantie à un ennemi potentiel de subir une frappe en représailles à une attaque. Au total, la Chine disposerait de cinquante-cinq submersibles d'attaque.

AFP, 2 mars 2007

Pékin veut pouvoir frapper l'US Navy en cas de conflit sur Taïwan

La Chine a l'intention d'équiper certains de ses missiles d'un système de guidage à infrarouges, afin de pouvoir frapper des bâtiments américains croisant en Asie, en cas de conflit sur Taïwan, affirme mercredi *Sankei*, un quotidien nippon. La modernisation des missiles chinois entre dans le cadre des préparatifs d'un éventuel conflit concernant Taïwan, île considérée comme « rebelle » par Pékin et protégée par un pacte de sécurité avec les États-Unis.
La Chine est en train de développer un système de guidage à infrarouges pour équiper ses missiles « Dongfeng-21 », d'une portée de 2,150 kilomètres. Pékin souhaiterait ainsi dissuader les États-Unis ou le Japon d'utiliser leurs croiseurs dotés du système anti-missiles Aegis, analyse le journal qui évalue à une centaine le nombre de missiles « Dongfeng-21 » déployés.
La Chine considère toujours Taïwan comme faisant partie de son territoire et a promis de lutter par la force contre toute déclaration formelle d'indépendance de l'île. En février 2005, États-Unis et Japon ont englobé la question taïwanaise dans les objectifs stratégiques communs de leur alliance de sécurité. Cette « déclaration » considérée comme une « ingérence » dans les affaires intérieures chinoises avait été très mal prise par Pékin, déclenchant une grave crise diplomatique sino-japonaise.

AFP, 16 mai 2007

La nouvelle idylle Moscou-Pékin

La Russie de Vladimir Poutine s'efforce de consolider ses relations avec Pékin, son ennemi d'hier, avec lequel les relations n'ont jamais été aussi bonnes. Une fois les différends frontaliers réglés et la coopération énergétique lancée, la Chine et la Russie renforcent leur partenariat stratégique.
Avec le prochain sommet de l'Organisation de coopération de Shanghai (OSC), l'occasion est toute trouvée. Composée de six États (Chine, Russie, Kazakhstan, Tadjikistan, Ouzbékistan et Kirghizstan),

> l'OSC veut se muer en une alliance politico-militaire susceptible de faire contrepoids aux États-Unis et à l'Otan dans la région. L'OSC va se concentrer sur la défense des intérêts nationaux de ses États membres, en premier lieu ceux des deux ex-empires, poids lourds de l'organisation. La coopération militaire sera renforcée. Des manœuvres conjointes sont prévues en 2007 entre la Russie et la Chine.
>
> *Le Monde,* 28 mai 2006

Au total, en dix ans, la Chine a presque triplé son budget militaire, comme en attestent les données publiées lors de la 48e Conférence sur la sécurité de Munich, les 3, 4 et 5 février 2012.

Évolution des dépenses militaires entre 2000 et 2010

Chine	+ 189 %
Russie	+ 82 %
États-Unis	+ 82 %
France	+ 3,3 %
Japon	– 1,7 %
Allemagne	– 2,7 %

Source : 48e Conférence sur la sécurité de Munich.

La situation politique en Chine est « très, très délicate », reconnaissait le 18 janvier 2012 l'ambassadeur américain à Pékin. « Le peuple se sent de plus en plus frustré par les agissements du gouvernement, la corruption, le manque de transparence et les problèmes qui les affectent au quotidien et dont ils ont le sentiment qu'ils sont négligés [1]. » Quelques jours plus tard, le gouvernement chinois décidait d'intensifier encore son effort militaire.

1. Gary Locke sur la radio NPR, cité par Slate.fr.

Le budget chinois de la Défense pourrait encore doubler d'ici 2015

Le budget militaire de la Chine atteindra les 238 milliards de dollars en 2015, selon des chiffres de l'IHS. Une source d'inquiétude supplémentaire pour les États-Unis.

En 2015, les dépenses militaires chinoises dépasseront les budgets combinés des douze autres plus grandes puissances de l'Asie-Pacifique.

Le budget chinois devrait être près de quatre fois supérieur à celui du Japon, numéro deux dans la région en termes de dépenses militaires, a précisé l'IHS.

François Roche, Latribune.fr, 14 février 2012

« Nous devons être capables de gagner des guerres locales »

« La Chine renforcera la capacité de ses forces armées à accomplir un large éventail de tâches militaires sous le contrôle absolu du Parti communiste chinois », indique le rapport d'activité du gouvernement présenté lundi par le Premier ministre, Wen Jiabao, lors de l'ouverture de la cinquième session de l'Assemblée populaire nationale, le parlement chinois.

Nous devons nous concentrer sur « la faculté de gagner des guerres locales », a affirmé le Premier ministre.

Le Quotidien du Peuple en ligne, 5 mars 2012

En quinze ans, au total, la Chine aura multiplié par six son budget militaire. Il est rare qu'un pays investisse autant sans se servir jamais de son armée. Depuis le début 2012, il ne se passe plus un mois sans que la Chine saisisse une occasion de « montrer ses muscles » à ses voisins. Comment ne pas faire le parallèle entre ce puissant déploiement de forces et la montée des périls qu'a connue l'Europe dans les années 1930 ?

« Pour étancher sa soif, la Chine a bu du poison. »

Nous ne sommes pas les seuls à nous inquiéter des possibles conséquences militaires de la crise économique. En février 2007, on pouvait lire sur le site des *Échos* une étude de Kenneth Rogoff, l'ancien chef économiste du FMI. Le premier graphique mis en annexe de l'étude concernait l'évolution de la dette de l'ensemble des pays occidentaux entre 1970 et 2006. Sur les dernières années, la pente est quasi verticale et Rogoff notait que la situation était bien plus dégradée qu'en 1929…

Dette totale des pays occidentaux

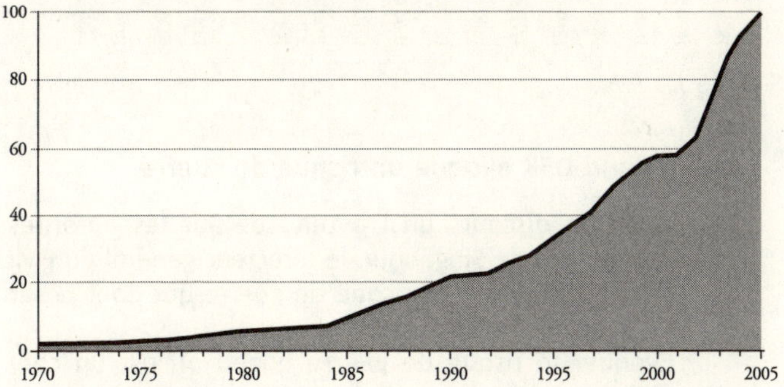

Source : *Les Échos.*

Le deuxième graphique était assez sinistre : de 1820 à nos jours, il récapitulait le nombre d'hommes, de femmes et d'enfants qui sont morts lors de chaque grand conflit. On voit comment, quand le cerveau reptilien prend le dessus, le progrès technique est mis au service de la barbarie : chaque grand conflit fait nettement plus de morts, en proportion de la population totale, que le conflit précédent.

« Le capitalisme porte en lui la guerre, comme la nuée porte l'orage », disait Jean Jaurès. La crise de 1929 a débouché sur une guerre qui a fait 50 millions de morts. Depuis plusieurs années, un nombre croissant d'économistes se demande si l'histoire ne va pas se répéter.

Nombre de morts pour un million d'êtres humains

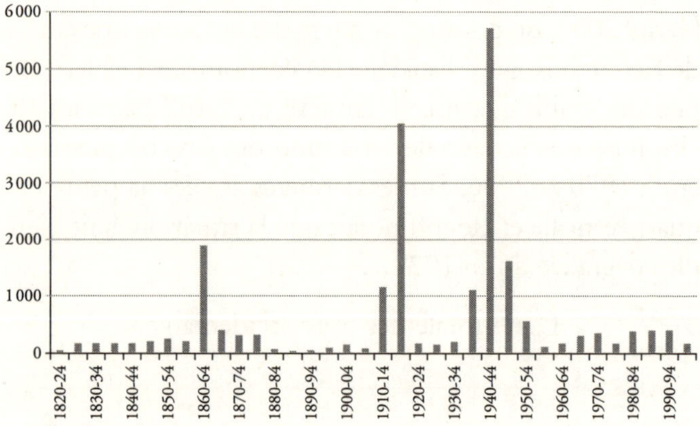

Source : *Les Échos.*

Quand DSK évoque un risque de guerre

Dans un discours qu'il a tenu devant les autorités monétaires de Singapour, le directeur général du FMI a pointé du doigt le risque de guerre que font peser les tensions entre les nations.

Évoquer le risque de guerre quand on est un chef d'État ou qu'on aspire à le devenir, ce n'est pas courant. Voilà pourquoi le discours tenu par Dominique Strauss-Kahn ce mardi à Singapour devrait susciter bon nombre de commentaires.

« Nous sommes face à la perspective d'une "génération perdue" de jeunes, destinée à souffrir toute leur vie d'une détérioration des conditions sociales et du chômage », a expliqué DSK.

Soulignant que « le schéma des déséquilibres mondiaux d'avant la crise est en train de ressurgir », le directeur général du FMI a assuré à ses hôtes que cette situation l'inquiétait : « Alors que les tensions entre les pays s'accroissent, nous pourrions voir une montée du protectionnisme [...] et l'instabilité sociale et politique croître entre les nations, et même la guerre. »

La Tribune, 1er février 2011.

« Pour étancher sa soif, la Chine a bu du poison. »

DSK n'était pas le seul à s'inquiéter : en juin 2010, dans le *Herald Tribune,* Paul Krugman affirmait qu'on était en train de recommencer les erreurs des années 1930. Symboliquement, il signait son éditorial depuis Berlin et l'illustrait avec une photo de soupe populaire des années 1930…

En 2010, Philippe Dessertine, professeur à l'université de Nanterre et directeur de l'Institut de haute finance, publiait lui aussi un livre très sombre : *Le monde s'en va-t-en guerre (ne sait quand reviendra)* [1]. Dans ce livre, il expliquait pourquoi le risque de guerre n'a jamais été aussi élevé qu'aujourd'hui.

C'était aussi la thèse développée dans *Hier la crise, demain la guerre ?* [2] par Pascal Hortefeux et Pierre Pascallon. Professeur d'économie pour l'un et spécialiste des questions militaires pour l'autre, ils affirmaient que la crise économique était loin d'être terminée et qu'elle pouvait déboucher sur une guerre en « bonne » et due forme.

En janvier 2011, c'est François Lenglet [3] qui écrivait que la crise peut déboucher sur un vrai conflit entre la Chine et les États-Unis, mais que la seule inconnue, vu l'énormité de la dette totale dans chacun des deux pays, est de savoir lequel des deux empires va s'effondrer le premier…

« La seule question est *allons-nous dans la bonne direction ?* » s'interrogeait l'un des plus proches conseillers de Barack Obama, David Plouffe, en

1. Anne Carrière, 2010.
2. L'Harmattan, 2010.
3. Il était alors directeur de la rédaction de *La Tribune*. Il est aujourd'hui rédacteur en chef du service France de France 2.

novembre 2010, juste après qu'Obama eut perdu les élections de mi-mandat.

Allons-nous dans la bonne direction ? Non, c'est évident. Nous n'allons pas du tout dans la bonne direction. Nous allons dans le mur. « Comme des somnambules, nous marchons vers l'abîme », affirmait récemment Edgar Morin.

Si le scénario le plus optimiste est celui d'une crise de vingt ans qui amène à une explosion sociale et à une possible arrivée au pouvoir en Europe de partis d'extrême droite et si l'autre scénario, que nul ne peut totalement exclure, amène au déclenchement d'une troisième guerre mondiale, il est de notre responsabilité à tous de tirer la sonnette d'alarme et d'agir avec force pour construire un nouveau modèle de développement avant que l'ancien ne s'effondre.

Déshumanisation accélérée ou barbarie à ciel ouvert : est-ce vraiment la seule alternative ?

Nous refusons ce choix. Nous refusons totalement ce sinistre dilemme. Nous sommes convaincus qu'il existe une vraie alternative, mais il faut prendre conscience que nous sommes sur une bombe.

La deuxième crise sera beaucoup plus grave que la première, on l'a vu plus haut. Il faut donc éviter à tout prix qu'elle n'éclate.

« La prochaine crise risque d'être plus grave que celle de 1930 », affirme Mervyn King, le gouverneur de la Banque d'Angleterre. Si nous restons sans rien faire, il a sans doute raison. Si nous nous conduisons comme des lapins paralysés dans les phares du camion qui va les écraser, tétanisés par la peur, ça risque de mal finir. C'est évident.

Comme en 1930, une course de vitesse est engagée

Depuis cinq ans, beaucoup d'économistes et de responsables politiques ont comparé la crise que nous vivons à la crise de 1929. Cette comparaison est tout à fait justifiée. Après l'éclatement de la crise, deux livres majeurs avaient été publiés à quelques semaines d'intervalle.

En 1930, Sigmund Freud écrit *Malaise dans la civilisation.* Il y analyse la pulsion de mort qui anime le capitalisme et montre que la crise qui vient d'éclater est d'abord une crise culturelle. Il pressent la barbarie sur laquelle peut déboucher cette pulsion de mort.

La même année, le jeune Pierre Mendès France publie son premier texte : *Contribution aux États-Unis d'Europe.* À plusieurs reprises, il écrit que, pour éviter le chaos, « une course de vitesse est engagée ». « Une course de vitesse est engagée entre l'Internationale des peuples et l'Internationale des capitaux » et pour gagner cette « course de vitesse », Mendès France affirme qu'il faut créer très vite une monnaie unique européenne dotée d'une vraie gestion politique et consacrer au plan social les marges de manœuvre créées par cette monnaie unique.

Une monnaie unique. Un gouvernement politique. Un projet social européen. L'idée est lumineuse ! En 1930, l'idée d'un sursaut européen n'est pas du tout ridicule : l'Allemagne vit sous la République de Weimar, un régime tout à fait démocratique. Mais Mendès Frances n'est pas écouté, et trois ans plus tard, après l'arrivée au pouvoir de Hitler, plus personne ne proposera de créer une monnaie européenne… En

1930, il était possible d'agir. Trois ans plus tard, il était trop tard [1].

En 2013, comme en 1930, une course de vitesse est engagée. En 1930, c'est la pulsion de mort, mise en évidence par Freud, qui avait gagné contre le sursaut d'intelligence et de coopération proposé par Mendès France. Cette fois-ci, qui va gagner ? L'Histoire est entre nos mains.

N'en déplaise à tous ceux qui nous expliquent depuis trente ans qu'il n'est pas possible d'agir sur les questions économiques et qu'il vaut mieux laisser faire les marchés autorégulés, nous avons le pouvoir de changer les choses.

Nous sommes sur une bombe. Il faut tout faire pour la désamorcer.

Nous avons le droit et le devoir d'agir. Agir vite. Agir avec force. Ce qui suppose d'abord et avant tout de poser le bon diagnostic sur la situation que nous subissons.

---

1. Pierre Mendès France n'est pas écouté en 1930 mais il sera, en 1944, l'un des principaux artisans de la conférence de Bretton Woods. Entre 1930 et 1944, la guerre a fait plus de 50 millions de morts.

Chapitre V

« *Damned if you do, damned if you don't* » Comment sortir du dilemme de Roubini ?

Comment agir ? Nos dirigeants semblent parfois tétanisés. Pendant longtemps, ils ont nié le problème : en juin 2011, le G8 de Deauville n'a pas consacré une minute à la crise. Pas une minute ! C'est normal, direz-vous, puisque la crise était finie… Aujourd'hui, la crise s'affiche à la une des journaux. Ils ne peuvent plus nier le problème mais beaucoup semblent dépassés, déboussolés.

Certains pensent que, « à court terme », l'essentiel est de rassurer les marchés financiers. Mais, semaine après semaine, mois après mois, le court terme et l'urgence envahissent tout l'agenda politique et les marchés (quelques centaines de traders qui n'ont pas pris une heure en cinq ans pour réfléchir aux causes profondes de la crise) ont des demandes totalement contradictoires : le matin, les marchés demandent des plans d'austérité car une dépêche vient de tomber insistant sur le niveau très élevé de la dette publique et, l'après-midi, ils demandent un plan de relance car une autre dépêche indique que les ventes de voitures s'effondrent en Europe ou que la croissance faiblit aux

États-Unis.... Comment faire en même temps des plans de relance et d'austérité ? Les marchés ne le disent pas. C'est aux politiques de trouver la solution.

Les marchés ne sont pas les seuls à tourner en rond : il y a trois ans, un des meilleurs spécialistes américains des crises financières, Nouriel Roubini, a publié un livre important dans lequel il retrace l'histoire des grandes crises qui ont marqué nos sociétés. Dans ce livre, Roubini explique que tous les plans de relance massifs utilisés pour lutter contre la crise depuis 2007 ne font que préparer la prochaine crise, qui verra nos sociétés s'effondrer sous le poids de la dette publique [1].

Et quand un journaliste lui demande si, pour éviter la catastrophe qu'il annonce, il faut stopper les plans de relance, la réponse de Roubini illustre pleinement l'impasse dans laquelle s'enferment nos dirigeants : « Le risque, à court terme, c'est que cela ait un effet négatif sur la croissance. Mais un État qui ne ferait pas l'effort d'assainir ses comptes publics ne pourrait plus emprunter, ou dans des conditions insoutenables. La situation aujourd'hui, c'est « *Damned if you do, damned if you don't* ». Tu seras damné si tu le fais, mais damné aussi si tu ne le fais pas [2]... »

Roubini comprend qu'on va vers une crise majeure mais il ne voit absolument pas comment l'éviter. Comme l'écrivait aussi l'économiste Élie Cohen dans la revue *Commentaire* du printemps 2011, « c'est une équation insoluble ».

1. *Économie de crise*, en collaboration avec Stephen Mihm, J.-C. Lattès, 2010. Nous déconseillons formellement la lecture de ce livre aux âmes sensibles qui ont souffert en lisant les premiers chapitres de notre livre, qui ne sont qu'une version très adoucie de l'apocalypse annoncée par Roubini...

2. *Le Nouvel Observateur*, 10 juin 2010.

Une équation insoluble ?

N'y a-t-il vraiment aucune solution ? Sommes-nous condamnés à nous enfoncer ? Non. Il existe une voie étroite, un chemin de crête, qui peut nous permettre de sortir de la crise.

Comment sortir du dilemme de Roubini ? Comment prouver à Cohen qu'on peut résoudre l'*équation insoluble* ? Comment rompre le cercle vicieux de la crise avant qu'elle n'échappe à notre contrôle ? En changeant notre grille d'analyse. En apportant un diagnostic nouveau. Et des propositions nouvelles.

« On a fait une perfusion à un malade qui a une hémorragie interne », affirmait Joseph Stiglitz fin 2008 dans *Le Monde* en parlant des multiples plans de relance mis en place à travers le monde pour maintenir un semblant de croissance, on fait des perfusions de plus en plus massives [1] mais on commence à angoisser car :

– les réserves de « perfusion » sont limitées ;

– malgré les perfusions, le malade est en train de replonger ;

– en cinq ans, on ne s'est pas donné les moyens de trouver où est l'hémorragie interne.

Où est l'hémorragie ? C'est LA question fondamentale si l'on veut s'en sortir avant que le tourbillon ne nous emporte. Pourquoi nos pays sont-ils devenus *addict* à la dette ? Pourquoi retombent-ils en récession si l'on diminue la perfusion ? C'est en analysant les statistiques de la Banque centrale américaine pour les

1. 1 300 milliards de dollars injectés en un an aux États-Unis. C'est colossal ! Il y a dix ou quinze ans, aucun de nous n'aurait imaginé qu'un tel niveau de déficit soit possible.

cinquante dernières années qu'on comprend les causes profondes de la crise. La courbe ci-dessous représente l'évolution de la dette totale (dette publique et dette privée) rapportée au PIB [1].

Dette totale aux États-Unis depuis 1952
(hors dette du secteur financier)

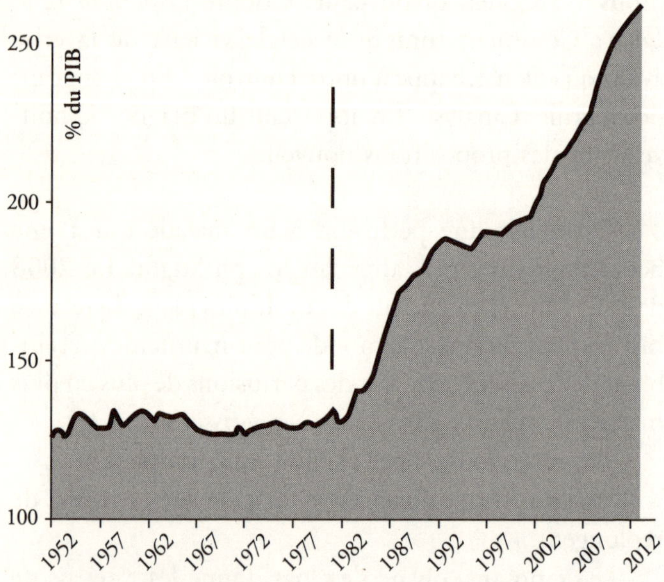

Source : Réserve fédérale.

Les libéraux condamnent toujours très sévèrement l'accumulation de la dette publique, mais ils sont discrets sur le volume de dette privée accumulée dans les pays qu'ils prennent en modèle. Sur cette courbe, on suit l'évolution de la dette totale : dette des collectivités

1. Entendu comme toute la richesse « économique » produite chaque année par l'économie américaine. Le PIB est un indicateur très fruste (voir à ce sujet les travaux de Patrick Viveret, Dominique Méda ou Joseph Stiglitz, entre autres, qui dénoncent tous les insuffisances graves de cet indicateur) mais cette courbe est quand même très éclairante.

+ dette de l'État fédéral + dette des familles + dette des entreprises (hors dette du secteur financier) [1].

La partie la plus récente de cette courbe est angoissante car elle monte de façon presque verticale. Mais la bonne nouvelle, c'est que pendant trente ans, jusqu'en 1981, il n'y a pas eu besoin de dette pour nourrir l'économie américaine. Ce n'est pas une idée totalement hétérodoxe, une idée « farfelue », que de penser que l'économie peut fonctionner sans être en permanence sous perfusion puisque ça a marché pendant trente ans !

C'est une bonne nouvelle, une nouvelle fondamentale à partager le plus vite possible avec tous ceux qui pensent, comme Roubini et Cohen, que nous sommes « *damned* » de toute façon. Mais non ! On peut s'en sortir : pendant trois décennies, nos économies ont fonctionné sans avoir besoin d'augmenter ni la dette publique ni la dette privée. C'est donc possible ! Pourquoi ? Comment ? Qu'est-ce qui a permis à tous nos pays de vivre pendant trente ans sans la fuite en avant qui, aujourd'hui, nous mène dans le mur ?

Jusqu'en 1981, pas besoin de nouvelles dettes

Jusqu'en 1981, jusqu'à l'arrivée de Ronald Reagan à la Maison-Blanche, les États-Unis fonctionnaient avec un compromis « fordiste » : entre 1907 et 1917, Henry Ford, le patron des automobiles Ford, avait profondément réorganisé ses usines et doublé leur productivité. Pour assurer ses débouchés, il s'était convaincu qu'il fallait absolument respecter deux règles du jeu :

---

1. La dette du secteur financier apparaissait par contre dans la première courbe sur la dette américaine, page 45.

– Assurer le plein-emploi : que tous ceux qui le veulent aient un emploi et un salaire.

– Augmenter régulièrement les salaires des ouvriers afin qu'ils soient toujours plus nombreux à pouvoir acheter les voitures qu'ils produisent.

Une société de consommation a besoin de consommateurs. Ce n'est pas très subtil, pas très profond philosophiquement, mais c'est assez peu contestable. Pour Henry Ford, les salaires ne peuvent pas être fixés uniquement par les règles de la concurrence entre entreprises : « Le salaire est considéré par chaque entreprise exclusivement comme un coût qu'il faut diminuer autant que possible alors que c'est un élément essentiel de la demande globale. La croissance va s'étouffer si l'on ne fixe pas des règles du jeu collectives. » C'est le plein-emploi qui fait la prospérité et non l'inverse. C'est quand tous ont un travail et un bon salaire que l'économie connaît la croissance la plus forte.

En janvier 1914, neuf ans seulement après avoir créé son entreprise, Henry Ford décide de mettre en œuvre le *$5-per-day program* : chaque ouvrier recevra 5 dollars par jour (alors que beaucoup ne recevaient jusque-là que 2,34 dollars par jour travaillé). C'est une première révolution. Mais, en octobre 1926, constatant l'importance des gains de productivité réalisés grâce à l'OST (l'Organisation scientifique du travail, inspirée des travaux de Taylor), Henry Ford défraie à nouveau la chronique et décide de passer à la semaine de cinq jours sans baisser les salaires : « *Why I Favor 5 Days' Work With 6 Days' Pay* » fait grand bruit [1].

1. Voir en annexe la traduction française de l'interview de Henry Ford : « Pourquoi je suis favorable à la semaine de 5 jours payée 6 ».

Travailler moins et gagner autant

Travailler moins et gagner autant qu'avant. Travailler moins et gagner plus que la plupart des autres ouvriers du pays… Les idées que Ford applique dans ses usines et qu'il diffuse dans tout le pays lors de ses conférences ne séduisent guère les autres patrons américains. C'est le moins que l'on puisse dire ! La mode est au libéralisme et à la nouvelle économie : la Bourse flambe et le discours des « partageux » comme Ford ou Kellogg [1] est marginalisé. La plupart des grands patrons préfèrent garder pour eux et pour leurs actionnaires tous les profits réalisés grâce aux nouvelles méthodes de travail. Ce partage déséquilibré des gains de productivité fut une des causes majeures de la crise de 1929.

Mais après la Seconde Guerre mondiale, dans tous nos pays, on va construire les règles collectives que demandaient Ford et Kellogg. Par des lois et/ou des conventions collectives, on veille partout à un juste équilibre dans la répartition des revenus et des gains de productivité [2].

La régulation fordiste est LA régulation fondamentale pour expliquer le succès des Trente Glorieuses, ces trente années de prospérité sans augmentation du stock de dette [3]. Mais, pour être vraiment efficace, elle fut

1. Kellogg passe ses usines de céréales à 30 heures en maintenant le salaire des ouvriers « pour donner du travail à trois cents pères de famille ».

2. Voir l'article « Le salariat », de Denis Clerc, dans *l'Encyclopédia Universalis*.

3. Il ne s'agit pas ici d'idéaliser les Trente Glorieuses : il y avait déjà des problèmes d'exclusion sociale, des problèmes de surconsommation, des dégâts causés à l'environnement et de graves déséquilibres entre pays du Nord et pays du Sud. Mais, globalement, ces trente années montrent qu'il est possible de vivre sans fuite en avant ; il est possible de sortir du piège de la dette.

complétée par deux autres grandes régulations issues des travaux de Beveridge et de Keynes.

Beveridge : assurer un revenu, même en l'absence d'emploi

En décembre 1942, William Henry Beveridge rend public son rapport sur le système d'assurance sociale. Il est vendu à 70 000 exemplaires dès le premier jour ! Beveridge affirme le droit de chacun à la garantie d'un revenu minimal en cas de perte d'emploi (chômage, maladie, retraite…). Le capitalisme, pour fonctionner, a besoin d'une demande forte et régulière, explique-t-il. La dépense sociale peut être un facteur essentiel de croissance économique. Les idées de Beveridge sont contestées par les conservateurs mais pas par Churchill, alors chef du cabinet. Il est considéré comme l'inventeur de la Sécurité sociale.

Keynes : si nécessaire, que l'État intervienne

Quant à John Maynard Keynes, il dénonce les dégâts du laisser-faire en matière économique [1]. Il montre que, dans certaines circonstances, les marchés ne s'équilibrent pas automatiquement et que, si la consommation des ménages et l'investissement des entreprises ne suffisent pas à assurer la croissance, l'État peut intervenir avec succès par sa politique budgétaire, par la fiscalité ou par sa politique monétaire.

---

1. Dans de nombreux articles et dans son œuvre principale, *La Théorie générale de l'emploi, de l'intérêt et de la monnaie*, publiée en 1936.

Ford, Beveridge et Keynes… Ce n'étaient pas d'affreux interventionnistes. Plutôt même des « libéraux », mais de vrais libéraux qui savaient que le marché a besoin de règles du jeu pour ne pas s'asphyxier.

Ces trois régulations ont bien fonctionné pendant trente ans. Au milieu des années 1970, il était sans doute nécessaire de les faire évoluer : on aurait dû en faire bénéficier les pays du Sud pour faciliter leur développement et rééquilibrer la croissance mondiale. Mais au lieu de généraliser et de moderniser ces régulations en les adaptant au niveau des grandes régions (comme l'Europe), on les a au mieux laissées se déliter progressivement, au pire détruites sous les coups de boutoir de Milton Friedman, Margaret Thatcher et Ronald Reagan.

En 1981, Ronald Reagan arrive à la Maison-Blanche. Avec Reagan, comme avec Thatcher, tout ce qui ressemble à une régulation collective du marché du travail est présenté comme une atteinte insupportable à la liberté individuelle. Et, au nom de la liberté individuelle, on supprime – ou on laisse se scléroser – toutes les règles collectives mises en place durant le New Deal ou dans l'après-guerre.

C'est à partir de l'arrivée de Ronald Reagan que la dette augmente. Les libéraux baissent les impôts sur les plus riches, ce qui favorise la dette publique. Mais c'est surtout la dette privée qui augmente, parce que la dérégulation et la précarité du marché du travail amènent progressivement à une baisse de la part des salaires dans le PIB et qu'un nombre croissant de ménages américains sont obligés de s'endetter pour maintenir leur pouvoir d'achat.

Dans un contexte de chômage de masse, quelle est la véritable liberté d'un salarié ? Quand les plans sociaux se multiplient dans sa région, qui peut négocier une augmentation de salaire ? Qui peut « donner sa démission » en espérant trouver assez vite un autre emploi ?

« Si tu n'es pas content, tu peux aller voir ailleurs. » La peur du chômage est dans toutes les têtes et ce qui va aux salaires dans la richesse produite diminue chaque année.

Les États-Unis ne sont pas une exception : pour les quinze pays les plus riches de l'OCDE, la part des salaires, qui représentait 67 % du PIB en moyenne en 1982, n'en représente plus que 57 % en 2007, quand éclate la crise.

Part des salaires dans la valeur ajoutée des entreprises (OCDE – 15*)

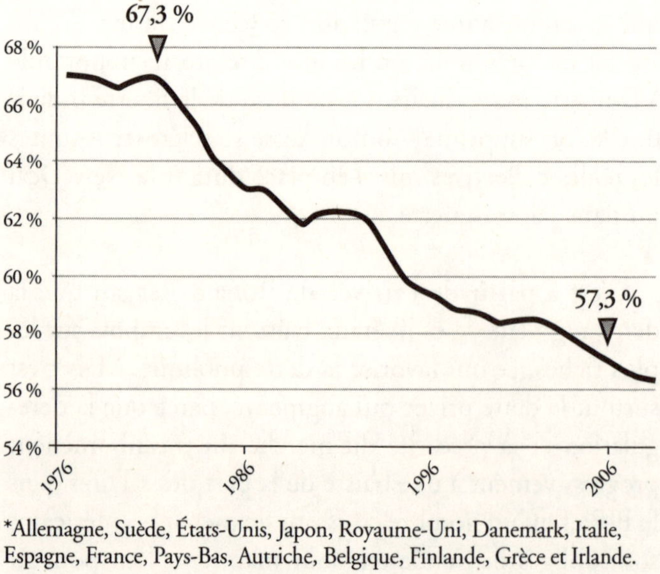

*Allemagne, Suède, États-Unis, Japon, Royaume-Uni, Danemark, Italie, Espagne, France, Pays-Bas, Autriche, Belgique, Finlande, Grèce et Irlande.

Source : OCDE, Rapport Croissance et inégalités 2008.

Dans un livre publié en 2007 [1], Patrick Artus, professeur d'économie à Polytechnique et directeur des études à la Caisse des dépôts CDC-Ixis, soulignait lui aussi le déséquilibre considérable qui se creuse sous nos yeux entre bénéfices et salaires : « Dans la zone euro, chaque année, les entreprises prennent l'équivalent de 1 % du PIB dans la poche de leurs salariés, en plus de ce qu'elles ont fait les années précédentes. Dû à la perte de pouvoir de négociation des salariés, le transfert en faveur des profits est considérable. »

Pendant des années, l'économie a continué à croître seulement parce qu'on distribuait par la dette le pouvoir d'achat qu'on ne donnait pas en salaire : « Dans la zone euro, en dix ans, la dette privée est passée de 75 % à 145 % du PIB. Si les ménages n'avaient pas augmenté leurs dettes, la croissance de la zone euro serait nulle depuis 2002, continue Patrick Artus. Et avant, entre 1998 et 2002, c'est l'endettement des entreprises qui nourrissait la croissance. »

Hors zone euro, la situation n'est guère plus réjouissante : une étude de Jean-Luc Buchalet et Pierre Sabatier montre que, sans l'augmentation de la dette des ménages [2], la Grande-Bretagne serait en récession sévère depuis la mi-2001.

La crise de la dette n'est donc pas un incident de parcours dû à l'inconscience de quelques traders isolés : pour garantir aux actionnaires des bénéfices colossaux tout en assurant un haut niveau de consommation de

---

1. *Les Incendiaires*, Perrin, 2007.
2. L'étude ne tient pas compte des dettes contractées pour investir (dans un appartement, par exemple), mais seulement des dettes contractées pour payer les dépenses de la vie quotidienne.

Croissance en Grande-Bretagne « à dette constante »

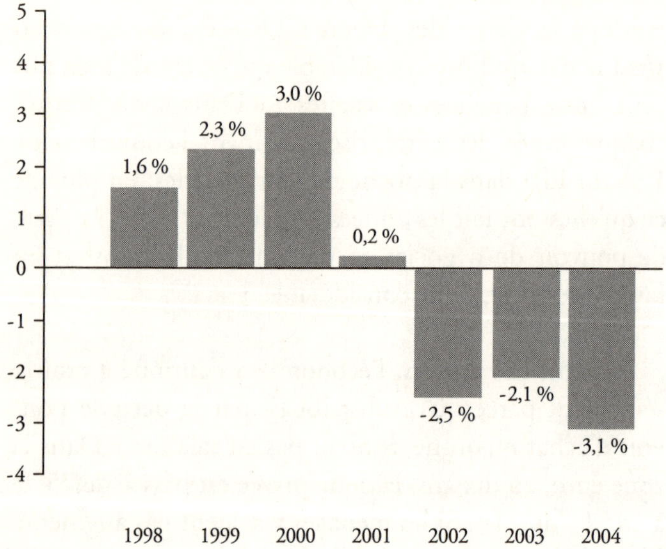

Source : Buchalet et Sabatier, 2006.

l'ensemble de la population, le néolibéralisme a structurellement besoin chaque année d'un niveau de dette toujours plus élevé pour continuer à prospérer (ou, en tout cas, en maintenir l'illusion).

Le Bureau International du travail souligne que deux « redistributions » ont eu lieu de façon simultanée qui ont toutes les deux diminué la demande globale :

« La redistribution des salaires vers les bénéfices et la redistribution des salariés situés sur la médiane vers les salariés du haut de l'échelle [1] ont entraîné une baisse de la demande globale par un transfert des revenus d'individus ayant une forte propension à consommer

1. Dans tous nos pays la part des salaires est à un plus bas historique mais, au sein même de la masse salariale distribuée, la part des 1 % de salariés les mieux payés n'a jamais été aussi importante.

vers des individus qui épargnent d'avantage. Avant la crise, certains pays étaient en mesure de maintenir la consommation des ménages en augmentant leur endettement tandis que d'autres pays fondaient leur croissance principalement sur les exportations vers les pays du premier groupe ; mais ce modèle s'est avéré impossible à tenir dans la durée [1]. »

« Aux États-Unis, les salaires réels des hommes travaillant à temps plein ont baissé de 2,3 % l'an dernier », analysaient *Les Échos* du 31 août 2005. Si le salaire réel des hommes à temps plein baisse de 2,3 % en un an, qu'en est-il du salaire des femmes à temps partiel ? C'est évidemment pire. Dans ce cas, comment expliquer que la consommation puisse augmenter si l'on ne pousse pas les salariés au surendettement ?

Vers une déflation mondiale généralisée ?

Certains, à gauche, n'osent plus parler du déséquilibre du partage salaires/bénéfices. Ils ont peur de passer pour d'affreux marxistes. Patrick Artus, de Natixis, n'a pas la même pudeur : il n'hésite pas à écrire que « chaque année, les entreprises prennent l'équivalent de 1 % du PIB dans la poche de leurs salariés, en plus de ce qu'elles ont fait les années précédentes ».

En juillet 2003 déjà, le rapport annuel de la Banque des règlements internationaux – la BRI, la Banque centrale des Banques centrales –, peu suspecte de dérive marxiste, était consacré au risque d'une « déflation mondiale généralisée » : « Le danger déflationniste est

1. Rapport du BIT du 15 décembre 2010.

suffisamment alarmant pour que la BRI y consacre une section entière de son rapport, en étudiant les épisodes de déflation des deux derniers siècles », affirmaient *Les Échos* en rendant compte de la conférence annuelle du président de la BRI [1].

Part des salaires dans le PIB au Japon et en Europe [2]

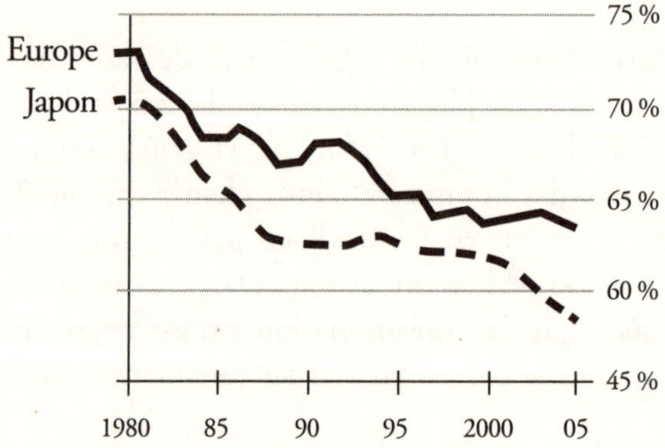

Source : FMI 2007.

« Une déflation mondiale généralisée », qu'est-ce que cela signifie ? Quand les inégalités explosent, quand « la part des salaires dans le PIB américain est au plus bas depuis 1929 » et quand « la part des salaires perd 10 % en Europe comme au Japon », la crise sociale peut très vite déboucher sur une vraie crise économique par insuffisance de consommation.

De même qu'un avion qui ne va plus assez vite peut ne plus avoir assez de portance et tomber comme une pierre, une économie où la part des salaires (qui alimente la consommation) est trop faible peut, très vite, tomber en récession.

1. *Les Échos* du 1er juillet 2003.

2. On voit sur cette courbe que la part des salaires est plus basse au Japon qu'en Europe. C'est sans doute une des raisons pour lesquelles le Japon n'arrive pas à sortir de la crise depuis vingt

Les salariés ne sont pas les seuls à s'être fait « gruger » : l'Insee a étudié l'évolution comparée des prix des denrées alimentaires payés par monsieur et madame Toutlemonde (quand nous achetons du pain, du lait ou de la viande) et l'évolution des prix payés aux paysans.

Évolution des prix agricoles

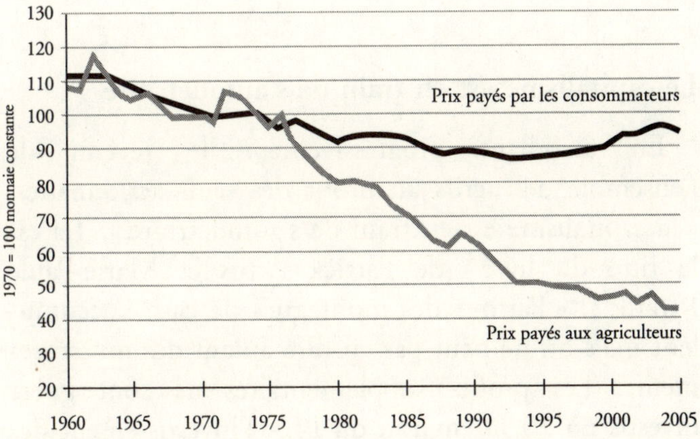

Source : Insee.

Les prix payés par le grand public sont remarquablement stables [1] depuis cinquante ans alors que les prix payés aux paysans ont diminué lentement mais très nettement…

Ces courbes qui divergent montrent que, en matière agricole, le néolibéralisme, ça ne marche pas non plus ! Ou plutôt, ça ne marche qu'au profit d'un petit nombre qui accapare une part croissante de la valeur ajoutée [2].

---

ans. Et nous risquons fort de tomber dans la même trappe si nous ne changeons pas très vite de modèle social.

1. Ils sont stables en données réelles, c'est-à-dire hors inflation.

2. En 1984, un certain Michel Rocard, ministre de l'Agriculture, fut l'un des artisans de la mise en place des quotas laitiers qui, en

Partout, dans *tous* les domaines et dans *toutes* les parties du globe, une part croissante de la richesse est captée par un très petit nombre de personnes. C'est non seulement une situation scandaleuse du point de vue moral, mais c'est aussi un non-sens économique, car au-dessus d'un certain niveau de revenu, cet argent n'est plus consommé, sortant en grande partie de l'économie réelle. Il est stérilisé.

Le capitalisme est en train de s'autodétruire

En asséchant progressivement le revenu de l'ensemble des actifs au profit des seuls actionnaires, « le capitalisme est en train de s'autodétruire ». Tel est le titre du livre [1] de Patrick Artus et Marie-Paule Virard [2] : « Partout des montagnes de cash s'accumulent mais on ne peut pas en dire autant des investissements. Les profits supplémentaires ne sont guère investis : à 10 % environ du PIB, l'investissement des entreprises est pratiquement stable depuis dix ans. » Comme un serpent qui se mord la queue, « un capitalisme sans projet (et sans client) est condamné à s'autodétruire ».

« Après tout, diront certains, les salariés ont souffert, mais si cet argent est allé à la recherche ou au développement des PME, c'est peut-être une bonne chose. »

---

régulant la production de lait, vont permettre de maintenir un prix correct pour les producteurs. Pendant très longtemps, le lait sera l'activité dans laquelle s'installeront un maximum de jeunes paysans tout en ayant le plus faible coût pour le budget européen : si le marché est régulé, les prix sont corrects. Les paysans vivent de leur travail et n'ont pas besoin d'un chèque de Bruxelles.

1. Grasset, 2005.

2. Marie-Paule Virard était la rédactrice en chef d'*Enjeux-Les Échos*.

Toutes les études montrent que cet argent n'est pas allé à la recherche ou au développement des PME, mais sur les marchés financiers.

Le rapport rédigé en 2009 par le directeur général de l'Insee, Jean-Philippe Cotis (« Partage de la valeur ajoutée en France »), montre que les entreprises non financières ont versé 196 milliards d'euros de dividendes en 2007, contre 40 milliards en 1993. En quinze ans, les sommes versées aux actionnaires ont été multipliées par cinq.

« Les entreprises américaines ne savent plus quoi faire de leur argent. Les entreprises membres de l'indice S&P 500 ont consacré plus de 100 milliards de dollars au rachat de leurs propres actions pendant le seul premier trimestre 2006 », écrivait *La Tribune* le 13 juin 2006. « Les profits records des grandes entreprises ne nourrissent plus l'investissement. Dans de nombreux pays, les profits des entreprises sont à leur plus haut niveau depuis des décennies, indiquait la Banque de France dans son bulletin du mois d'août 2006. Mais à quoi servent les bénéfices ? Le ratio investissement sur PIB est à son plus bas niveau depuis des décennies dans l'ensemble des pays du G7. »

Dans son dernier livre [1], Robert Reich cite l'analyse de la crise de 1929 que faisait Marriner Eccles, le président de la Réserve fédérale nommé par Franklin Roosevelt :

« La production de masse doit être accompagnée d'une consommation de masse, et cette consommation

1. *Le Jour d'après... Sans réduction des inégalités, pas de sortie de crise !*, Vuibert, 2011. Robert Reich fut secrétaire au Travail du président Clinton.

de masse nécessite une distribution des richesses telle qu'elle assure aux hommes un pouvoir d'achat équivalant à la quantité de biens et services qu'offre l'appareil productif.

Mais, au lieu d'assurer une telle distribution, une gigantesque pompe aspirante avait confisqué (avant 1929) une part croissante de la richesse produite au profit de quelques-uns. Ceux-ci avaient bien accumulé du capital. Mais, en privant la masse des consommateurs d'un pouvoir d'achat suffisant, les épargnants avaient eux-mêmes tari la demande qui aurait justifié le réinvestissement de leur capital dans de nouvelles usines.

Par conséquent, comme dans une partie de poker où les jetons seraient concentrés entre des joueurs de moins en moins nombreux, les autres ne pouvaient continuer la partie qu'en empruntant. Lorsque leur crédit s'épuisa, la partie cessa. »

L'enclenchement fatal des années 1920 s'est reproduit dans les années 2000. Une part croissante du revenu est allée aux plus favorisés : Robert Reich montre que, aux États-Unis, « la part du revenu allant aux 1 % les plus riches atteint un sommet à la fois en 1928 et en 2007 ».

Or, même en faisant huit repas par jour et en achetant une voiture neuve tous les six mois, les superriches ne peuvent dépenser tous leurs revenus. Leur « propension à consommer », comme le disait Keynes, est plus faible que celle des pauvres qui, eux, consomment tout ce qu'ils gagnent.

Une étude de BNP-Paribas montre que, sur les huit dernières années avant qu'éclate la crise des *subprimes*,

« seuls les 5 % d'Américains les plus riches ont vu leurs revenus réels augmenter » et 30 % ont vu leurs revenus diminuer. Ces 30 % auraient dû diminuer leur consommation. Si la consommation a continué d'augmenter, c'est uniquement parce qu'on a poussé les classes moyennes et les pauvres à s'endetter. Chaque année un peu plus. Au-delà du raisonnable. En facilitant leur endettement, on a donné aux salariés le pouvoir d'achat qu'on ne leur donnait pas en salaire.

Dans l'ensemble des pays de l'OCDE, la part des salaires a baissé de 10 % du PIB entre le début des années 1980 et 2010. Au total, en trente ans, ce sont quelque 150 % du PIB qui sont allés aux marchés financiers alors qu'ils seraient allés aux salariés, aux caisses de Sécurité sociale et à l'État si l'on avait gardé le partage salaires/dividendes des deux décennies précédentes.

Part des salaires dans la valeur ajoutée des entreprises
OCDE-15*

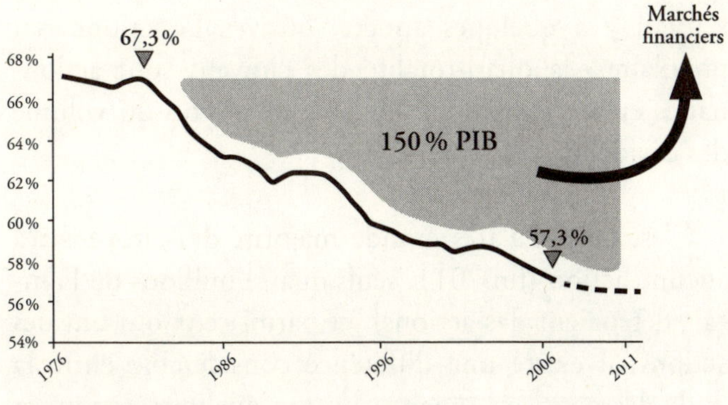

* Allemagne, Suède, États-Unis, Japon, Royaume-Uni, Danemark, Italie, Espagne, France, Pays-Bas, Autriche, Belgique, Finlande, Grèce et Irlande.

Source : OCDE.

150 % du PIB de l'ensemble des pays de l'OCDE. En trente ans, c'est plus de 40 000 milliards de dollars qui auraient dû aller aux salariés et qui ne leur sont pas parvenus. C'est absolument colossal ! Ce sont des sommes astronomiques qui ont quitté l'économie réelle pour aller vers la sphère financière. « Ceci n'est pas une crise. C'est un hold-up », affirmaient des indignés devant Wall Street. Ils n'ont pas tout à fait tort…

Voyant ce mouvement s'amplifier d'année en année, les principaux bénéficiaires de la sphère financière sont devenus euphoriques. De plus en plus euphoriques. Exubérants. Jusqu'à perdre tout sens de la mesure. Jusqu'à oublier toute règle de prudence. Jusqu'à devenir parfois totalement cyniques et totalement irresponsables (voir les crédits *subprimes*).

Et quand on dit que ces sommes considérables sont allées vers les « marchés financiers » ou les « actionnaires », on reste trop flou et on peut laisser croire, comme le faisaient Édouard Balladur et Nicolas Sarkozy il y a quelques années, qu'avec l'« actionnariat populaire » la quasi-totalité des citoyens sont actionnaires et profitent donc de l'augmentation du volume des dividendes distribués.

C'est faux. La très grande majorité des citoyens n'a aucune action (fin 2011, seuls quatre millions de Français détenaient des actions), et parmi ceux qui ont des actions, il existe une différence considérable entre la foule des petits épargnants qui ont quelques actions et la petite minorité qui en possède un nombre considérable.

42 000 milliards : la fortune cumulée des 0,2 % les plus riches

Le monde comptait 11 millions de millionnaires en dollars en 2011 (soit 0,18 % de la population mondiale) selon une étude publiée mardi par Capgemini et la Royal Bank of Canada.
Le patrimoine total de ceux qui possèdent un patrimoine financier d'au moins un million de dollars, *hors résidence principale, objets de collection et biens de consommation durable*, est égal à 42 000 milliards de dollars.

AFP, le 19 juin 2012

L'Europe s'est épuisée pendant des mois à trouver 130 milliards pour sauver la Grèce, puis 100 milliards pour aider les banques espagnoles, alors que la fortune cumulée des 0,2 % les plus riches de la planète est estimée à 42 000 milliards !

En 2000, dans *Mes idées pour demain* [1], Michel Rocard citait Robert Reich, l'ancien ministre de l'Emploi de Bill Clinton, qui affirmait qu'« aux États-Unis, les 1 % les plus riches ont accaparé 70 % des richesses nouvelles créées depuis dix ans ». À l'époque, tout le monde trouvait ce chiffre scandaleux. Mais, le 3 août 2012, l'éditorial du journal *Les Échos* citait Joseph Stiglitz : « Les 1 % les plus riches ont accaparé 93 % du supplément de richesse créé en 2010 aux États-Unis [2]. Il faut cesser de dire que la démocratie est le gouvernement du peuple par le peuple et pour le

1. Odile Jacob, 2000.
2. Si le PIB des États-Unis a augmenté de 200 milliards en un an, 186 milliards sont allés dans la poche des 1 % les plus riches (en plus de ce qu'ils avaient déjà gagné l'année d'avant) et seulement 14 milliards aux 99 % restants de la population...

peuple. En vérité, c'est le gouvernement du peuple par le 1 % le plus riche et pour le 1 % le plus riche. »

Les fous ont pris le contrôle de l'asile. Ce n'est pas Karl Marx qui le dit mais Joseph Stiglitz. Et visiblement, l'analyse est reprise à son compte par *Les Échos*.

Théorème de Schmidt : théorie du ruissellement ou part du diable ?

« Les profits d'aujourd'hui font les investissements de demain et les emplois d'après-demain. » En 1974, quand le chancelier allemand Helmut Schmidt formule ce qui va devenir le théorème de Schmidt, son intervention est parfaitement justifiée : dans de nombreux pays, la part des salaires monte un peu trop vite et risque de nuire à l'investissement. Il est donc utile de veiller à ce que la part des salaires ne monte pas trop.

Vingt ans plus tard, au milieu des années 1990, la part des salaires a déjà beaucoup diminué et un certain nombre de citoyens s'en inquiètent. Pour justifier des inégalités de revenus qui commencent à choquer le plus grand nombre, les néolibéraux inventent la théorie du ruissellement : certes, les riches sont très riches, mais leur argent se déverse sur l'ensemble de la société et contribue à renforcer l'investissement et à créer un grand nombre d'emplois. Hop, hop, hop ! On ne critique pas : les très riches créent plein d'emplois. Leurs revenus sont donc légitimes et les baisses d'impôt qu'ils demandent seront favorables au plus grand monde. Interdit de rire !

Mais, depuis 2007, plus personne ne peut croire à la théorie du ruissellement : certes, les très riches créent quelques emplois dans l'industrie du luxe ou ailleurs, mais, globalement, leur bilan est accablant. L'argent qu'ils confisquent manque gravement à l'ensemble de la société. Un tel niveau d'inégalités nous amène à la catastrophe.

Il y a beaucoup plus d'évaporation (vers les marchés financiers et les paradis fiscaux) que de ruissellement. Robert Reich a raison : comme dans les années 1920, une énorme « pompe aspirante » est en train de saigner la société pour le bénéfice d'une poignée de super-riches. En mai 2012, Ken Loach a gagné une palme à Cannes avec *La Part des anges*, un très beau film consacré au whisky et à la « part des anges », cette partie d'un alcool qui s'évapore pendant son vieillissement. L'été suivant, nous avons proposé à Ken Loach de filmer *La Part du Diable* : ces 93 % du surplus de richesse créé chaque année qui quittent l'économie réelle et sont accaparés par les 1 % les plus riches.

La voilà, « l'hémorragie » que cherche Stiglitz : c'est la baisse de la part des salaires, qui rend nécessaire toujours plus de dette pour maintenir en vie l'économie. En trente ans, la pompe aspirante a vampirisé 150 % du PIB.

Clarifier le diagnostic

En 2008, tout le monde affirmait que la crise venait du capitalisme dérégulé et du niveau insupportable des inégalités. Joseph Stiglitz dénonçait le « triomphe de la cupidité ». Dans son discours de Toulon, Nicolas Sarkozy avait des mots très durs contre « le capitalisme qui récompense les fraudes et la spéculation » et il vantait les mérites du modèle social français qui amortissait les conséquences de la crise. En 2008, le diagnostic était clair : « Comme celle de 1929, la crise actuelle vient d'un niveau inacceptable d'inégalités. Elle vient de la dérégulation et du néolibéralisme. » Mais, depuis deux ans, à cause de la Grèce (où l'État et le *non*-État sont largement responsables de la crise), c'est l'État-providence qui est de nouveau sur le banc des accusés.

Quel retournement dramatique ! À cause de la Grèce, les néolibéraux repassent à l'attaque avec une indécence inouïe. Le débat est de plus en plus confus alors que, vu la gravité de la crise, il est urgentissime de prendre des mesures radicales.

La question de la dette des États est évidemment très importante (près de 90 % du PIB en France et en Allemagne), mais au lieu de bloquer les retraites et de couper dans le financement de la santé ou de l'éducation comme on le fait dans certains pays, ne faut-il pas au contraire utiliser tous les leviers fiscaux possibles pour récupérer une bonne part de la « dette des marchés », ces 150 % du PIB que les plus riches doivent aux peuples de nos pays, si on considère que le partage entre salariés et actionnaires était juste et efficace dans les années 1960 et 1970 ?

Il ne s'agit pas ici de minimiser la responsabilité (ou l'irresponsabilité) des gouvernements [1] et des citoyens, mais seulement d'apporter le diagnostic le plus juste

1. Si la France avait dit oui à l'Allemagne quand elle proposait de créer une Europe politique et démocratique (proposition de Wolfgang Schäuble en 1994 et de Joschka Fischer en 2000), l'Europe serait évidemment plus forte face à la crise...

possible de la situation. Car, si le diagnostic est faux, il n'y a aucune chance qu'on parvienne à vaincre le mal.

Pourquoi ?

Comment en est-on arrivé là ? Qu'y a-t-il de vraiment nouveau dans le capitalisme mondial qui explique cette domination nouvelle de la finance ? Des actionnaires un peu gourmands, il y en a toujours eu. Des banquiers intrépides, l'histoire en est pleine. Quant aux spéculateurs qui achètent à crédit en espérant faire très vite la culbute, ils étaient déjà à l'origine de la bulle de la tulipe qui a éclaté en 1636... Qu'y a-t-il de nouveau qui explique que la sphère financière ait pu prendre une telle ampleur, une telle force et une telle autonomie ?

Certes, il y a eu des évolutions réglementaires [1], certes, il y a eu l'émergence de la Chine (on y reviendra), certes les financiers ont créé de nouveaux instruments, mais toutes ces évolutions ne peuvent suffire à expliquer la force du capitalisme au début du XXIe siècle. Le seul changement assez considérable pour expliquer ce basculement du pouvoir au profit du capital, c'est la gravité de la crise sociale et les conséquences très lentes mais très lourdes que cette crise a depuis trente ans sur le partage de la richesse...

Quand Patrick Artus écrit : « Dans la zone euro, chaque année, les entreprises prennent l'équivalent de

1. Le crédit à risque (*subprime mortgage*) n'aurait pas connu un tel développement aux États-Unis si l'on n'avait pas autorisé les banques à sortir ces créances de leurs bilans et si la Réserve fédérale avait interdit qu'on prête 125 % du prix d'une maison à un ménage sans revenu régulier...

1 % du PIB dans la poche de leurs salariés, en plus de ce qu'elles ont fait les années précédentes. Dû à la perte de pouvoir de négociation des salariés, le transfert en faveur des profits est considérable », il soulève un problème fondamental : la perte de pouvoir de négociation des salariés.

Paul Samuelson [1] a montré que réguler un marché n'est pas forcément utile si le marché est proche de l'équilibre et si rien ne vient rompre cet équilibre : si l'on est en situation de plein-emploi, les salariés peuvent assez librement négocier leurs salaires. Mais si, pour une raison ou pour une autre, le marché s'éloigne de l'équilibre, Samuelson montre qu'il y a besoin de régulations fortes sinon les déséquilibres ne peuvent que s'aggraver. Mettre en œuvre des politiques de dérégulation à un moment où le chômage augmentait dans tous les pays occidentaux ne pouvait que nous amener à la catastrophe.

Voilà la véritable origine de la crise. Nous ne sommes pas seulement dans une crise financière. Nous sommes d'abord et avant tout dans une crise sociale.

Il faut cesser de dire que nous vivons une crise financière. Si on s'en tient à ce discours, on pense que la réponse est essentiellement financière (« il faut aider les banques » ou « il faut réguler les banques ») et la crise ne peut que s'aggraver.

Les racines de la crise financière, c'est trente ans de chômage et de précarité.

C'est à cause du chômage de masse que la part des salaires a tant diminué. C'est à cause du chômage que

1. Paul Anthony Samuelson (15 mai 1915-13 décembre 2009) est un économiste américain, Prix Nobel d'économie en 1970.

nos économies ont tant besoin de dette. Le chômage n'est pas seulement une des conséquences de la crise. Il en est l'une des causes premières.

Chômage et précarité depuis 30 ans

↳ Déséquilibre de la négociation salariale

↳ La part des salaires diminue dans le PIB

↳ Exubérance des marchés financiers
La croissance est maintenue grâce à la dette

↳ Croissance artificielle et insoutenable

↳ CRISE FINANCIÈRE

Pour éviter l'explosion, pour stopper l'« hémorragie », il faut donc s'attaquer frontalement au chômage. C'est seulement en donnant au plus grand nombre un vrai emploi et une vraie capacité de négociation sur les salaires qu'on sortira de la crise.

On ne trouvera pas d'issue si on ne s'attaque pas, *d'abord*, à la cause fondamentale de la crise : le chômage !

N'en déplaise aux néolibéraux, nous ne sommes pas face à une crise de l'État-providence mais d'abord et avant tout face à une crise du capitalisme dont la durée et la gravité rendent insuffisantes les réponses classiques de l'État-providence.

La cause fondamentale de la crise, c'est d'abord et avant tout les inégalités qui se sont creusées dans le secteur privé. Depuis deux ans, on parle beaucoup de la dette publique, en particulier parce que les États se sont portés garants des banques, mais la crise ne vient pas de l'État. La crise vient du chômage et des inégalités de revenus.

Joseph Stiglitz a raison de dénoncer dans son dernier livre[1] le « triomphe de la cupidité ». Tout est fait aujourd'hui pour que les peuples se lèvent les uns contre les autres, mais le problème essentiel ne vient pas de tel ou tel peuple mais bien de la cupidité des 0,2 % qui ont accumulé des fortunes considérables. Et dans ces 0,2 %, il y a des Chinois, des Européens ou des Américains, des Arabes et des Brésiliens…

Le 14 juin 2012, à la une de nombreux journaux se côtoyaient deux informations très intéressantes :
– L'homme le plus riche d'Europe est l'Espagnol Amancio Ortega, fondateur du groupe *Zara.* Sa fortune personnelle est estimée à 39 500 000 000 dollars.
– L'Espagne, surendettée, fait face à de nouvelles attaques des marchés financiers.

L'Espagne est surendettée mais l'homme le plus riche d'Europe est espagnol… Pierre Mendès France avait raison quand il écrivait qu'une course de vitesse était engagée entre l'Internationale des peuples et l'Internationale des capitaux. La solution, ce n'est pas le nationalisme et le repli sur soi, mais plutôt un sursaut de coopération internationale qui permette de réguler les marchés et de faire reculer la cupidité des 0,2 % qui menace l'ensemble de nos sociétés.

À crise globale, réponse globale

Pour sortir de notre dépendance à la dette, il faut évidemment réguler les marchés et taxer les plus hauts revenus (on y reviendra), mais il faut aussi et surtout

1. *Le Triomphe de la cupidité, op. cit.*

s'attaquer frontalement au chômage : c'est seulement en donnant au plus grand nombre un vrai emploi et une véritable capacité de négociation sur les salaires que nous sortirons durablement de la crise, en sortant de notre dépendance à la dette.

En 1944, avant de convoquer le sommet de Bretton Woods [1] qui va reconstruire le système financier international, Roosevelt organisait le sommet de Philadelphie, qui adoptait comme priorité absolue le respect d'un certain nombre de règles sociales.

La déclaration de Philadelphie est d'une force et d'une modernité incroyables. Voilà des extraits du texte que signent Roosevelt et les autres responsables réunis autour de lui :

> La Conférence affirme à nouveau les principes fondamentaux :
> — le travail n'est pas une marchandise ;
> — la pauvreté, où qu'elle existe, constitue un danger pour la prospérité de tous ;
>
> Convaincue qu'une paix durable ne peut être établie que sur la base de la justice sociale, la Conférence reconnaît l'obligation solennelle [...] de réaliser :

1. Les accords de Bretton Woods sont des accords économiques ayant dessiné les grandes lignes du système financier international après la Seconde Guerre mondiale. Leur objectif principal fut de mettre en place une organisation monétaire mondiale stable et de favoriser la reconstruction des pays touchés par la guerre.

Ils furent signés en juillet 1944 après trois semaines de débats entre 730 délégués représentant l'ensemble des quarante-quatre nations alliées réunis à Bretton Woods, petit village de montagne du nord des États-Unis.

Bretton Woods a conduit à créer deux organismes nouveaux : la Banque mondiale et le FMI, Fonds monétaire international.

> — la plénitude de l'emploi et l'élévation des niveaux de vie ;
> — la possibilité pour tous d'une participation équitable aux fruits du progrès en matière de salaires, de durée du travail et autres conditions de travail, et un salaire minimum vital pour tous ceux qui ont un emploi et ont besoin d'une telle protection.

« Le travail n'est pas une marchandise. » On croirait du José Bové, et pourtant c'est du Roosevelt ! Le travail humain n'est pas une marchandise dont le prix peut varier en fonction de l'offre et de la demande. Il faut des règles sur les salaires, le temps et les conditions de travail. Il faut un partage équitable entre salariés et actionnaires... La déclaration de Philadelphie ne se contente pas d'aligner des vœux pieux : elle prévoit l'adoption de règles sociales. Des règles très concrètes à respecter dans chaque pays comme dans le commerce mondial. Avant que les néolibéraux ne les démantèlent, ces règles ont permis trente ans de prospérité sans dette.

Si ce sont des décisions politiques qui nous ont amenés à la crise, d'autres peuvent nous en sortir. Il n'y a aucune fatalité, aucun destin qui nous entraîne inexorablement vers le chaos. Notre avenir est entre nos mains !

N'en déplaise aux néolibéraux, la justice sociale n'est pas un luxe auquel il faudrait renoncer à cause de la crise. Au contraire ! Reconstruire la justice sociale est aujourd'hui la priorité absolue, le seul moyen de sortir de notre dépendance à la dette.

À la même époque, à Londres, Stéphane Hessel et tous les membres du CNR, le Conseil national de la Résistance, affirment cette même priorité. Gaullistes ou communistes, c'est une évidence pour tous ceux qui ont connu la crise de 1929 et la barbarie qui l'a suivie : il faut des règles concrètes pour assurer le plein-emploi et un juste partage des revenus. Dans chaque pays comme dans le commerce mondial. Pourquoi ce qui était évident pour le plus grand nombre en 1944 ne l'est-il plus aujourd'hui ?

Dire qu'il n'y aura pas de sortie de crise sans priorité à la justice sociale, c'est aller à l'encontre de bien des discours ambiants : dans tous les pays d'Europe, on nous explique, peu ou prou, qu'il faut faire des économies sur les systèmes sociaux et que les salariés doivent faire des sacrifices pour améliorer la compétitivité de nos économies.

Si l'on veut sortir du dilemme de Roubini, si l'on veut éviter que nos sociétés basculent dans une crise plus grave encore, il est urgent de faire revivre cet esprit de Philadelphie [1]. Refuser absolument toute perspective de conflit entre les nations et provoquer au contraire un sursaut de coopération et de fraternité. Refuser toute perspective de régression sociale et affirmer avec force le primat de la justice sociale.

Il faut construire Philadelphie 2.0, un Philadelphie adapté à notre époque. Entre 1944 et 2013, il y a tellement de choses qui ont changé, radicalement, que nul ne peut croire qu'il suffirait de recommencer comme avant. C'est impossible.

Il faut garder les valeurs de Philadelphie et du CNR, comme des boussoles indispensables dans une période troublée, et innover, inventer, de façon très concrète (et très rapide) un nouveau contrat social.

---

1. *L'Esprit de Philadelphie,* Alain Supiot, Seuil, 2010.

Quand Joseph Stiglitz explique que, « depuis le début de la crise, on s'est contenté de déplacer les fauteuils sur le pont du *Titanic* », il a raison : si on ne change pas de cap, on va se prendre un iceberg ! Et dans un iceberg, il ne faut pas se contenter de regarder la partie visible. Il faut aussi s'intéresser à la partie immergée, qui est nettement plus volumineuse et nettement plus dangereuse.

Vu la gravité de la crise, nous n'avons pas le choix : il faut en même temps nous attaquer à la partie émergée de l'iceberg (la question des banques, des monnaies, etc.) et à la partie immergée (le chômage, la précarité, les inégalités de revenus...). Il faut mettre fin au « triomphe de la cupidité » et donner la priorité à la justice sociale.

Il faut aussi nous attaquer à la « troisième partie » de l'iceberg. Cette crise dont on n'a pas encore parlé dans ce livre mais qui menace, elle aussi, le destin de notre humanité : la crise climatique et énergétique.

Chapitre VI

ET LA PLANÈTE, PENDANT CE TEMPS-LÀ ?

Dans l'étude de ces évolutions menaçantes, nous venons de voir que les dérives folles de la finance compliquent et aggravent l'évolution la plus terrible, l'apparition de la précarité du travail s'ajoutant à la pérennisation d'un chômage massif. C'est, en tout, près du tiers de la population des pays développés qui est touché. Tout cela s'est déroulé en une trentaine d'années environ.

Il ne s'agit encore là que des dérèglements de la sphère économique. L'économie est une activité des hommes parmi d'autres. Comme les autres, elle a besoin de règles du jeu. Des disciplines de l'esprit – droit, sociologie, démographie, économie… – ont observé l'art de vivre ensemble, que les hommes se sont efforcés d'instaurer, et ont tenté d'en déduire des règles de comportement acceptables et durables. Toutes ces disciplines n'ont étudié que les rapports des hommes entre eux. C'est particulièrement visible pour le droit, mais cela les concerne toutes. La nature leur était étrangère.

Il est déjà arrivé dans l'histoire que des sociétés s'effondrent et disparaissent, faute de règles du jeu adéquates qui leur auraient permis de résister aux défis qui les ont menacées ; que ces défis leur fussent internes ou bien fussent amenés par d'autres hommes. Cela se vérifie pour tous les empires africains, certains des empires de l'Amérique précolombienne, les villes grecques, l'empire khmer, et bien d'autres, parmi lesquels l'empire romain. La question se pose de savoir si ce que nous vivons en Occident ne pourrait être l'amorce de quelque chose d'analogue...

Mais il y a une surprise de plus, et de taille. Une malchance historique, d'une certaine façon. Dans aucun des cas d'effondrement de sociétés connues on n'a pu repérer d'autre facteur que l'affaiblissement du système de règles que la société en cause s'était données pour vivre. Placide, la nature contemplait, ne parlait pas, ne se fâchait jamais.

Or, aujourd'hui, il semble bien qu'elle se fâche.

C'est en quelques décennies, au cours du XIXe siècle que se sont élaborés et ont reçu leur consensus trois paradigmes qui ont encadré jusqu'à la fin du XXe siècle toutes les élaborations de la « science économique » :

– les richesses sont illimitées ;

– la nature a un immense pouvoir autoréparateur et reconstituant ;

– il ne saurait donc y avoir aucune limite physique à l'activité des hommes et à leur production.

Et c'est là que quelque chose craque. Nous savons maintenant de manière certaine que ces trois paradigmes sont faux.

La nature se rappelle à nous, de trois manières fort différentes :

– bien des ressources sont limitées, à commencer par l'énergie fossile ;

– le pouvoir reconstituant de la nature est entravé lorsque certaines ressources ou certains milieux naturels sont modifiés, altérés, pollués, par des substances résultant massivement de l'activité humaine ;

– enfin, il est des cas où la menace sur la capacité de notre niche écologique à permettre et à porter la vie ne vient ni de l'épuisement de ressources vitales ni de pollutions réparables, mais de changements progressifs et réguliers dans la composition des substances qui nous entourent : ainsi de l'acidité des océans ou de la part du gaz carbonique dans l'atmosphère. L'excès de ce dernier intensifie l'effet de serre et pourrait transformer la planète en poêle à frire, rendant toute vie impossible…

Il n'était pas fatal que cette rencontre fracassante avec la nature se fasse, en un moment où par ailleurs l'organisation économique de la vie entre les hommes se dérègle. Or c'est précisément au moment où commencent, de manière perceptible, la fin du plein-emploi, la fin de la grande croissance et la crise de la régulation économique dans laquelle nous sommes toujours, que se font la découverte et la prise de conscience des limites de la croissance.

1972, première prise de conscience

L'année 1972 est à cet égard hautement symbolique. Elle est la dernière du plein-emploi qui accompagnait la croissance rapide – près de 5 % de croissance du PIB pour tous les pays développés depuis 1950.

Pour l'ensemble de l'Europe occidentale, 1972 est en effet l'année pendant laquelle les marchés des grands produits mécaniques dominants – l'automobile, la

L'évolution du chômage entre 1960 et 1996 en France

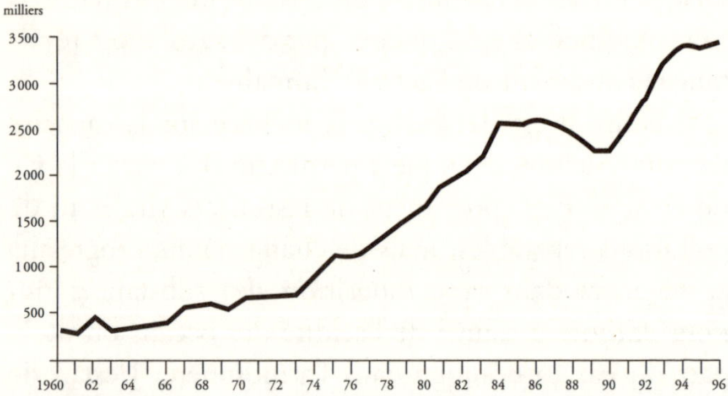

Source : Insee.

machine à laver le linge et la télévision en noir et blanc – passent presque ensemble du premier achat au marché de renouvellement ou de complément. Il s'ensuit un ralentissement net de la croissance de la consommation. La même chose s'était produite aux États-Unis peu d'années auparavant, et au Japon quelques années après. C'est dans la décennie qui suit que le ralentissement va être amplifié par une nouvelle politique actionnariale visant à diminuer la part des frais de main-d'œuvre dans les coûts de production.

1972 est aussi, c'est une pure coïncidence mais elle est forte, l'année de publication du célèbre rapport Meadows, commandité et parrainé par le Club de Rome et titré *Des limites de la croissance.*

Résumé à l'extrême, ce rapport prend clairement le contre-pied des paradigmes rappelés ci-dessus et affirme que la croissance économique sur la planète rencontrera dans un avenir prévisible les limites découlant de la pénurie assurée des ressources énergétiques et des conséquences du développement industriel sur l'environnement. Accueilli par une avalanche de sarcasmes et de dénégations, il est considéré aujourd'hui comme ayant, au prix de quelques erreurs secondaires, posé des problèmes tout à fait réels et d'importance majeure. Dans cet ordre d'idées, la menace du réchauffement climatique n'était guère perçue à l'époque, et donc pas mentionnée dans le rapport. Mais elle illustre précisément le genre de menaces nouvelles auxquelles doit faire face l'humanité contemporaine. Le réchauffement climatique fait clairement partie des limites de la croissance.

L'année 1972, enfin, est symbolique aussi en ce qu'elle est la dernière qui précède le premier choc pétrolier. Cette antériorité établit clairement que ce choc pétrolier, comme son successeur le deuxième choc en 1980, n'est pas pour grand-chose dans l'origine des déséquilibres qui nous frappent aujourd'hui. Mais naturellement, ils n'ont rien arrangé et même plutôt tout aggravé : l'antidote à la perte de croissance, l'investissement, a vu de ce fait son coût renchérir beaucoup pour longtemps. Bref, c'est depuis 1972, quarante ans aujourd'hui, que l'humanité commence à découvrir la crise de son système économique dominant.

Pour la première fois dans l'histoire, la crise est double, touchant les rapports des hommes entre eux aussi bien que leurs rapports collectifs avec la nature.

Les chapitres précédents ont tenu le lecteur informé des derniers développements de la crise strictement économique. Celui-ci a pour objet de rappeler que nous ne saurions omettre les autres problèmes. Il est essentiel de tout traiter en même temps puisque c'est dans tous les domaines que les situations s'aggravent.

Il est même évident que la sortie de crise suppose que nous soyons capables de mener des politiques poursuivant plusieurs de ces buts à la fois. C'est ainsi que la lutte contre la pollution et la limitation de la production des gaz à effet de serre devraient être les moteurs d'un nouveau modèle de développement plus écologique et mieux régulé, et cela en commençant par le domaine de l'énergie.

Il n'est pas possible ici de présenter tous les domaines dans lesquels se découvrent des difficultés économiques majeures de nature écologique. À titre d'aide-mémoire, nous nous limiterons à rappeler certains des problèmes les plus lourds. Nous insisterons davantage sur la gravité du problème posé par le mercure, à la fois parce qu'il est l'un des plus graves et l'un des plus récemment mesurés – pour l'essentiel, au XXIe siècle seulement. Il faudra ensuite évoquer l'eau. Et nous en viendrons enfin à la menace la plus terrible, celle du réchauffement climatique.

Que faire de nos déchets ?

Pour commencer, n'oublions pas le problème le plus banal et le premier observé. L'humanité ne saurait vivre sans produire des déchets. Ils sont, pour une part, organiques, liés à l'alimentation et aux rejets des êtres vivants. Ils sont plastiques ou mécaniques pour nombre de ceux qui résultent de nos activités économiques, et rarement biodégradables. Leur traitement par destruction et/ou incinération est coûteux. Le problème étant connu depuis longtemps, la plupart des pays développés se sont équipés et ont intégré ces coûts dans leur fonctionnement quotidien.

Mais il reste des problèmes qui deviennent peu à peu redoutables. Le premier est que la masse des déchets produits croît bien plus vite que la croissance économique.

Le second est que beaucoup de pays en développement qui ne savent ou ne peuvent entreprendre actuellement le traitement généralisé de leurs déchets voient venir des situations de saturation locale assez effrayantes.

Le troisième, le plus grave, est celui des gros déchets industriels toxiques. On commence ici ou là à observer des manœuvres parfaitement frauduleuses, qui consistent à se débarrasser clandestinement de tels déchets en les entreposant « chez les autres ». Chacun se souvient de ce cargo chimiquier qui avait gravement pollué, et pour plusieurs mois, une grande partie de la ville d'Abidjan.

On a donc besoin ici de règles, d'une surveillance et d'une police, et sans doute de puissants moyens de destruction, et ceci de manière internationale. Ce souci semble actuellement avoir disparu des préoccupations publiques, occulté qu'il est par d'autres problèmes apparemment plus immédiats. Et pourtant, les dépenses qu'appelle ce problème ne sauraient être éludées longtemps, tout comme les créations d'emplois dédiés dont il a besoin font partie intégrante des perspectives d'augmentation de l'emploi nécessaire à un modèle de développement plus écologique.

Vient ensuite la longue liste des matières utilisées par les hommes depuis longtemps, notamment depuis la révolution industrielle du XIXe siècle, et qui s'avèrent dangereuses. Les cas de l'amiante et du plomb figurent parmi les plus anciens connus. Il en existe des centaines d'autres. Tous les gouvernements du monde tiennent à jour des listes de produits interdits à l'exportation ou à l'importation, ou recherchés parmi les composants de produits importés aux fins d'interdiction. Dans tous ces cas, le traitement efficace appelle un accord international sur la définition des matières et des pratiques interdites, la mise en place de moyens de surveillance et de programmes spécifiques pour effectuer destructions, retraitements et suppressions.

Le temps dépensé à négliger ces problèmes pour traiter d'autres urgences contribue souvent à une aggravation des situations.

Un exemple édifiant : le mercure

Nous ne voulons ici en donner qu'un exemple, celui du mercure, dont la prise de conscience ne date que de la fin du XXe siècle.

Les quantités sont faibles, hors de proportion avec beaucoup d'autres matières dangereuses. La consommation annuelle de mercure est de l'ordre de 3 000 à 4 000 tonnes. Il s'agit principalement des piles électriques, des amalgames dentaires, des produits collatéraux aux industries de la soude caustique et du soufre, des extractions minières d'or et d'argent notamment, et des émissions gazeuses liées à la combustion du charbon. Les poussières et vapeurs issues de tout cela passent dans l'atmosphère et se déposent sur des eaux, marines ou fluviales. C'est là que des bactéries d'origine naturelle les transforment en un composé organique nommé méthylmercure. Cette forme est la plus dangereuse, provoquant des troubles de l'attention, de la motricité, de la vision, de la mémoire, de la fertilité, et au final l'empoisonnement. Le risque peut devenir mortel.

Sa dangerosité extrême vient de ce que le méthylmercure est principalement colporté par les eaux.

C'est ainsi qu'il entre en force dans la chaîne alimentaire. C'est donc par le poisson que vient la menace. Les oiseaux marins, par leur guano, en assurent la dispersion géographique.

Le Grand Nord est une zone de concentration massive de ces effluves pathogènes.

Ainsi, dans plus de la moitié des 100 000 lacs de Suède, les poissons ont des teneurs en mercure supérieures aux limites définies par l'Organisation mondiale de la santé, et 10 % par plus du double. 90 % des femmes de l'est du Groenland, 68 % de celles de la région de Baffin, dans le Grand Nord canadien, ont, elles aussi, des taux de mercure supérieurs à la limite tolérable.

Il en est vraisemblablement de même dans le Grand Nord sibérien, jusqu'aux provinces nord du Japon.

La progression, en outre, semble rapide, puisque le taux de mercure repéré chez les grands prédateurs de l'Extrême-Nord, qui sont au sommet de la chaîne alimentaire – phoques annelés, bélugas, ours blancs –, a quadruplé depuis vingt-cinq ans.

Cette évolution met même en cause les ressources halieutiques de la planète, car à l'interdiction de se nourrir de quantités croissantes d'espèces de poissons pour cette raison s'ajoute à l'évidence une mortalité halieutique grave tenant à cette cause, mais impossible à évaluer.

C'est l'occasion de relier ce problème à celui, plus global, des ressources halieutiques de la planète.

Bientôt des océans sans poissons ?

Le monde a consommé en 2010 deux fois plus de poisson qu'en 1995, soit 17 kilos par habitant et par an.

Cela traduit entre autres le surdéveloppement de techniques de pêche industrielle qui, le plus souvent, ignorent tout simplement les conditions minimales de préservation de la ressource. Les huit organisations régionales de pêche mises en place par des négociations internationales ne suffisent pas à endiguer le phénomène. Il est déjà des cas où, sur des zones maritimes immenses, certaines espèces ont complètement disparu. C'est par exemple le cas, bien connu des Français, de la morue au large de Saint-Pierre-et-Miquelon et de l'Est canadien. Les populations de thon rouge auraient diminué de 80 % depuis quelques décennies.

Or, plus du quart de l'humanité, un milliard et demi de personnes, vit avec des régimes alimentaires où les produits de la mer sont l'élément dominant. Et tout cela se fait jour en une période où, pour des raisons écologiques impérieuses – gaspillage de ressources et d'énergie –, comme pour des raisons médicales, l'humanité serait bien avisée de consommer beaucoup moins de viande rouge et de se tourner vers le poisson.

Ces préoccupations en cachent une autre, plus vitale encore s'il est possible, celle des océans eux-mêmes et de leur capacité à abriter la vie et sa reproduction.

On se souvient des campagnes du commandant Cousteau sur ce thème.

Selon certains spécialistes, un gros quart du volume des eaux marines sur la planète serait déjà gravement pollué. La Méditerranée et la mer Noire sont menacées d'être dans moins d'un demi-siècle des mers mortes.

Enfin, la menace écologique prend dans les océans une autre forme. C'est l'acidification croissante des eaux. Liée à des causes multiples, celle-ci semble avoir pour raison dominante l'absorption de gaz carbonique par les océans. Il résulte de cette menace globale et majeure que le remplacement massif que nous observons actuellement du poisson de pêche maritime par du poisson d'élevage dans l'alimentation humaine n'arrange guère les choses puisque, pour l'essentiel, le poisson d'élevage est lui-même nourri par des aliments produits à partir de poissons de deuxième rang, mais pêchés en mer… Rien que cela mériterait déjà de faire l'objet d'une priorité mondiale absolue.

On ne serait pas complet dans cet inventaire des urgences si l'on n'évoquait pas aussi l'eau douce.

Il s'agit de 3 % seulement de l'eau présente sur la planète, tout le reste est salé. La moitié de ces 3 % est en glace : calotte antarctique, calotte du Groenland, grands glaciers, notamment ceux de l'Himalaya. Les besoins de l'humanité sont assouvis à partir d'un et demi pour cent de l'eau planétaire.

Mais cette quantité et son poids sont déjà tels qu'on ne transporte pas l'eau en grandes quantités sur de longues distances. Il n'existe donc pas de problème mondial de l'eau. Mais il y a une multiplicité de problèmes régionaux et locaux liés à l'eau, à sa rareté ponctuelle et à son partage. Il est quelques situations dans le monde où la rareté de l'eau produit des difficultés de partage gravement conflictuelles.

Dans l'ouest de l'Amérique du Nord, les pratiques conduisent à l'assèchement progressif et dramatique de tout le Grand Ouest canadien. Le niveau de civilisation des populations concernées ne permet pas de conclure à un risque de guerre, mais il n'y a ni procédure en cours ni dialogue réel, seulement un durcissement des exigences nationales…

95 % des eaux du Nil sont toujours utilisées par l'Égypte, à la grande colère des dix autres nations riveraines situées en amont. Malgré plusieurs tentatives, il n'existe pas de dispositions juridiques acceptées pour encadrer des négociations à ce sujet.

Le conflit sur l'eau potable est brutal et dramatique entre Israël et la Palestine. Il aurait même été une cause partielle de la guerre des Six-Jours.

Mais dans la même région, un bien plus grand drame affecte l'ensemble du Moyen-Orient. Le Tigre et l'Euphrate sont les apporteurs d'eau douce majeurs de la Syrie et de l'Irak, et concernent aussi de manière moins directe, par leur bassin, la Jordanie, le Koweït et une petite partie de l'Ouest iranien. Or ces deux fleuves prennent leur source en Turquie, qui entend s'en réserver l'eau et poursuit une politique agressive de barrages. On n'a jamais pu discuter, il n'existe pas de traité. Le conflit a menacé à plusieurs reprises.

Le Pakistan est gravement menacé de scission entre le Nord et le Sud pour des raisons de partage des eaux. À cause de l'eau douce toujours, mais en sens inverse, le Bangladesh et ses 130 millions d'habitants vivant à moins de quinze mètres d'altitude sont fréquemment menacés par des inondations torrentielles venant du Gange. Elles tuent des millions de personnes chaque fois qu'elles se produisent. Leur seule prévention possible exigerait un accord international entre l'Inde, le Népal, le Bhoutan et la Chine pour traiter les forêts et les sols du bassin du Gange.

Un tel accord est absolument hors de vue aujourd'hui, et sans doute impossible pour longtemps. Puisque nous parlons du Bangladesh, il ne faut pas oublier que toute élévation du niveau des océans atteignant le mètre ou plus y provoquerait de terrifiants ravages et obligerait des dizaines de millions de personnes à la fuite et à l'exil. On retrouve là le problème du réchauffement climatique et de ses conséquences, dont il va être question ci-dessous.

Pour en finir avec l'eau douce, il faut en outre rappeler que, dès à présent, des zones immenses, au Sahel, au centre des États-Unis, au centre de la Chine et dans toute l'Asie du Sud-Ouest, sont sous menace de désertification. La prévention de ces risques appelle des travaux titanesques.

Tous ces rappels de problèmes, qui ne concernent ni directement ni immédiatement la France, et donc ne devraient pas être évoqués dans ce livre, n'ont d'autre objet que de souligner que le combat écologique pour la préservation de la planète est d'ores et déjà urgent et permanent. Ses aspects nationaux appellent d'immenses contributions auxquelles les pays les plus développés, même s'ils sont en crise, ont un devoir historique de participer plus que proportionnellement à leur richesse. Ses aspects internationaux – protection des océans, statut et protection des fleuves internationaux, viabilisation et protection de l'Arctique en matière de pêche, d'activités liées aux hydrocarbures et comme voie navigable internationale, de statut des biens publics, à commencer par l'eau et l'air – sont d'une importance et d'une nature telles qu'ils appelleront des années de travail diplomatique et juridique international.

Ce devrait être une constante dominante de la communauté des nations. On en est loin. Or, dans cette affaire, l'Europe, et spécifiquement la France, à cause de leur niveau de développement et de leur forte propension à créer et à respecter le droit international, ont à l'évidence une vocation à l'exemplarité et à l'antériorité. Il ne s'agit pas seulement d'édicter des règles, même si c'est décisif, il s'agit aussi de définir les coûts, les enjeux et les réalisations d'une politique globale qui, par ses chantiers et les emplois qu'elle crée, est un élément essentiel de la sortie de la crise proprement économique. Mais rien ne se passe et nous ne parlons que finance…

Un élément, pourtant, pourrait bien à lui seul obliger le monde à réagir de manière plus brutale et plus efficace.

L'effet de serre, un cataclysme annoncé

Il s'agit du réchauffement climatique.

Thermiquement, le système solaire est peu confortable. La surface de Vénus connaît une température moyenne de 490 degrés centigrades. Celle de Mars, à la lumière du jour, varie entre 0 et moins 80 degrés, celles de Mercure ou de Jupiter sont négatives de plusieurs centaines de degrés. Dans aucune de ces situations la vie n'est possible. La Terre est miraculeusement protégée, avec une température moyenne générale d'environ 15 degrés.

Il y a derrière cet état des choses une particularité technique. La lumière et la chaleur qui nous viennent du soleil sont réfléchies par tous les corps qu'elles frappent dans une mesure très variable. Ce pouvoir réfléchissant s'appelle l'albédo. Il est maximum dans le cas de la glace (Antarctique, Groenland, glaciers...), six fois moins fort dans le cas des océans, et intermédiaire pour la terre ferme.

Mais notre atmosphère est composée de gaz – la vapeur d'eau, le gaz carbonique, le méthane et quelques autres – qui ont la propriété physique étonnante de bloquer dans des proportions variables pour chacun d'eux le passage des ondes de chaleur renvoyées vers le soleil. On appelle cela l'effet de serre, par analogie avec le fait qu'un espace protégé par une vitre conserve davantage de chaleur.

Une part de la chaleur solaire est donc préservée sur terre par l'atmosphère, en y maintenant depuis des millénaires la chaleur moyenne (hiver/été, nord/sud, jour/nuit) de 15 degrés qui permet la vie. C'est Joseph Fourier, au tout début du XIXe siècle, qui eut l'intuition de l'existence d'un tel mécanisme. Ce n'est que dans la deuxième moitié du XIXe siècle que furent mis en évidence le rôle du gaz carbonique, puis plus tard celui du méthane par John Tyndall, astronome australien. Charles David Keeling tenta les premières mesures de la composition de l'atmosphère à Hawaii dès la fin de la Seconde Guerre mondiale.

Le Français Claude Lorius imagina, dans les années 1980, d'analyser le contenu des bulles d'air incorporées dans la glace, et pour ce faire de prélever dans cette dernière des échantillons verticaux, des carottes représentant de longues périodes de temps repérable. La glaciologie est capable actuellement de nous conter ainsi l'histoire du climat depuis plus de neuf cent mille ans, près d'un million d'années. La vapeur d'eau représente beaucoup plus de la moitié de cet écran atmosphérique préservateur de la chaleur solaire (60 %), mais elle est la moins active. Le gaz carbonique (le dioxyde de carbone, CO_2) en représente 25 % et, étant plus actif, en est donc l'indicateur pertinent. Le méthane est six à huit fois plus actif, mais il est stocké dans l'atmosphère en proportion infinitésimale (3 %).

Le graphique ci-dessous représente sur plus de 800 000 ans l'histoire de la concentration en CO_2 dans l'atmosphère terrestre découverte dans les bulles d'air enchâssées dans la glace.

Concentration en CO_2 de l'atmosphère depuis 800 000 ans

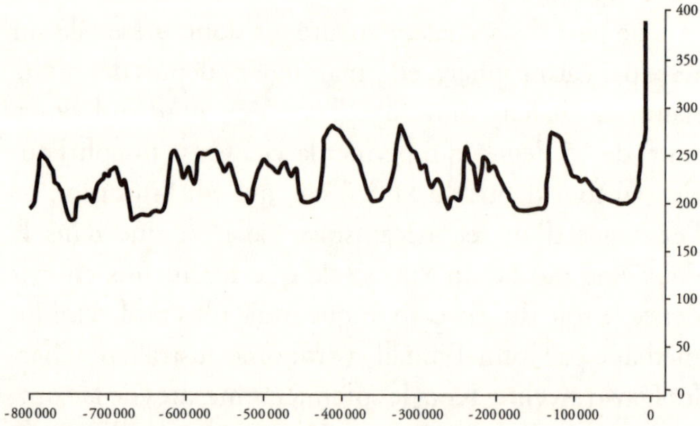

Sources : Forages glaciaires Epica Dome C, Vostok, Law Dome et Mauna Loa.

On voit très bien que, pendant près d'un million d'années, a persisté un système à peu près stable, présentant des oscillations tous les 100 000 ans, révélées par les variations des densités en CO_2 dans l'atmosphère.

On voit tout aussi bien que, dans les cent cinquante ou deux cents dernières années, le système craque et les variations sortent de la fourchette habituelle.

Le deuxième graphique illustre ce changement majeur par les variations observées et mesurées de la température sur terre pendant les derniers cent trente ans.

Évolution de la température de la planète
entre 1880 et 2010
(Écart par rapport à la moyenne 1951-1980 en °C)

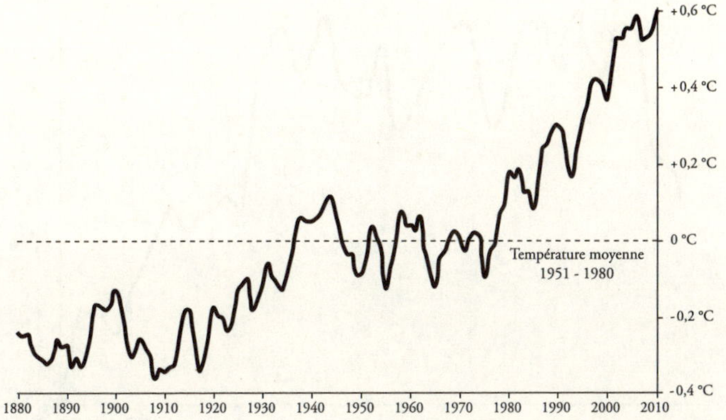

Source : Nasa.

Même s'il se limite à 6 dixièmes de degrés centigrades en cent trente ans, ce décrochement produit déjà des conséquences parfaitement repérables.

Le graphique ci-dessous illustre ainsi, pour les Français qui connaissent bien la mer de glace, le grand glacier du Mont-Blanc, le retrait du front du glacier de plus de 2,5 kilomètres depuis cent cinquante ans, comparé à son étonnante stabilité pendant les trois cents ans précédents.

Les scientifiques ont longtemps disputé sur les causes de ce phénomène. Il est clair, le premier graphique le laisse penser, que nous vivons en ce moment l'amorce de l'un de ces réchauffements cycliques qui se produisent tous les 100 000 ans. Mais l'essentiel de la communauté scientifique convient de ce que l'ampleur actuelle du réchauffement est bien plus rapide et bien plus ample que tout ce que l'on a vu par le passé. L'analyse du contenu en CO_2 des bulles glaciaires de ces deux derniers siècles le confirme absolument.

Retrait de la mer de Glace entre 1560 et 2010
(Position du front, en mètres par rapport
au maximum de 1650)

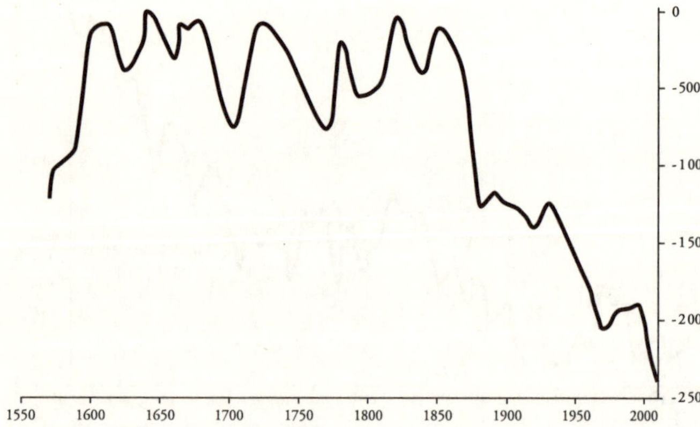

Source : Nussbaumer et Houille.

Il y a eu, pendant plus d'une dizaine d'années, une immense controverse dans les milieux scientifiques sur tout cela. Les découvertes et les mesures que nous venons d'évoquer n'ont guère été le fait de savants reconnus. Tout comme les mathématiques ou la physique, la géologie est une science établie depuis la Grèce antique. C'est elle qui, partant de la vulcanologie, avait engendré les sciences du climat. Or l'investigation récente dans les incertitudes du climat fut surtout le fait d'intuitifs de génie, épris d'écologie et qui ne s'étaient guère donné la peine de franchir les difficiles échelons mandarinaux des savoirs reconnus. La climatologie est donc une science quelque peu autoproclamée et de naissance récente.

La bataille fit rage, fut mondiale et précoce.

Curieusement, la chose est rare et mérite d'être signalée : c'est l'Onu qui mit au point le processus de solution. Sur la demande de quelques grandes nations, et avec enthousiasme et fermeté, le secrétaire général, Perez de Cuellar, poussa deux agences du système, l'immense et paisible Organisation météorologique mondiale et le jeune et dynamique Programme des Nations unies pour l'environnement, à créer conjointement le Groupe international d'études du climat (GIEC). Créé en 1986, celui-ci met en relation des centaines de scientifiques venant d'une centaine de nations. Sa légitimité est donc forte. Il publie un rapport tous les quatre à cinq ans. Des controverses énormes, sur la méthode et sur le fond, ont salué les deux premiers. Le cinquième est attendu instamment. L'ampleur de la critique diminue. Le constat central, qui est que le réchauffement s'intensifie sensiblement et que les dommages qu'il est susceptible de créer sont évalués comme de plus en plus graves au cours des rapports, est de moins en moins discuté.

La controverse laisse des traces. Une part importante de la communauté scientifique russe continue à penser que la phase actuelle relève d'une évolution cyclique normale et qu'une phase de refroidissement va suivre, qui y mettra un terme. Il est encore aussi quelques autorités américaines pour soutenir ce point de vue, et tout cela affecte grandement le consensus politique qui serait nécessaire pour entreprendre de se protéger contre ce possible cataclysme.

Et naturellement l'Arabie saoudite, dont l'intérêt pétrolier est gravement en cause dans cette affaire, s'appuie sur ces positions pour nier le problème et le danger et refuser toute mesure active en la matière. Car le retour d'une phase froide pourrait bien se faire attendre plusieurs centaines d'années, c'est-à-dire beaucoup trop.

Reste que c'est aujourd'hui la quasi-unanimité de la communauté scientifique qui fait siennes les conclusions du GIEC. Au titre de celles-ci, la fin du XXIe siècle sera plus chaude que son commencement, d'une valeur comprise entre deux et cinq ou six degrés Celsius. Par ce fait, l'eau des océans aura vu son niveau s'élever d'au moins un mètre, sinon de beaucoup plus. Une partie de la Sibérie, du Groenland et du Grand Nord canadien sera devenue fertile, des processus de désertification redoutables affecteront le centre des États-Unis, celui de la Chine, le grand Moyen-Orient et la zone saharienne en Afrique de l'Ouest.

Il faut s'attendre au milieu du siècle à devoir accueillir des dizaines de millions de réfugiés climatiques.

Des centaines de millions d'hommes habitant sur les côtes des terres émergées risquent d'être poussés à la fuite par les eaux.

Combattre ces dangers exige naturellement de savoir d'où ils viennent. Pour l'écrasante majorité de la communauté scientifique, l'origine de cette évolution nouvelle est anthropique, c'est-à-dire d'origine humaine. Le facteur nouveau depuis deux siècles est l'apparition d'une immense industrie qui fonctionne pour l'essentiel à partir de la combustion de produits énergétiques fossiles, charbon, pétrole et gaz.

Cette combustion produit massivement du gaz carbonique. Il est d'autres sources, mais c'est de loin la principale. Sans avoir ici l'espace pour en traiter, il faut ajouter que les formes modernes de notre agriculture, par les engrais qu'elle utilise et par les digestions de milliards de bovins, dégagent aussi de plus en plus de méthane, autre gaz à effet de serre, moins répandu mais plus actif… C'est une aggravation.

Des accords difficiles

Les premiers travaux du GIEC ont conduit quelques nations à commencer recherches et discussions. C'est en France que la « Mission effet de serre », créée en 1990-1991, souligne la nécessité de dissuader fortement l'émission de gaz carbonique, et propose pour ce faire la mise en place, si possible mondiale, d'une « taxe carbone ».

L'Union européenne fut le premier organisme à prendre le problème à bras-le-corps. On faillit dans l'UE, vers 1992-1993, décider de la taxe carbone. Mais l'accord ne fut finalement pas possible, car le fait de taxer l'énergie produite à partir du charbon, du pétrole ou du gaz, mais pas l'énergie nucléaire – puisque celle-ci ne produit aucun gaz à effet de serre – aurait donné à la France, par rapport à tous les autres, et surtout à l'Allemagne, un avantage énorme, et donc excessif, dans l'économie de l'énergie.

Une conférence mondiale, dite Sommet de la Terre, à Rio de Janeiro, en 1992, décida d'une procédure pour engager le combat contre le risque de réchauffement et donc contre l'émission de CO_2.

Cette procédure est décrite dans la Convention cadre des nations unies contre le changement climatique (CCNUCC). Elle date de 1992 et est toujours en vigueur. Elle prévoit une réunion mondiale de travail chaque année, la Conférence des parties à la convention : COP. Le plus souvent, ce sont des experts, des techniciens et des ambassadeurs qui se rencontrent. Dans quelques cas, la maturité des travaux préparatoires et l'urgence appellent à convier les gouvernements eux-mêmes, ministres, voire chefs de gouvernement ou chefs d'État, pour adopter des décisions.

C'est ainsi qu'en 1997, à Kyoto, au cours de la COP n° 3, devait être décidée la manière d'engager le combat contre la production de gaz carbonique. Les Européens y sont arrivés divisés pour la raison que l'on vient de dire. Ainsi, les États-Unis furent leaders de la conférence.

Or ce pays nourrit depuis longtemps deux phobies qui marquent sa culture propre : phobie de l'État et de la règle, phobie de l'impôt.

L'idée d'une taxation mondiale de l'émission de gaz carbonique produisit dans ce pays une quasi-panique. Or, quelques années auparavant, pour traiter un problème analogue mais beaucoup moins grave et plus local, celui d'un gaz malodorant, l'anhydride sulfureux, SH_2, leurs économistes monétaristes, apôtres du marché sous toutes ses formes, avaient inventé un tout autre système qui s'était révélé efficace, celui de permissions d'émettre limitées en volume et que l'on pouvait acheter ou vendre sur le marché ; cela créait donc un coût du droit d'émettre du SH_2, et la dissuasion de cette production fut réalisée en une petite dizaine d'années.

Les nations présentes à Kyoto (plus de cent cinquante, tout le monde, en fait) étaient perplexes. Les Européens divisés ne purent soutenir la taxe carbone. Il était clair que le système américain était beaucoup moins sûr, qu'il ne serait efficace que s'il était vraiment mondial et que ce n'était guère probable. Mais aucune autre proposition n'était soutenue. Et puis, comme les Américains étaient à l'époque les plus gros émetteurs mondiaux de gaz carbonique (aujourd'hui, c'est la Chine), les délégués pensèrent qu'en adoptant leur système on améliorait les chances de les voir ratifier l'accord adopté.

C'est ainsi que la Conférence de Kyoto, troisième Conférence des parties, adopta à l'usage du monde entier la recommandation d'un système de permis d'émettre, les quotas, susceptibles d'être achetés ou vendus sur un marché.

Mais le Congrès américain refusa de ratifier l'accord, ce qui libéra le reste du monde de ses engagements et tua le système.

Seule l'Union européenne, désireuse d'être exemplaire sur ce sujet, décida spontanément de mettre en place un tel système chez elle. La mise au point fut longue. La mise en service se fit en 2005. On s'est aperçu depuis qu'il marche très mal. Occasion d'une spéculation effrénée, et d'une fraude massive, il produit un prix des quotas beaucoup trop proche de celui du pétrole, si bien que, dans les années 2007 à 2009, années de stagnation et de récession de l'économie mondiale, ce prix est tombé au-dessous de 10 dollars par tonne de gaz carbonique non émis, ce qui frise l'insignifiance, n'est guère sensible pour les émetteurs, et par conséquent n'a aucun effet dissuasif.

C'est à Copenhague, durant la COP n° 15, en 2009, que le monde devait se retrouver pour tirer le bilan des résultats de Kyoto et adopter un système plus général. Ce fut un échec navrant. On ne réussit même pas à reconfirmer la recommandation de Kyoto, et la déclaration finale est quasi oiseuse.

En matière d'effet de serre, la Conférence de Copenhague n'a pu que produire un engagement général de réduire de 50 % dans le monde entier les volumes des émissions de gaz à effet de serre en 2050 par rapport à 1990, dans l'espoir de ne pas dépasser en 2100 une augmentation supplémentaire de 2 degrés de la température terrestre par rapport à l'ère préindustrielle, soit 1850.

Déjà, pourtant, tous les pays insulaires, le G77, la Chine et l'Alliance bolivarienne pour les Amériques voulaient que l'on se limite à une augmentation acceptée de 1,5 degré centigrade.

Mais, comme l'engagement n'est pas contraignant, que rien n'est dit des moyens d'y parvenir, et qu'il n'y a ni dates butoirs ni objectifs quantitatifs, la controverse sur l'ambition globale n'a pas grand sens.

Les conférences suivantes, COP n° 16 à Cancun, COP n° 17 à Durban (2010 et 2011), échouèrent aussi.

Et la conférence anniversaire de celle de Rio, en 2012, à Rio de Janeiro, dite Rio+20, fut encore un échec, au point que le climat n'y a même pas été abordé.

Et voilà, chers lecteurs, comment l'humanité marche allègrement vers son suicide. Le combat de l'humanité pour sa survie, contre le réchauffement climatique, n'a en fait pas commencé.

La France fait partie des quelques pays influents et écoutés qui ont de ce fait une responsabilité propre en cette matière.

C'est pourquoi nous trouvons parfaitement scandaleux que l'effet de serre ait pratiquement disparu du débat politique dans notre pays depuis deux ans.

Le temps perdu à ne rien faire rendra évidemment plus difficile et plus douloureuse la politique nécessaire quand on se décidera à l'adopter. Nous ne sommes maintenant pas loin de la certitude qu'à la fin du

XXIe siècle l'augmentation de la température sera nettement supérieure à deux degrés ; la fonte des glaces et la légère dilatation de l'eau liée à la température laissent craindre une augmentation du niveau des eaux supérieure au mètre, donc immensément catastrophique.

Pourquoi parler de tout cela ici ? Tout bonnement parce que la partie économique et financière de la polycrise que nous vivons s'accompagne d'un arrêt de la croissance, et même d'une récession actuellement annoncée, et donc d'un chômage de plus en plus insupportable. Aucun élément analysable dans la situation actuelle ne permet d'entrevoir des facteurs de reprise. Il n'y a donc pas de solution à court terme si nous ne sommes pas capables très vite de penser autrement.

La vraie solution de sortie de crise passe par l'organisation et la relance d'un nouveau modèle de développement des produits, des services, des économies d'énergie, des efforts de dépollution, d'une politique énergétique, des travaux hydrauliques, de quelques grands chantiers mondiaux, tout cela sans produire de gaz à effet de serre, qui seront à la fois des contributions au changement de modèle économique appelé par l'urgence écologique et les sources d'une nouvelle prospérité.

Tout cela est urgent et doit se commencer en même temps que le combat contre la crise financière proprement dite.

Il est insensé, dans une pareille situation, de voir le mouvement écologiste continuer, par refus inconditionnel du nucléaire, à nous renvoyer vers le gaz, le pétrole et surtout le charbon. Naturellement, le nucléaire est dangereux, mais beaucoup moins que le charbon ou le pétrole. Il ne produit pas d'effet de serre. Ni l'éolien ni le photovoltaïque ne sont techniquement prêts à produire les milliards de kilowatts nécessaires à des coûts acceptables. Il faut donc accélérer la recherche dans ces domaines et investir massivement dans les économies d'énergie et les énergies renouvables, mais aussi améliorer la transparence de nos centrales et aborder sereinement le débat sur l'avenir du nucléaire.

Chapitre VII

ALLEMAGNE : LES LIMITES DU MODÈLE SCHRÖDER

Que faut-il faire pour sortir de la crise ? Pour certains, c'est une évidence : « François Hollande doit avoir le courage de faire comme Gerhard Schröder. Tant pis si le prix à payer est de perdre les prochaines élections. Quand on voit l'excédent commercial de l'Allemagne, il n'y a pas à hésiter : il faut mettre en œuvre une vraie politique de compétitivité comme l'ont fait les Allemands avec la réforme Hartz IV. »

Il y a beaucoup de choses qui fonctionnent très bien en Allemagne et dont nous devrions nous inspirer sans tarder : le régime parlementaire, la décentralisation, la péréquation financière entre territoires, la politique du logement, le rôle de certaines banques auprès des PME, la formation professionnelle, l'enseignement des langues étrangères et la capacité des industriels à exporter leurs produits, la convivialité et la volonté d'agir ensemble pour la cohésion sociale qui reste bien vivante dans de nombreuses régions… Pour autant, est-il vraiment pertinent de copier les réformes Hartz IV ?

Pourquoi ces réformes ont-elles été mises en œuvre ? À partir de 2002, tous les pays d'Europe ont vu leur compétitivité diminuer par rapport au reste du monde à cause de la hausse de l'euro. Jusqu'en 2004, on voit sur cette courbe que la compétitivité de l'Allemagne reculait comme celle de la France, de l'Espagne ou de l'Italie.

Compétitivité-coût par rapport aux autres pays de l'OCDE
Base 100 au 1er trimestre 2002

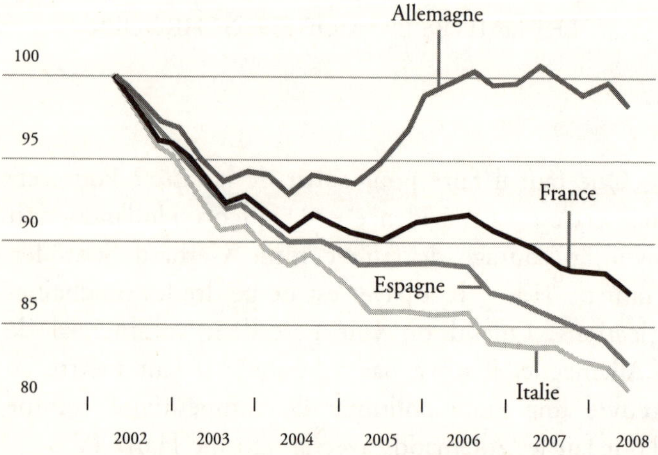

Source : *Le Figaro*, 7 février 2008.

En 2004, au lieu d'essayer d'agir sur le niveau de l'euro – le « débat interdit », écrivait à l'époque Jean-Paul Fitoussi, président de l'OFCE –, l'Allemagne met en place la réforme Hartz IV. Très vite, grâce à cette réforme, elle regagne en compétitivité. Mais à quel prix ?

La réforme Hartz IV a favorisé la multiplication des petits boulots, incitant les salariés tombés au chômage à accepter ces emplois sous peine d'être privés de leurs indemnités [1]. Dans le même temps, les salaires de ceux

1. Les indemnités de chômage ne sont versées que 12 mois, contre 32 auparavant. À l'issue de ces 12 mois, le chômeur reçoit une indemnité de 364 euros par mois seulement, auxquels il peut

qui occupaient un vrai emploi augmentaient moins vite que l'inflation.

Emplois en France et en Allemagne

	2000	2010	Solde
France Temps plein	19 838 000	21 834 000	**+1 996 000 emplois à temps plein**
Temps partiel	3 285 000	3 428 000	+143 000 temps partiel
Allemagne Temps plein	29 938 000	30 330 000	+392 000 emplois à temps plein
Temps partiel	6 386 000	8 409 000	**+2 023 000 temps partiel**

Source : OCDE 2011.

Les données de l'OCDE montrent qu'en dix ans, alors que la France créait 2 millions d'emplois à temps plein, l'Allemagne créait 2 millions d'emplois à temps partiel. Et des temps partiels de courte durée : en France, 18 % des salarié(e)s sont à temps partiel – à 23,4 heures par semaine en moyenne – alors qu'en Allemagne 27 % des salarié(e)s sont à temps partiel à

ajouter le paiement d'un logement « décent », mais pas forcément celui où il habitait... La mesure la plus impopulaire est la réduction des indemnités versées aux chômeurs de longue durée s'ils refusent les emplois qu'on leur propose, y compris les emplois en dessous de leur qualification ou avec des salaires inférieurs à la convention collective du secteur (à 1 euro par heure, éventuellement). D'autres mesures ont été très critiquées, comme la possibilité de réduire les allocations d'un chômeur si ses ascendants ou descendants ont des économies. Les manifestations contre Hartz IV ont fortement contribué aux défaites électorales des sociaux-démocrates en 2005.

17,9 heures en moyenne [1]. En l'absence de salaires minimum, on imagine la détresse d'un homme ou d'une femme contraints d'accepter un emploi de 10 heures par semaine à 5 euros de l'heure…

259 euros par mois

Une étude récente publiée par le DIW, le Deutsches Institut für Wirtschaftsforschung, montre la gravité du recul social imposé à l'ensemble des salariés allemands depuis dix ans.

Revenus bruts réels moyens par décile en euros

Revenus bruts	2000	2010	Évolution 2000-2010	
			Relatif en %	Absolu en Euros
1er décile	320	259	- 19,1 %	- 61
2e décile	798	614	- 23,1 %	- 184
3e décile	190	1 048	- 18,8 %	- 242
4e décile	1 658	1 440	- 13,1 %	- 218
5e décile	1 958	1 798	- 8,2 %	- 160
6e décile	2 253	2 162	- 4,0 %	- 91
7e décile	2 554	2 485	- 2,7 %	- 69
8e décile	2 865	2 845	- 0,7 %	- 20
9e décile	3 434	3 440	+ 0,2 %	+ 6
10e décile	5 368	5 481	+ 2,1 %	+ 113
Moyenne	2 229	2 136	- 4,2 %	- 93
Médiane	2 096	1 941	- 7,4 %	- 155

Source : DIW.

1. Source Eurostat 2012.

Le premier décile (les 10 % « d'en bas ») ne gagne en moyenne que 259 euros par mois. Les revenus du travail peuvent être complétés par des allocations familiales ou des allocations logement. Il n'en reste pas moins que le montant de cette rémunération est totalement choquant.

Les 10 % au-dessus gagnent 614 euros par mois. Le recul lié à Hartz IV ne concerne pas que les « plus pauvres » sur lesquels on verse quelques larmes de crocodile avant de les oublier bien vite, mais une immense majorité de la population : 80 % des actifs ont perdu du pouvoir d'achat entre 2000 et 2010. Seuls les 10 % d'en haut ont vu leurs salaires réels progresser, et encore… de 0,2 % par an en moyenne seulement.

En dix ans, le salaire médian a baissé de 7,4 % en termes réels (hors inflation). Ce n'est pas une « moindre progression des salaires », comme certains le disent, mais bien une baisse du salaire réel pour 80 % des salariés. L'Allemagne a conservé de la croissance uniquement grâce aux exportations vers le reste de l'Europe, son premier client. Si toute l'Europe avait baissé les salaires de 7 %, nous serions tous dans une terrible récession.

L'Allemagne minée par les inégalités

Si l'Allemagne va bien, ce n'est pas le cas de tous les Allemands. Quelque 6,8 millions de personnes gagneraient moins de 8,50 euros de l'heure. […] Ces « salariés pauvres » ne sont d'ailleurs pas les seuls pauvres du pays : l'Allemagne compte 6 millions de personnes touchant une allocation (Hartz IV) équivalente au RSA.
À l'autre bout de l'échelle, les Allemands les plus riches se portent bien ; les 10 % les plus riches, qui possédaient 45 % de la richesse privée du pays en 1995, en possédaient 53 % en 2008, alors que les 50 % du bas de l'échelle se partagent 1 % (contre 4 % en 1995).
L'ascenseur social semble en panne : selon l'OCDE, le système éducatif allemand s'améliore, mais seuls 20 % des jeunes Allemands ont un diplôme plus élevé

> que leurs parents. Un chiffre presque inférieur de moitié à celui des grands pays industrialisés.
> Dépeindre l'Allemagne en noir est excessif. Mais, dix ans après les réformes Schröder, connues sous le nom d'Agenda 2010, le pays a manifestement besoin d'un Agenda 2020.
>
> Frédéric Lemaître, *Le Monde*, 4 octobre 2012

« C'est une stratégie de passager clandestin, explique un économiste de l'OFCE [1] : l'Allemagne profite de ce que les autres passagers du bateau Europe alimentent la croissance en distribuant du pouvoir d'achat – par les salaires et par la dette – et son industrie vole des parts de marché à la France et à l'Italie en baissant ses propres salaires. Si l'excédent commercial germanique est important et si le déficit français se creuse, c'est grâce à la qualité des exportations de l'Allemagne. Mais c'est également parce que sa consommation intérieure est atone – l'Allemagne étant son premier client, les exportations de la France diminuent – et que son industrie nous vole des parts de marché au sein même de la zone euro comme dans le reste du monde. »

La stratégie mise en place par l'Allemagne n'est absolument pas généralisable : « La zone euro pourrait vivre avec dix-sept pays comme la France, mais pas avec dix-sept pays comme l'Allemagne (ni dix-sept pays comme la Grèce) », concédait récemment un proche d'Angela Merkel. En 2007, l'excédent de l'Allemagne vers le reste de la zone euro représentait plus de 5 % du PIB allemand. Sans cet excédent, le pays aurait été en récession.

---

1. Office français des conjonctures économiques. L'institut dépend de Sciences po.

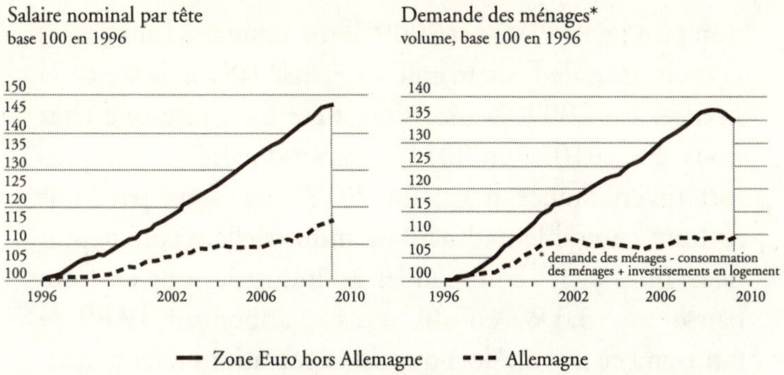

Ces deux courbes montrent comment, alors que tout le reste de la zone euro continuait à distribuer du salaire normalement (les salaires augmentent de 45 % en quatorze ans, ce qui, compte tenu de l'inflation, est assez raisonnable), l'Allemagne augmentait les salaires de moins de 15 %, ce qui correspond, hors inflation, à une baisse du salaire réel, on l'a vu plus haut. Mais, du coup, la demande des ménages est totalement stagnante en Allemagne, alors qu'elle continue à progresser dans le reste de l'Europe. Et si des salariés allemands n'avaient pas gagné leur vie grâce aux exportations vers les pays voisins, la demande intérieure n'aurait pas seulement stagné, mais aurait franchement reculé [1].

Faut-il mettre en place en France des politiques semblables à celles mises en œuvre en Allemagne en 2004 ? Si notre objectif fondamental est de gagner la course du plus gros excédent commercial, c'est peut-être nécessaire. Mais est-ce vraiment un objectif essentiel ?

Une croissance moyenne plus faible qu'en France

Nous venons de voir quel est le coût social de Hartz IV, mais son bilan économique n'est pas très convaincant

1. Étude de Natixis publiée dans *Le Monde* du 30 mars 2010.

non plus : entre 1995 et 2009, il n'y a que trois années où la croissance de l'Allemagne a dépassé la croissance de la France. En 2009, la récession a été bien pire que chez nous. En 2010 et en 2011, le rebond a été un peu plus fort qu'en France mais, fin 2012, nos deux pays ont rechuté ensemble : « L'activité industrielle recule depuis deux mois et les commandes à l'industrie sont en forte baisse : – 3,3 % en un mois », annonçait l'AFP le 6 novembre 2012. Alors que ses exportations ralentissent, l'Allemagne se rend compte qu'elle a eu tort de sacrifier le modèle social qui a longtemps fait sa singularité, et Angela Merkel affirme à présent qu'il faut instaurer un salaire minimum, ce que Gerhard Schröder a toujours refusé…

Vive la résistance

Le 23 novembre 2012, le chef économiste du *Financial Times Deutschland* publie l'un de ses derniers éditoriaux avant la fermeture définitive du journal. Il en profite pour faire une sorte d'*outing* idéologique. Dans un texte titré « Vive la résistance » (en français dans le texte), Thomas Fricke montre que le PIB de la France a plus augmenté que celui de l'Allemagne sur les douze dernières années.

Il montre aussi que la balance commerciale de la France est moins dégradée que celle du Royaume-Uni et que, l'un dans l'autre, les fondamentaux de la France sont moins mauvais qu'on ne le dit souvent.

Cela ne signifie évidemment pas que tout va bien en France. Loin de là. Cela montre seulement qu'il y a en Allemagne un vrai débat sur les limites du modèle Schröder alors que certains voudraient nous faire croire – en France – qu'il est impossible de ne pas adopter ce modèle comme un tout.

Évolution du PIB en France et en Allemagne
Base 100 en 1990

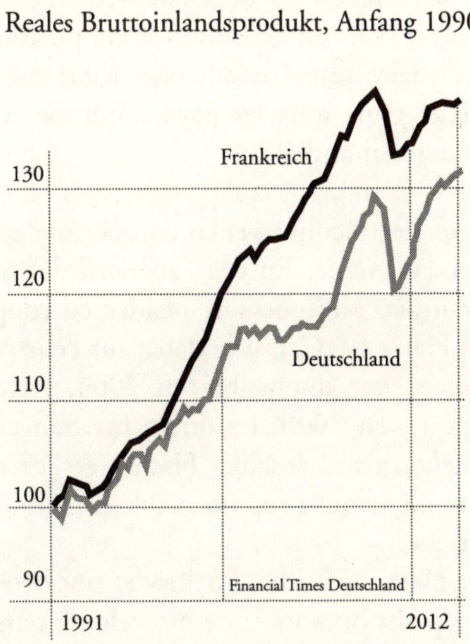

Source : Financial Times Deutschland.

Faut-il imiter les politiques de compétitivité mises en œuvre en Allemagne ? « Une guerre mondiale de la compétitivité-coût aurait des conséquences catastrophiques », écrit Patrick Artus, le directeur des études de la banque Natixis, dans un rapport publié le 28 septembre 2012. L'ensemble de la planète est en train de tomber en récession. Si tous les pays baissent les salaires, la récession ne peut que s'aggraver !

Des conséquences catastrophiques

Si l'on pense, comme l'écrivait déjà la Banque des règlements internationaux en juillet 2003, que la crise vient du trop faible niveau de la part des salaires dans le PIB, faut-il encore diminuer les salaires – parce que le voisin va le faire ou l'a déjà fait – ou faut-il, au contraire, rentrer dans un processus de coopération qui permettrait de faire respecter un plus haut niveau de normes sociales dans tous les pays d'Europe comme dans le commerce mondial ?

La question de la convergence européenne est évidemment fondamentale. En cela, au nom de tous les socialistes français, nous devons plaider co-coupables des réformes Hartz IV. Car, si le débat sur l'euro et sur sa gouvernance était impossible en 2004, c'est sans doute parce que, en 2000, les dirigeants français ont botté en touche quand Joschka Fischer et l'ensemble des dirigeants allemands proposaient de construire une Europe politique.

Et si Peter Hartz et Gerhard Schröder ont décidé de multiplier les petits boulots et de morceler le temps de travail, c'est aussi parce que le bilan des 35 heures à la française avait fait de la réduction collective du temps de travail un sujet tabou. Faut-il rappeler que, avant de devenir monsieur « Petits Boulots », Peter Hartz était le directeur du personnel de Volkswagen, et que c'est lui qui avait mis en place en 1993 la semaine de 4 jours/28 heures pour éviter 30 000 licenciements ?

En 1997, quand tous les syndicats allemands demandaient une réduction collective du temps de travail à 32 heures (un an avant l'arrivée de Schröder au pouvoir), Peter Hartz soutenait leurs revendications. Il expliquait que, avec quelques aménagements, les 4 jours/28 heures fonctionnaient toujours très bien chez Volkswagen et que « si toute l'Allemagne passait à 4 jours, on pourrait diviser par deux le chômage ».

Hélas, après l'expérience française des 35 heures, Hartz et Schröder ont estimé qu'une réduction collective du temps de travail n'était pas « vendable » politiquement. Ils ont choisi l'autre façon de partager le travail : non pas une réduction collective avec maintien quasi intégral des salaires, mais la multiplication des petits boulots pour celles et ceux qui ont le malheur de passer par la case chômage… Et comme les dirigeants français avaient fermé la voie à une Europe politique, ils ont décidé de faire cavalier seul et d'engager l'Allemagne dans le dumping social.

Si nous voulons sortir de la crise, voilà deux domaines où la gauche n'a plus droit à l'erreur : pour élargir les contraintes, pour nous donner de nouvelles marges de manœuvre, nous devons agir avec force sur ces deux leviers, celui du temps et celui de l'espace, car il est de plus en plus clair que nous ne pouvons pas attendre notre salut d'un retour de la croissance.

Chapitre VIII

ET SI LA CROISSANCE NE REVENAIT PAS ? LES (GROS) DOUTES DE PAUL KRUGMAN

Le dernier livre de Paul Krugman est très intéressant [1]. Très intéressant d'abord pour l'analyse de la crise que propose le Prix Nobel d'économie et pour les chiffres qu'il donne sur l'incroyable creusement des inégalités, aux États-Unis comme dans le reste du monde. Très intéressant aussi pour comprendre comment, si les États européens persistent à mettre en œuvre des politiques d'austérité, ils risquent de s'enfermer dans une « spirale de la mort ».

En juillet 2010, Krugman fut l'un des premiers à souligner les dangers d'une « *Self-Defeating Austerity* », une austérité dont l'objectif est de diminuer les déficits mais qui cause sa propre défaite, son propre échec, car elle aggrave la récession et creuse encore les déficits… Les faits, hélas, lui donnent raison : en Italie, en Grèce, au Portugal, en Grande-Bretagne comme en Espagne, on voit comment des politiques d'austérité aggravent la crise, échouent à ramener à l'équilibre des finances publiques et amènent le peuple à rejeter de plus en

---

1. *Sortez-nous de cette crise… Maintenant !* Flammarion, 2012.

plus violemment les politiques décidées par leurs gouvernements [1].

Son livre est intéressant aussi et surtout car, entre les lignes, Krugman avoue qu'il a de gros doutes sur l'efficacité des solutions qu'il propose lui-même : « Pour sortir de la dépression actuelle, l'essentiel, c'est une nouvelle vague de dépense publique », affirme-t-il avec force au début du livre avant de montrer que le risque d'inflation lié à cette vague de dépense publique est nul ou presque nul. Et que, même s'il y avait un peu d'inflation, ce ne serait pas une mauvaise chose, car cela permettrait de diminuer mécaniquement le poids réel des dettes (publiques et privées). Comment financer cette vague de dépense publique ? « Par une action agressive des banques centrales. »

Mais à la fin du livre, Krugman laisse le lecteur sur sa faim : « Ce genre d'intervention fonctionnerait-il ? Pas nécessairement, mais l'important est d'essayer et de continuer à essayer si la première salve ne suffit pas. » On a déjà vu des argumentations plus convaincantes : ça ne fonctionnera peut-être pas, mais l'important, c'est d'essayer…

Voir un Prix Nobel afficher publiquement ses doutes est assez rafraîchissant à une époque où beaucoup préfèrent assener des dogmes et n'ont pas le courage d'afficher leurs questionnements. Mais, vu la gravité de la situation, vu le temps limité qu'il nous reste pour

1. Cela ne signifie pas qu'il faut laisser filer les déficits : on peut revenir vers l'équilibre des comptes publics sans austérité. On y reviendra dans le prochain chapitre.

éviter un effondrement [1], on ne peut pas en rester à des propositions qui ne fonctionneront pas.

On peut partager totalement les critiques antilibérales et anti-austérité des keynésiens sans forcément approuver leurs propositions. La plupart des keynésiens ont en tête que :

1. Une grosse vague de dépenses publiques permettra de relancer la croissance.

2. La croissance permettra de créer massivement des emplois.

Ces deux affirmations sont fausses. Elles étaient justes il y a quarante ans, mais sont fausses aujourd'hui. Il est urgent de le comprendre pour ne pas perdre des années à mettre en œuvre des politiques qui ne peuvent pas être efficaces.

Nous allons montrer ici que :

1. Non, la croissance ne va pas revenir. Même avec une énorme vague de dépenses publiques.

2. De toute façon, même avant la crise des *subprimes*, le lien entre croissance et emploi était beaucoup moins mécanique qu'on ne le pense généralement.

3. Bonne nouvelle ! On peut sortir du chômage sans croissance.

Avant même la crise des *subprimes*, il était difficile de penser que nous allions vers une croissance forte qui

1. Peut-être Krugman ne partage-t-il pas notre analyse de l'instabilité de l'économie mondiale. Il faut attendre la page 262 pour qu'il évoque la situation en Chine et le sujet est évacué en deux lignes, mais au moment où ce livre part à l'imprimerie, tous les indicateurs montrent un ralentissement très brutal de l'activité en Chine et les tensions se multiplient entre la Chine et le Japon.

permettrait de lutter efficacement contre le chômage. Décennie après décennie, le taux moyen de croissance diminuait en France.

La croissance en France depuis 1960

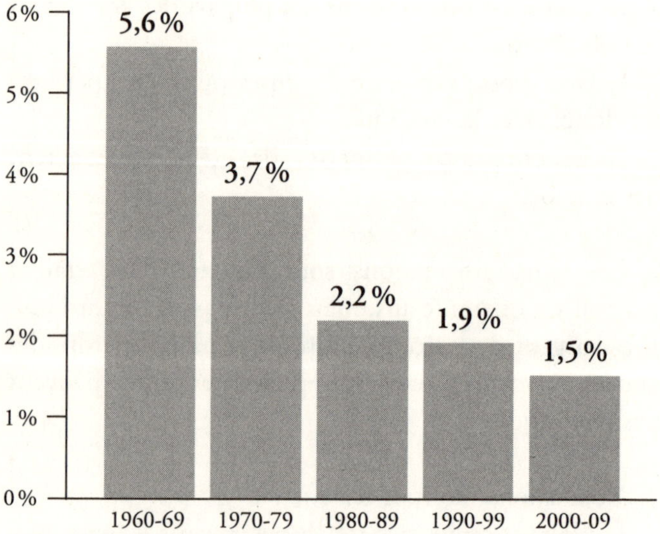

Source : Insee.

Et le mouvement était le même dans l'ensemble des pays de l'OCDE : bien que dopée à la dette et bénéficiant d'une énergie encore bon marché, la croissance faiblit décennie après décennie.

Cela fait presque vingt ans que, ensemble ou séparément, nous expliquons tous les deux qu'il n'est pas possible de miser sur la croissance pour vaincre le chômage. Cela nous semblait déjà évident avant la crise des *subprimes*. Mais, depuis qu'a éclaté la crise, miser sur la croissance est totalement impossible.

Si Krugman doute lui-même de l'efficacité de la médecine qu'il propose, c'est qu'il fut l'un des premiers

Taux de croissance annuel moyen du PIB
pour l'ensemble des pays de l'OCDE (en %)

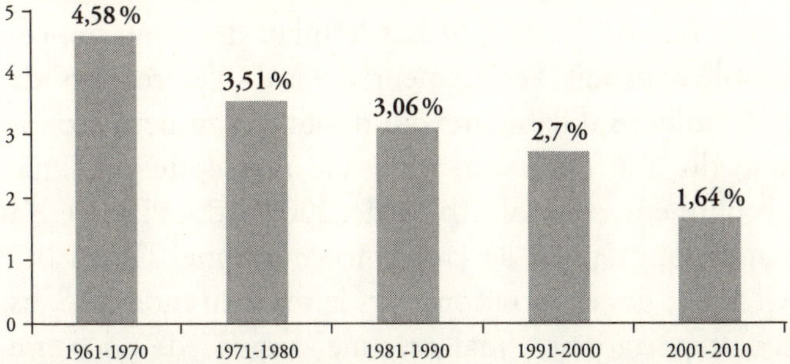

Source : OCDE portail des statistiques.

à comprendre, il y a quinze ans, que le Japon tombait dans une trappe dont il ne pourrait pas sortir : depuis qu'a éclaté la bulle, en 1991, la croissance du Japon n'est que de 0,7 % en moyenne. On l'a vu plus haut. Même en lançant des plans de relance pharaoniques (avec un déficit public de 6,6 % du PIB en moyenne), même en investissant au maximum dans la recherche (3,3 % du PIB en moyenne), même en mettant ses taux d'intérêt à 0 pour favoriser l'investissement, le Japon n'a que 0,7 % de croissance en moyenne depuis vingt ans.

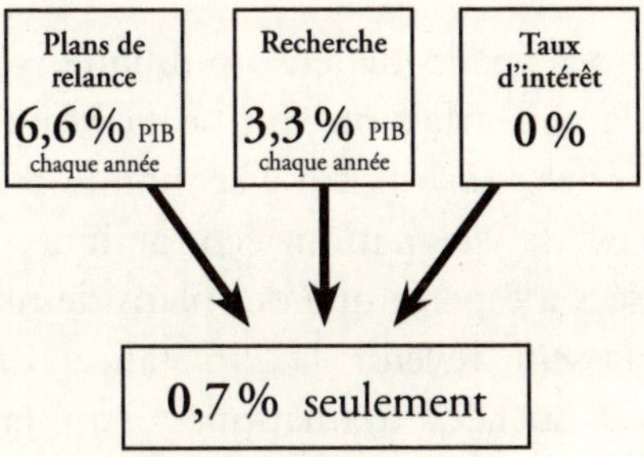

Croissance moyenne du Japon
entre 1992 et 2011

Certes, le Japon a connu quelques périodes de rémission : pendant un an ou deux, la croissance remontait à 2 ou 2,5 %, mais elle retombait ensuite à – 0,5 ou – 1 %. Si l'on fait le bilan des vingt années écoulées depuis l'éclatement de la bulle, ce pays de 130 millions d'habitants qui devait « dominer l'économie du XXIe siècle » a accumulé une dette publique absolument colossale (plus de 200 % du PIB) et n'a connu que 0,7 % de croissance moyenne. Et ces 0,7 viennent des exportations vers le reste du monde. Sans les exportations, malgré une vague de dépense publique gigantesque, le Japon serait depuis vingt ans *en récession*.

La dette publique au Japon depuis 1969 (en % du PIB)

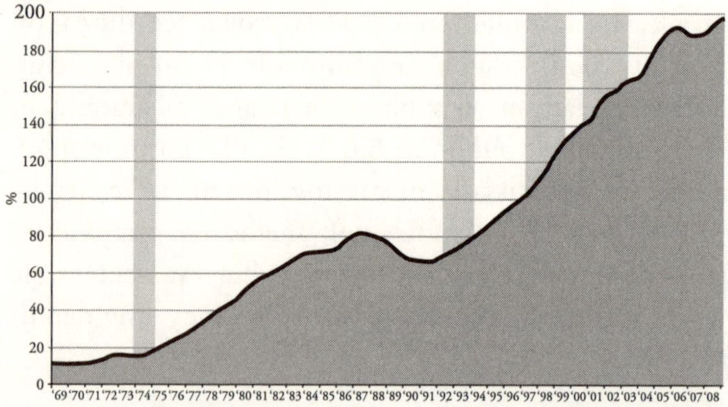

L'énorme vague de dépense publique, on ne peut pas ne pas la voir. Mais on voit beaucoup plus difficilement ses effets positifs sur l'économie réelle… Ces vingt années de stagnation économique, ces vingt années passées à espérer que des plans de relance pharaoniques fassent revenir la croissance, ont eu des conséquences sociales dramatiques : au Japon, « un tiers des salariés a un emploi à temps partiel. Les entreprises proposent deux fois plus d'emplois à temps partiel que de temps-pleins », expliquait déjà une dépêche AFP en 2006 [1].

« 33 % de la population active travaille à temps partiel, contre 20 % en 1995. Certains économistes considèrent aujourd'hui que le chômage réel pourrait être le double des chiffres officiels. Cela explique la paupérisation d'une grande partie des Japonais. Chez les travailleurs à temps partiel, le salaire annuel moyen ne dépasse pas 6 733 euros [2]. » Au pays du Soleil Levant, avant même qu'éclate la crise des *subprimes*, un tiers des salariés vivaient avec 560 euros par mois !

« Le Japon s'autodévore-t-il ? s'interrogeait début 2007 Noriko Hama, professeur à la Business School de l'université Doshisha [3]. Les entreprises emploient toujours plus de salariés à temps partiel, pour des rémunérations de plus en plus basses. Cette pratique leur rapporte beaucoup à court terme, mais plus elle se répand, moins les gens peuvent participer à la reprise économique, moins la reprise est vigoureuse. C'est une logique aussi absurde que celle de ce naufragé qui se mange lui-même pour ne pas mourir de faim. »

« Japon : la jeunesse se rebelle », titrait *Courrier international* sur cinq colonnes à la une en juillet 2007 [4]. « Une partie de la jeunesse japonaise vit dans une situation de plus en plus précaire. Longtemps silencieuse, cette "génération perdue" commence à

1. AFP, 4 décembre 2006.
2. *Le Monde* du 31 mai 2007.
3. *Les Échos* du 7 février 2007.
4. *Courrier international*, 5 juillet 2007.

donner de la voix. Elle s'organise en syndicats et multiplie les manifestations pour dénoncer ses conditions de vie : "Aujourd'hui, la société est devenue folle. La rémunération des petits boulots ne cesse de baisser. Comme il y a pénurie de travail, les entreprises en profitent pour nous exploiter davantage". »

Le délitement de la société japonaise, qui s'est produit malgré des plans de relance colossaux, prouve – grandeur nature – qu'il y a une énorme faille dans le raisonnement keynésien « classique ». Keynes a montré que, en temps normal, il y a un effet multiplicateur des dépenses publiques : si l'État met 100 sur la table, cela va contribuer à nourrir l'activité par un effet immédiat, puis les salariés, qui auront trouvé du travail grâce à ces 100, vont dépenser leurs salaires, ce qui va, à nouveau, nourrir l'économie, et ainsi de suite… Quelle est la valeur de ce multiplicateur ? Certains économistes affirment encore que « le multiplicateur est de 3 ou de 4 » : si l'État met 100 sur la table, le PIB va augmenter de 300 ou de 400.

Ouvrez les yeux les amis [1] : ce raisonnement était juste quand Keynes publiait ses thèses. Il était vrai encore il y a quarante ans, mais ce n'est visiblement plus le cas : en vingt ans, la dette publique du Japon est passée de 60 à 200 % du PIB. Même en mettant 140 % du PIB sur la table, le Japon n'a eu que 0,7 % de croissance pendant vingt ans. Grosso modo, 140 donne 20 x 0,7, soit 14. Si l'on obtient 14 quand on met 140 sur la table, cela

1. Ce sont souvent des amis, voilà pourquoi nous ne donnons pas de noms, mais il est vraiment troublant que fin 2012 des économistes de renom puissent encore écrire que « le multiplicateur est de 3. Voire 4 dans certaines conditions ».

ressemble plus à un *diviseur* qu'à un multiplicateur. Ou alors, un tout petit multiplicateur : 0,1.

Aux États-Unis, le multiplicateur n'est pas non plus de 3 ou 4 : même avec un déficit de 9 % du PIB, la croissance n'est que de 1,3 % en rythme annuel. Cela donne un multiplicateur de 1/6 ou même de 1/30 seulement si l'on s'intéresse à la croissance du PIB par tête [1].

Les 7 fuites

Pourquoi, même en mettant des sommes considérables sur la table, le gouvernement américain n'arrive-t-il pas à relancer la croissance ? Il y a au moins 7 « fuites » qui ruinent l'efficacité de la dépense publique :

1. L'effritement du salariat, fortement accéléré par la crise : chaque mois, des dizaines de milliers de salariés tombent au chômage et des dizaines de milliers de chômeurs tombent en fin de droits… Cela ne peut évidemment pas avoir un effet positif sur la croissance.

2. La fuite vers le reste du monde : dans une mondialisation mal régulée où certains pays ne respectent aucune règle sociale, une partie des chèques que le gouvernement américain envoie aux salariés pour les pousser à consommer sert à acheter des produits importés de Chine ou d'autres pays qui ne respectent pas les droits de l'homme, et donc les coûts de l'homme.

1. Dernière estimation de la croissance des États-Unis en rythme annuel, publiée le 28 septembre 2012. Si l'on tient compte de l'effet démographique, la croissance du PIB par tête n'est que de 0,3 % et le « multiplicateur » est de 1/30, soit 0,03 !

3. Le désendettement des collectivités locales : pendant vingt ans, elles se sont endettées pour investir et créer des emplois. Mais aujourd'hui, leurs ressources diminuent et elles n'ont aucune raison de penser que la crise sera de courte durée. Du coup, elles ont tendance à réduire la voilure et à se désendetter : aux États-Unis, la dette des collectivités a baissé de 37 milliards en un an.

4. Le désendettement des classes moyennes : pendant vingt ans, elles ont consommé plus qu'elles ne gagnaient, mais aujourd'hui, c'est le contraire : elles ont tendance non seulement à moins s'endetter, mais à rembourser leurs dettes. La dette des ménages a diminué de 121 milliards en un an [1].

5. Un investissement plus faible des entreprises. Elles voient que leurs carnets de commandes sont peu remplis et que de gros nuages noirs s'accumulent sur l'économie mondiale. Elles ont tendance à limiter leurs investissements, ce qui diminue encore la croissance.

6. L'épargne de précaution : si l'avenir s'annonce difficile, mieux vaut mettre de l'argent de côté. Des millions de ménages américains s'inquiètent pour leurs retraites : avec la crise des marchés financiers, les retraites par capitalisation ont fortement baissé. Tous ceux qui le peuvent essayent d'accumuler un capital pour améliorer leurs retraites.

7. L'évaporation vers les marchés financiers. Les chiffres de Joseph Stiglitz sont impressionnants : plus de

1. Chiffres provenant de la Réserve fédérale, 20 septembre 2012.

90 % des richesses nouvelles créées en un an sont accaparées par les 1 % les plus riches, qui épargnent plus de 80 % de leurs revenus. L'essentiel de ces sommes part vers les marchés financiers ou les paradis fiscaux et quitte donc l'économie réelle.

Pour ces sept raisons, la première étape du raisonnement keynésien – une grosse vague de dépense publique va relancer la croissance – n'est visiblement plus d'actualité. Keynes avait d'ailleurs expliqué qu'il existe des situations (« des trappes à liquidités ») dans lesquelles la dépense publique est impuissante pour sortir de la crise.

Les Echos

Ouvrez les yeux sur la croissance zéro !

Ce fut de la haute politique. L'arbitrage est remonté jusqu'au président de la République, après une foule d'allers-retours entre les étages du pouvoir. La décision a finalement été prise : ça sera 0,8 %. C'est à ce rythme qu'augmentera la production de l'économie française l'an prochain, du moins dans le projet de budget qui passera en Conseil des ministres ce vendredi.

Avec un tel chiffre, le gouvernement tombe de haut. Rappelons que les socialistes raisonnaient depuis des années sur l'hypothèse d'une pente de croissance à 2,5 %, qui permet de faire rentrer les recettes fiscales à flots et donc de financer sans

LA CHRONIQUE
DE JEAN-MARC VITTORI

Une croissance de 0,8 % en 2013 relève moins d'un exercice de clairvoyance que d'un vœu pieux.

misme est presque systématique. Dans la zone euro, les gouvernants ont en moyenne un chiffre de croissance ex ante qui excède de 0,5 % le chiffre ex post, sur la dernière décennie. Ils relèvent toutefois que *« le biais est élevé pour la France, l'Italie et le Portugal »*.

Au moment où le budget est scruté de plus en plus minutieusement par les investisseurs qui prêtent de l'argent à la France et par les autorités européennes, la politisation extrême de la prévision de croissance pose problème. En octobre dernier, les chefs d'Etat et de gouvernement de l'Union avaient d'ailleurs affirmé, juste après la nécessité de l'adoption d'une « règle d'or » budgé-

Comme l'écrivait Jean-Marc Vittori dans *Les Échos* du 26 septembre 2012, avec la crise des *subprimes* et la montagne des dettes qu'elle nous oblige à regarder en face, plus personne ne peut croire que la croissance va bientôt revenir : « Ouvrez les yeux sur la croissance zéro ! écrit Vittori. Une croissance de 0,8 % en 2013 relève moins d'un exercice de clairvoyance que d'un vœu pieux. »

Si tout va bien, si nous évitons l'explosion de la zone euro, si le système bancaire anglais ne s'effondre pas, si la Chine arrive à gérer intelligemment l'éclatement de la bulle immobilière, si les États-Unis ne s'écrasent pas au pied de la falaise fiscale, nous devons miser sur une croissance zéro. Établir nos budgets et nos politiques de l'emploi en misant sur une croissance zéro. Tant mieux si on fait plus, évidemment, mais miser sur un retour d'une croissance forte qui va régler tous les problèmes à notre place serait dramatique.

C'est une vraie révolution. Nous avons été habitués à confondre croissance et progrès. Nous avons été habitués à confondre croissance et justice sociale. Nous avons été habitués à confondre croissance et financement des services publics… Ce ne sera plus jamais le cas.

Il fallut un moment à Copernic pour convaincre ses contemporains que le Soleil ne tournait pas autour de la Terre, mais que c'était plutôt la Terre qui tournait autour du Soleil. Il fallut du temps, mais plus personne ne le conteste vraiment, et cette révolution n'a provoqué aucune catastrophe dans la vie quotidienne de ceux qui l'ont vécue.

Il ne s'agit pas ici de minimiser l'importance du débat qui s'ouvre en France sur l'absence de vraie politique industrielle : nous partageons un certain nombre des analyses de Jean-Louis Beffa ou Louis Gallois sur cette question. Il est temps, en effet, de définir une vraie stratégie industrielle. Il est temps, au niveau européen comme au niveau national, d'investir plus et mieux dans la recherche. Aussi bien la recherche fondamentale que la recherche appliquée. Tout cela est indispensable mais ne nous trompons pas : le Japon a fait le maximum en matière de politique industrielle et de politique de recherche. Il a fait le maximum en matière de politiques de grands travaux. Il a eu la politique monétaire la plus agressive possible et, malgré tout cela, il n'est pas parvenu à sortir de la trappe.

Si nous voulons éviter de tomber dans le même piège, nous devons tirer parti de ce qui s'est passé au Japon (au lieu de nier le problème) et opérer très vite un retournement, une révolution, et nous convaincre que ce n'est pas de la croissance que viendra la justice sociale, mais que c'est d'un surcroît de justice sociale que viendront la stabilité économique et la prospérité (on va le montrer dans les prochains chapitres) avec, sans doute, un effet positif sur le PIB pendant quelques années, même si le suivi de cet indicateur ne nous semble pas fondamental [1].

---

1. Sur les limites du PIB comme élément de pilotage des politiques publiques, il faut évidemment lire le rapport Stiglitz, les travaux de Patrick Viveret, Dominique Méda ou Jean Gadrey, mais aussi les livres publiés par Jacques Delors et ses amis des clubs Citoyens 60 qui montraient déjà il y a cinquante ans que le PIB était un indicateur trop hétérogène et trop éloigné des besoins fondamentaux de l'homme pour pouvoir utilement guider l'action collective. C'est à cette époque que Jacques Delors avait publié un livre très remarqué sur les indicateurs sociaux.

> « La difficulté n'est pas de comprendre les idées nouvelles.
>
> Elle est d'échapper aux idées anciennes qui ont poussé leurs ramifications dans tous les recoins de l'esprit des personnes ayant reçu la même formation. »
>
> John Maynard Keynes

De la croissance des années Jospin

Pour les socialistes français, la difficulté à accepter cette révolution est renforcée par le souvenir un peu nostalgique des années Jospin. Ce qui s'est passé dans les années 1997-2001 a très fortement contribué à faire perdurer le mythe de la Croissance-Solution-à-la-crise. Mais, si l'on regarde de façon très précise le bilan de ces quelques années, il devrait nous pousser au contraire à démystifier la croissance !

Nul ne peut contester que la France a bénéficié d'une croissance forte entre 1997 et la mi-2001. Une bonne partie de cette croissance provenait du contexte international :

– Le pétrole était très peu cher (moins de 20 dollars le baril).

– Toutes les monnaies européennes baissaient fortement par rapport au dollar, ce qui favorisait très nettement nos exportations et les ressources tirées du tourisme.

En deux ans, les monnaies européennes baissent de 30 % par rapport au dollar, ce qui rend toutes nos exportations nettement plus compétitives.

Évolution des monnaies européennes par rapport au dollar (monnaies préfigurant l'euro)

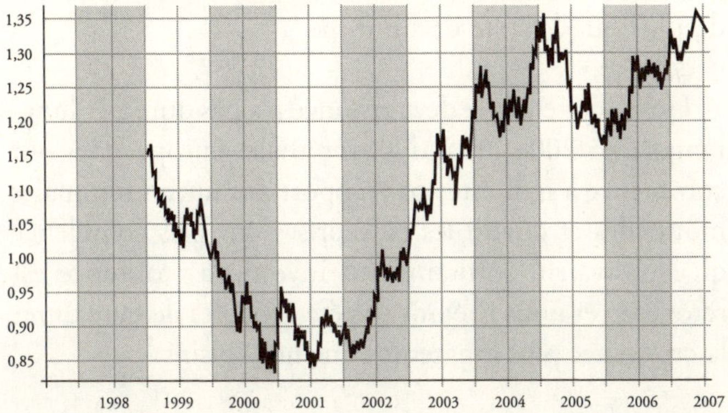

Source : OCDE.

Jusqu'à la fin 2000, tous les pays d'Europe ont profité de ces conditions avantageuses. La France comme les autres. L'analyse des composantes de la croissance française en 2000 montre que notre croissance était très largement tirée par des facteurs extérieurs.

Les composantes de la croissance en 2000

Exportations	+ 12,6 %
Tourisme	+ 9,6 %
Investissement	+ 6,1 %
Consommation	+ 2,5 %

Source : Insee.

Pourquoi ne pas le dire ? La dernière fois qu'elle est arrivée au pouvoir, la gauche a eu la chance de profiter d'un contexte extérieur très favorable qu'elle a su bien gérer : en créant les emplois-jeunes, dont nul ne peut contester le succès, et en laissant filer un peu les déficits (quand d'autres pays profitaient de ces années fastes pour rembourser leurs dettes), la *dream-team* de Lionel Jospin a permis à la France d'avoir 0,4 % de croissance de plus que le reste de l'Europe [1].

Hélas, cette vague de croissance n'a pas duré très longtemps : en 2001, quand les monnaies européennes ont commencé à remonter par rapport aux autres monnaies mondiales et quand les entreprises ont pris conscience qu'elles avaient suffisamment investi, la croissance est retombée et nous n'avons pas été capables de faire durer la croissance plus longtemps que nos voisins.

Mais le contexte extérieur et le « talent » de la *dream-team* ne suffisent pas à expliquer les « un million de chômeurs en moins ». Cette baisse du chômage est considérable. À l'époque déjà, nous étions quelques-uns à nous étonner de la baisse quasi miraculeuse des chiffres du chômage : alors que, entre 1988 et 1991, le chômage baissait de 80 000 par an avec une croissance moyenne de 4 %, comment expliquer que, au début des années Jospin, le chômage recule de 250 000 par an avec une croissance moyenne à peine supérieure à 3 % ?

En réalité, le nombre des chômeurs n'a pas diminué d'un million. Ce chiffre, répété par certains jusqu'à

1. En 2000, les Pays-Bas avaient un excédent de leur budget de 2,2 % du PIB. L'Allemagne, un excédent de 1,3 %. La zone euro, en moyenne, un excédent de 0,2 % (source Eurostat) et la France un déficit de 1,4 %, malgré un haut niveau de privatisations et quelques ressources extraordinaires (soulte de France Télécom, par exemple). Dans ces conditions (un déficit public de 1,4 % alors que les voisins ont un excédent de + 0,2 % en moyenne), avoir 0,4 % de croissance de plus que la moyenne européenne n'a rien de vraiment « magique ».

plus soif, était loin de correspondre à la réalité de l'évolution du marché du travail : en quatre ans, 375 000 chômeurs ont été basculés dans des catégories invisibles du grand public (catégories 2, 3, 7 et 8 de l'ANPE). Chaque mois, le ministère du Travail communiquait à la presse deux indicateurs : la catégorie 1 (« nouvelle définition ») et le total des catégories 1 et 6 (« ancienne définition du chômage »). Le total de ces deux catégories, hautement médiatisées, a baissé de 1 million entre 1997 et 2001. Mais, dans le même temps, le nombre de chômeurs des autres catégories, qui était remarquablement stable depuis plusieurs années, a augmenté de 375 000, passant de 460 000 à 834 000.

Chômeurs inscrits dans des catégories « invisibles »

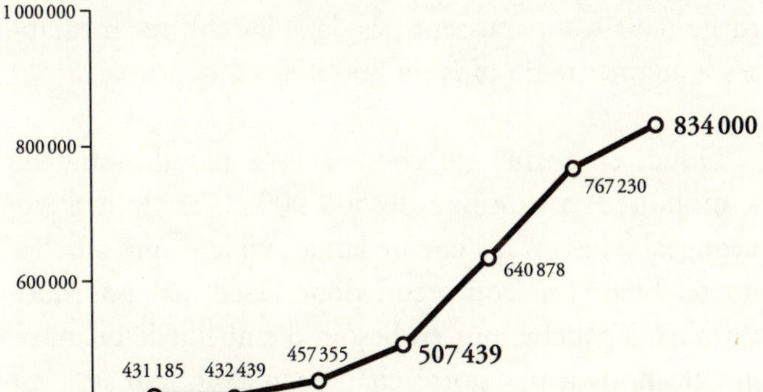

Source : Ministère du Travail.

Par ailleurs, un décret paru au *Journal officiel* en juin 1999 a abaissé l'âge à partir duquel un chômeur est dispensé de recherche d'emploi et dispensé de s'inscrire à l'ANPE. L'âge minimum pour bénéficier de cette dispense était de 57,5 ans. Il a été ramené à 55 ans. Après ce décret, en quatre ans, le nombre des dispensés de recherche d'emploi a augmenté de 88 000 [1].

Dans le même temps, le nombre de RMIstes augmentait de 100 000, et l'on sait qu'un peu plus de la moitié des RMIstes ne sont pas inscrits à l'ANPE.

Récapitulons :

– 375 000 chômeurs en plus dans les catégories invisibles ;

– 88 000 dispensés de recherche d'emploi supplémentaires ;

– 100 000 RMIstes en plus, dont 50 000 ou 60 000 qui ne sont pas dans les chiffres de l'ANPE.

Au total, le nombre de personnes qui sont au chômage mais n'apparaissent pas dans les chiffres médiatisés a augmenté de plus de 500 000 en quatre ans.

Donc, en réalité, le chômage n'a pas diminué de 1 million. Il a diminué de 500 000. C'est loin d'être négligeable, et on n'a encore jamais vu la droite afficher un tel bilan (on comprend donc assez mal pourquoi certains, à gauche, ont eu besoin d'embellir le bilan, ce qui ne nous a pas porté chance en 2002), mais c'est deux fois moins que le bilan officiel.

Le nombre réel de chômeurs a diminué de 500 000 dans les années Jospin. Sachant que, dans le même temps, on a créé 273 000 emplois-jeunes et que, selon l'Insee, les 35 heures ont permis de créer « un peu moins de 350 000 emplois », quelle est la part de la croissance dans la baisse du chômage ?

---

1. Source *Liaisons sociales,* 20 août 2001.

Malgré la croissance assez forte des années 1997-2000, s'il n'y avait pas eu les emplois-jeunes et les 35 heures, le nombre total de chômeurs n'aurait pas diminué !

Mais les limites de la croissance ne sont pas visibles seulement en France. Même dans les pays qui ont eu jusqu'en 2008 une croissance plus forte que nous, comme les États-Unis (croissance financée à crédit aussi bien financièrement qu'écologiquement), la croissance n'a pas permis de sortir de la crise sociale.

Même aux États-Unis, la croissance n'était pas la solution

En 2005, avant qu'éclate la crise des *subprimes*, il y avait déjà tellement de petits boulots aux États-Unis que la durée moyenne du travail était tombée à 33,7 heures, sans compter les chômeurs [1]. Malgré la croissance, des millions d'Américains n'avaient que des petits boulots à 10 ou 15 heures par semaine.

Malgré une croissance forte, avant même qu'éclate la crise des *subprimes*, non seulement les États-Unis n'étaient pas en situation de plein-emploi, mais ils s'en éloignaient chaque année un peu plus ! Au bout de trente ans de crise, au bout de trente années passées à attendre le retour de la croissance, il faut le dire avec force : la croissance n'est pas la solution.

Pourquoi ? Pourquoi ce qui était vrai il y a trente ou quarante ans (« la croissance donne l'emploi ») ne l'est-il plus aujourd'hui ? À cause de la grande révolution du

1. Source *Economic Report of the President*, 2007.

Durée du travail aux États-Unis depuis 1965

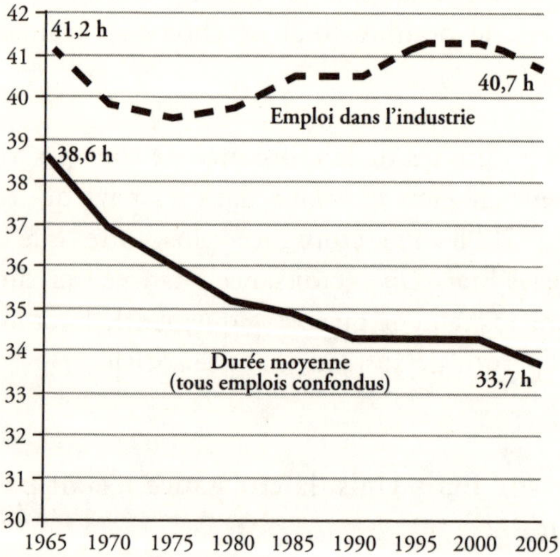

Source : Economic Report of the President – Février 2007.

dernier tiers du XXe siècle : la révolution de la productivité. La révolution des robots et de l'informatique.

Entre 1970 et 2000, on a augmenté la productivité du travail bien plus que sur les deux siècles précédents. Quand ils étaient étudiants, au début des années 1970, nos dirigeants ont tous entendu parler d'une révolution industrielle : celle de Ford et Taylor dans les années 1910-1930 (voir Charlot dans *Les Temps modernes*), mais cette première révolution industrielle, qui, à l'époque, avait profondément bousculé le monde du travail américain – jusqu'à provoquer la crise de 1929 –, était de très faible ampleur par rapport à celle que nous connaissons depuis 1970. Sur la courbe ci-dessous, la révolution industrielle de 1900-1920 apparaît comme une petite vaguelette, en comparaison des gains de productivité faramineux réalisés depuis l'invention du microprocesseur en 1971.

La productivité en France depuis 1820

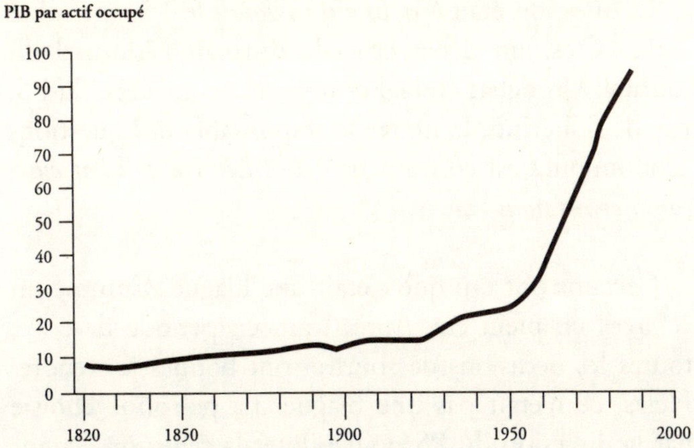

Source : Insee. Deux siècles de travail en France.

Si l'on n'intègre pas les gains de productivité colossaux réalisés depuis quarante ans, on ne peut pas comprendre pourquoi la croissance ne suffit plus à créer de l'emploi. Si l'on ne prend pas en compte cette révolution, on ne peut saisir pourquoi ce qui était vrai il y a quarante ans (« la croissance donne l'emploi ») ne l'est plus aujourd'hui. Sans cette révolution, on ne peut comprendre les raisons profondes de l'augmentation massive du chômage et de la précarité dans tous nos pays depuis 1970.

Du fait des gains de productivité, miser sur la croissance était déjà une erreur avant qu'éclate la crise des *subprimes*, mais maintenant ? Maintenant que le voile se lève sur l'énormité des dettes accumulées dans les pays qui tiraient la croissance mondiale, est-il possible de compter encore sur la croissance pour sortir de la crise ? Non.

Quelle politique de gauche sans croissance ?

La question était à la une du *Monde* le 1er septembre 2012. C'est un débat crucial, affirmait l'éditorial du journal. Un débat crucial et urgent car, au siège du PS, rue de Solférino, la nouvelle responsable des questions économiques est convaincue que : *Les Trente Glorieuses sont devant nous* [1] !

Certains ont cru que c'était une blague. Comme un 1er avril en plein été. Après tout, en période de crise, toutes les occasions de sourire sont bonnes à prendre. Hélas, ce n'était pas une blague. La personne choisie par la direction du PS pour piloter la réflexion économique pense réellement que les Trente Glorieuses sont devant nous. On aimerait y croire : c'est sans doute très agréable de penser que la crise n'était qu'une parenthèse, un mauvais rêve qui va bientôt s'achever : la croissance va revenir et va régler tous les problèmes. C'est très reposant, mais est-ce bien crédible ?

Quand Patrick Artus affirme que « la zone euro est partie pour vingt ans de crise » ; quand la bulle immobilière éclate en Chine et que le Japon annonce une baisse de 12 % de ses exportations vers la Chine ; quand Ben Bernanke affirme que « les États-Unis s'approchent de la falaise » et que son numéro deux avoue que « personne au sein de la banque centrale ne sait réellement ce qui marchera pour remettre l'économie sur la bonne voie [2] » ; qui peut croire que les Trente Glorieuses sont devant nous ?

1. *Les Trente Glorieuses sont devant nous*, Karine Berger et Valérie Rabault, Rue Fromentin, 2011.

2. Déclarations de Richard Fisher, président de l'antenne de la Réserve fédérale à Dallas. Cité dans *Le Figaro* du 20 septembre 2012.

Ne faut-il pas rompre avec cette pensée magique et affronter enfin la réalité ?

> « Si les hommes auxquels le pouvoir est confié interprètent convenablement la réalité historique, ils peuvent favoriser des accouchements, les rendre moins pénibles, moins douloureux, ou, au contraire, freiner tel ou tel progrès. »
>
> Pierre Mendès France

Mendès avait raison : la première mission de ceux auxquels le pouvoir est confié est d'*interpréter convenablement la réalité historique*. Sans un changement majeur de politiques, quel est le scénario le plus probable ? Allons-nous vers les Trente Glorieuses ou allons-nous vers « une crise qui risque d'être plus grave que celle de 1930 », comme le dit le gouverneur de la Banque d'Angleterre ?

La gauche, en France, a tous les leviers pour agir. Elle n'a pas le droit à l'erreur dans son analyse de la situation économique : soit nous pensons que les Trente Glorieuses sont devant nous, et il suffit d'une bonne gestion des deniers publics avec quelques emplois-jeunes pour passer les mois qui nous séparent de l'Embellie. Soit nous pensons, au contraire, que nous allons vers une deuxième crise bien plus grave que celle de 2008, et il est urgent, comme le disait Mendès, de favoriser l'accouchement d'une nouvelle société avant que l'ancienne ne s'effondre. Ce sont deux stratégies radicalement différentes. Il faut choisir.

Le cerveau humain est construit de telle façon que, face à une situation nouvelle et anxiogène, il est normal de traverser une phase de déni. Mais, après trente ans de ralentissement de la croissance et cinq ans après le début de la crise des *subprimes*, notre responsabilité collective n'est pas de prolonger cette phase de déni en entretenant l'espoir que les problèmes vont se régler d'eux-mêmes : « Les libéraux croient aux marchés autorégulés. À Solférino, certains semblent croire à la crise autoévacuée. »

Sans croissance, la gauche au pouvoir est-elle condamnée à décevoir ? C'est aujourd'hui LA question fondamentale. Il ne sert à rien de l'esquiver. Et pour nous, la réponse est non. Évidemment non !

1. On peut agir avec force pour éviter la récession. La récession n'est pas une fatalité. Au niveau national comme au niveau européen, on peut « sortir du carcan ».

2. Même avec une croissance atone, nous pouvons retrouver le chemin de la justice sociale. À condition de réfléchir et d'agir autrement.

Quelle politique de gauche sans croissance ? Paul Krugman a raison de refuser l'austérité (et nous allons montrer maintenant qu'on peut aller vers l'équilibre des finances publiques sans austérité), mais il a raison aussi de douter, au fond de lui, de l'effet qu'aurait une vague de dépense pour relancer la croissance. Nous allons montrer également qu'on peut sortir du chômage sans croissance.

Chapitre IX

Éviter la récession Retrouver l'équilibre des finances publiques sans austérité

« Avec le projet de budget pour 2013, notre pays entre dans un tunnel de rigueur dont personne n'entrevoit la sortie.

Les 20 milliards de hausses d'impôts essentiellement concentrées sur les hauts revenus et les entreprises ne rassurent pas les classes moyennes qui savent pertinemment qu'elles devront, elles aussi, passer à la caisse. Maladroitement démentie par le gouvernement après avoir été clairement évoquée pour alléger le coût du travail ou financer l'assurance-maladie, la hausse de la CSG se profile au cours du quinquennat et l'on ne peut exclure que la TVA augmente aussi.

Le pays est en train d'entreprendre, contre son gré, une cure d'ajustement de grande ampleur. Il le fait dans les pires conditions, car la campagne électorale n'a pas servi à l'éclairer.

Avec plus de trois millions de chômeurs et pas de perspective d'amélioration à court terme, les conditions sont réunies pour un nouvel accès de déprime collective et une nouvelle poussée de populisme sans qu'aucune digue solide ait été construite pour la contenir.

La gauche parie sur le rejet de la droite pour s'en sortir et la droite sur la faiblesse de la gauche pour revenir. Le PS ressemble à une maison vide et l'UMP,

> fracturée par la guerre Fillon-Copé, fait penser au clan des Siciliens.
> C'est cette accumulation de faiblesses qui aujourd'hui saute aux yeux, révélant une inquiétante impréparation des partis de gouvernement à affronter l'épreuve. »

Le réquisitoire de Françoise Fressoz est sévère [1] mais bon nombre de citoyens partagent sans doute son inquiétude : sommes-nous entrés dans un tunnel de rigueur sans fin ? Le retour à l'équilibre des finances publiques va-t-il forcément nous conduire à la récession ? Les nouveaux responsables de notre pays vont-ils échouer à nous sortir de la crise comme avait échoué l'équipe précédente ?

À nos yeux, il n'y a aucune fatalité à ce tunnel de rigueur qui débouche sur une crise économique, sociale et politique majeure. Voilà neuf propositions concrètes pour éviter la récession, redonner de l'air à nos économies et à nos finances publiques.

1. Court-circuiter les banques privées pour financer l'essentiel des dettes publiques

Est-il normal que les États payent 600 ou 700 fois plus cher que les banques privées ? On a appris il y a un an que la Réserve fédérale américaine a secrètement prêté aux banques privées en difficulté la somme de 1 200 milliards au taux incroyablement bas de 0,01 %.

Au même moment, les peuples d'Europe subissent de plein fouet des plans d'austérité car les marchés ne prêtent de l'argent à certains États qu'à des taux d'intérêt de 6, 7 ou 11 %. Asphyxiés par de tels taux, les

1. Françoise Fressoz est éditorialiste au *Monde*. Éditorial du 28 septembre 2012.

gouvernements sont poussés à bloquer les retraites, les allocations familiales ou les salaires des fonctionnaires et à couper dans les investissements, ce qui accroît le chômage et va faire plonger toute l'Europe dans une récession d'une extrême gravité.

Est-il normal que, *à cause de la crise*, les banques privées puissent bénéficier de taux à 0,01 % aux USA et 1 % en Europe mais que, *à cause de la crise*, les États soient obligés de payer des taux bien plus élevés ? « Être gouverné par l'argent organisé est aussi dangereux que par le crime organisé », affirmait Roosevelt. On ne peut pas continuer à chouchouter les banques en maltraitant les peuples.

Comment donner de l'oxygène à nos finances publiques immédiatement ? L'essentiel des sommes que nos États empruntent sur les marchés financiers concerne des dettes anciennes, des dettes qui arrivent à échéance et que nous sommes incapables de rembourser si nous ne nous sommes pas réendettés pour les mêmes montants quelques heures avant de les rembourser.

Le passé, c'est le passé. Faire payer des taux d'intérêt colossaux pour des dettes accumulées il y a cinq ou dix ans n'aide pas du tout à *responsabiliser* les gouvernements, mais seulement à *asphyxier* nos économies au profit de quelques banques privées. Il faut en finir avec ce « deux poids, deux mesures » ! En nous inspirant de ce qu'ont fait les Banques centrales pour sauver le système financier, nous proposons [1] que la « vieille dette » de nos États puisse être refinancée à des taux proches de 0 %.

Il n'est pas besoin de modifier les traités européens pour mettre en œuvre cette idée : certes, la BCE n'est pas autorisée à prêter aux États membres, mais elle peut

1. Voir la tribune que nous avons publiée ensemble dans *Le Monde* du 3 janvier 2012.

prêter aux organismes publics de crédit (article 21.3 du statut du système européen des Banques centrales) et aux organisations internationales (article 23 du même statut). Elle peut donc prêter à 1 % à la Banque européenne d'investissement, à la Caisse des dépôts ou à telle ou telle banque publique nationale qui, elles, peuvent prêter à 1,1 % aux États qui s'endettent pour rembourser leurs vieilles dettes.

Rien n'empêche de mettre en place de tels financements dès le mois prochain ! Cela changerait radicalement la situation pour la Grèce, l'Italie, le Portugal et l'Espagne et cela ferait gagner plus de 10 milliards chaque année à la France comme à l'Allemagne.

La Banque centrale européenne a annoncé le 6 septembre qu'elle allait changer ses pratiques et financer dans certaines conditions la dette des États. C'est un premier pas, mais ces conditions sont encore beaucoup trop restrictives. Comme le dit Joseph Stiglitz [1], « la BCE doit cesser de conditionner son rachat d'obligations d'État à des cures d'austérité. Ces saignées tuent le malade ».

Si l'Europe est au service des peuples et non des banquiers, il doit être évident pour tous, et immédiatement, que la dette ancienne doit être refinancée à un taux réel proche de 0.

2. Pour mettre fin au dumping fiscal européen, créer un impôt européen sur les dividendes

Le taux d'impôt sur les bénéfices des entreprises n'est que de 25 % en moyenne en Europe contre 40 % aux États-Unis [2]. C'est le monde à l'envers ! On croyait que

---

1. *Libération*, 10 septembre 2012.

2. *Le Monde*, 12 avril 2006. Il s'agit là du taux nominal, du taux « officiel ». Des deux côtés de l'Atlantique, le taux réel de

les États-Unis étaient les plus libéraux, mais ils taxent plus que nous les bénéfices des entreprises.

Depuis l'adhésion de l'Irlande et de la Grande-Bretagne, en 1973, tous les États sont poussés au moins-disant fiscal par ceux qui baissent leur impôt sur les bénéfices pour attirer les entreprises. L'Irlande a baissé son taux à 12 % et tous les États membres ont dû baisser leur impôt sur les bénéfices… Au niveau européen, le taux moyen d'impôt sur les bénéfices a baissé d'un tiers en vingt ans. Ce dumping fiscal est l'une des causes importantes de l'endettement public. Jamais il n'y a eu autant de bénéfices, mais jamais l'impôt sur les bénéfices n'a été aussi faible !

Évolution du taux moyen de l'impôt
sur les bénéfices en zone euro
1995-2011

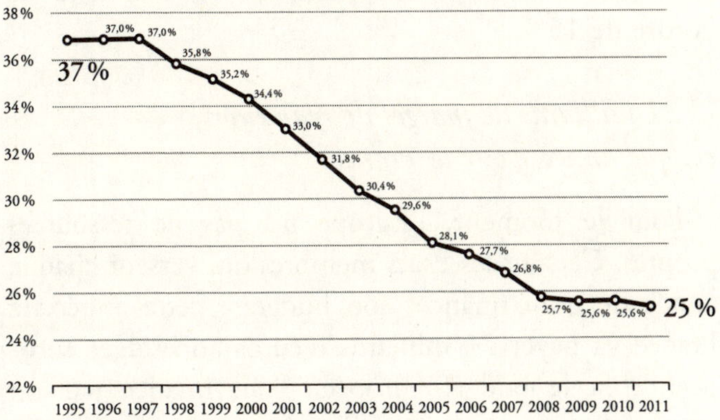

Source : Eurostat.

Le dernier dumping fiscal d'une telle ampleur a eu lieu aux États-Unis dans les années 1920 : le Texas

prélèvement sur les bénéfices est plus faible à cause de multiples exonérations.

baissait ses impôts pour attirer les entreprises. La Floride faisait de même. Puis l'Ohio… Les entreprises – et leurs actionnaires – profitaient sans complexe de ce dumping fiscal. Jusqu'à ce qu'éclate la crise de 1929. Les États se rendirent compte alors que leurs caisses étaient vides et qu'ils n'avaient les moyens ni d'aider les chômeurs ni de relancer l'activité en augmentant les dépenses publiques !

Dès qu'il arrive au pouvoir, Roosevelt crée un impôt fédéral sur les bénéfices pour rendre impossible le dumping entre États voisins. Mais en Europe, au contraire, aucun impôt européen ne permet de limiter le dumping entre voisins. Voilà comment nous sommes arrivés à un taux d'imposition de 15 points inférieur à celui des États-Unis. Aucun pays d'Europe ne peut augmenter de 15 points son taux d'impôts sur les bénéfices mais rien ne nous empêche d'agir au niveau européen en créant un impôt européen sur les bénéfices de l'ordre de 15 %.

21 milliards de marges de manœuvre, chaque année, pour la France

Pour le moment, l'Europe n'a pas de ressources propres. Ce sont les États membres qui versent chaque année de quoi financer son budget : cette année, la France va payer 21 milliards d'euros au budget européen [1]. Si le budget européen était financé par un impôt européen, ces 21 milliards resteraient dans les caisses de Bercy, ce qui diminuerait d'autant notre déficit.

---

1. Inutile de rappeler que nous allons aussi en tirer profit, via la politique agricole, les aides structurelles et les nombreuses politiques européennes dont nous bénéficions.

Quel impôt européen instaurer ? On peut créer un impôt sur les dividendes (les bénéfices des entreprises qui sont donnés aux actionnaires), puisque c'est l'impôt sur les entreprises qui a fortement diminué depuis vingt ans, au profit des actionnaires bien plus que de l'investissement. Une écotaxe permettrait également de renforcer les ressources propres de l'Europe, tout en incitant les entreprises à diminuer leur consommation d'énergie.

L'idée de créer un impôt européen avait déjà été avancée par Jacques Delors dans les années 1980. Après presque trente ans de réflexion [1], n'est-il pas urgent de passer à l'action ?

Puisque le sommet des chefs d'État des 18-19 octobre a lancé la négociation d'un nouveau traité, il est urgent que les socialistes européens se rassemblent pour exiger la création d'un impôt européen sur les dividendes.

3. Mettre fin au sabordage fiscal national et oser une vraie « révolution fiscale »

Pour sortir de notre dépendance aux marchés et rééquilibrer nos comptes publics, il est envisageable d'annuler une bonne partie des baisses d'impôts octroyées aux grandes entreprises et aux citoyens les plus riches depuis dix ans afin de gagner une marge de manœuvre au niveau national.

1. Voir aussi « Pour un impôt européen », par Michel Rocard et Pierre Larrouturou, dans *Libération*, le 19 mars 2004. « Un homme politique a le choix entre se redire ou se dédire », affirmait parfois Pierre Mendès France. Sur cette question comme sur d'autres, nous avons tendance à nous répéter en espérant un jour être entendus.

Le rapport du député UMP Gilles Carrez, publié le 5 juillet 2010, montre que, en supprimant l'ensemble des baisses d'impôts votées depuis 2000, l'État aurait *chaque année* 100 milliards de plus dans ses caisses. Si nous revenions simplement à la fiscalité de 2000 (nul ne la jugeait confiscatoire ou soviétiforme), notre déficit se transformerait en excédent !

Baisse des impôts en % du PIB

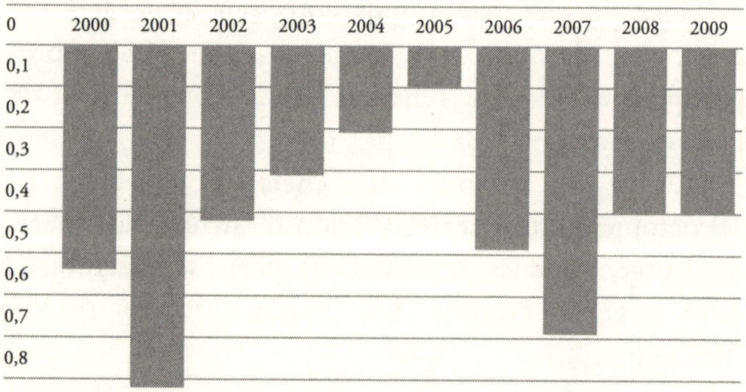

Source : *Les Échos*, 5 juillet 2010.

Une première étape a été franchie cet été avec l'annulation de la loi TEPA mais il reste encore beaucoup à faire. Quand Roosevelt arrive au pouvoir, le taux d'impôt applicable aux citoyens les plus riches est de 25 %. Roosevelt décide de le porter immédiatement à 63 %, puis à 79 %. « Pendant près de cinquante ans, jusqu'à l'arrivée de Ronald Reagan, explique Thomas Piketty, le taux supérieur de l'impôt ne descendit jamais au-dessous de 70 %. » Et l'économie américaine a très bien fonctionné pendant ces cinquante années. Elle a fonctionné sans avoir besoin de s'endetter.

Si nous créions un impôt européen et si nous annulions ne serait-ce qu'un tiers des baisses d'impôt votées depuis dix ans, notre déficit public ne serait plus que de 20 milliards. À peine 1 % du PIB. Et si, dans le même temps, nous diminuions le coût de notre vieille dette (47 milliards prévus en 2013), nous ne serions plus très loin de l'équilibre.

Il faut dire à Françoise Fressoz et à toutes celles et ceux qui partagent son inquiétude que 2013 est la dernière année avec un budget « sous contrainte européenne ». Si nous sommes capables de convaincre et de créer un vrai rapport de forces pour peser sur les négociations qui viennent de s'ouvrir à Bruxelles, l'année prochaine, l'Europe ne sera pas une cause d'austérité, mais un vrai ballon d'oxygène en matière de finances publiques.

Revenir sur les erreurs du passé ne suffit pas. Il faut aller plus loin et mettre en œuvre une vraie réforme de l'impôt sur le revenu, comme le proposent Camille Landais, Thomas Piketty et Emmanuel Saez. Après avoir prouvé que l'impôt sur le revenu est de moins en moins progressif, Piketty et ses amis proposent un nouvel impôt, qui remplacerait un grand nombre de taxes existantes, notamment la contribution sociale généralisée (CSG), l'actuel impôt sur le revenu (IRPP), le prélèvement libératoire, la prime pour l'emploi, le « bouclier fiscal ».

Ce nouvel impôt sur le revenu sera prélevé à la source sur les revenus du travail et du capital comme la CSG et avec la même assiette que cette dernière, avec un barème clairement progressif[1]. Une partie des recettes de ce nouvel impôt sur le revenu sera affectée aux dépenses sociales, de la même façon que l'actuelle CSG.

---

1. Voir Camille Landais, Thomas Piketty et Emmanuel Saez, *Pour une révolution fiscale*, Le Seuil, 2011.

Ce nouvel impôt sur le revenu est beaucoup plus simple et transparent que le système existant. Et il permet de rétablir la progressivité globale de notre système fiscal, et donc de corriger l'injustice du système actuel.

4. Lutter radicalement contre les paradis fiscaux

« Il s'agit de mettre la main sur 40 à 50 milliards d'euros chaque année. » Le rapport du Sénat sur les paradis fiscaux adopté à l'unanimité (de l'UMP au Parti communiste) le 24 juillet 2012 montre que l'évasion fiscale « représente, au moins, le montant du remboursement des intérêts de la dette française chaque année ».

40 à 50 milliards perdus chaque année pour le budget de la France à cause des paradis fiscaux. C'est colossal. Plutôt que d'imposer aux peuples des plans d'austérité qui aggravent la crise, tous nos États doivent déclarer la guerre aux paradis fiscaux :

– en rendant obligatoire la transparence des comptes des entreprises : toutes les entreprises doivent rendre des comptes sur leur activité pays par pays et déclarer l'existence de filiales dans des paradis fiscaux ou des centres *offshore* ;

– en mettant fin à la pratique de l'optimisation fiscale des groupes internationaux via les prix de transfert. Il faut transposer au niveau européen l'*apportionment* existant aux États-Unis, qui oblige chaque entreprise transétatique à déclarer sa masse salariale, son chiffre d'affaires et ses investissements État par État. Son niveau d'imposition est alors calculé en fonction de ces trois paramètres et non plus du seul profit déclaré, lequel est systématiquement transféré dans les zones fiscalement intéressantes ;

– en boycottant les entreprises ayant des filiales dans ces paradis fiscaux : plus aucune commande publique à une entreprise (banques, entreprises de travaux publics, fournisseurs de systèmes informatiques…) qui a des filiales dans des paradis fiscaux et qui échappe ainsi aux impôts finançant l'école, la santé, la police ou les retraites. Cette règle devrait être inscrite sans tarder dans le Code des marchés publics.

Si la France osait être pionnière dans ce domaine, nous sommes certains que les peuples voisins feraient pression sur leurs dirigeants pour qu'ils agissent très vite dans le même sens.

5. Sécuriser les salariés, lutter contre les licenciements

L'Allemagne a connu en 2009 une crise économique deux fois plus grave que notre pays, car elle a subi de plein fouet l'effondrement de ses exportations. Pourtant, malgré un choc économique deux fois plus fort, le chômage a augmenté six fois moins en Allemagne qu'en France [1].

	Récession 2009	Évolution du chômage
Allemagne	– 5,1 %	+ 220 000
France	– 2,8 %	+ 1 200 000

Comment expliquer ce « miracle » ? Les syndicats sont allés voir Angela Merkel pour exiger que le licenciement devienne le dernier recours : la règle générale

1. L'évolution du chômage est calculée entre le point bas de la courbe (le moment où le chômage commence à augmenter à cause

est de garder le maximum de salarié(e)s, le maximum de compétences dans l'entreprise. C'est le Kurzarbeit.

Le Kurzarbeit ? Au lieu de licencier 20 % des effectifs, une entreprise qui voit baisser son chiffre d'affaires de 20 % va baisser son temps de travail de 20 % et garder tous les salariés. Le salaire baisse, mais l'État maintient l'essentiel du revenu. Ce qui revient moins cher que de financer un chômeur si l'on tient compte de tous les coûts induits et des pertes de rentrées fiscales et sociales. Le Kurzarbeit a concerné *1 500 000 salariés* qui ont *baissé de 31 % leur temps de travail* en moyenne.

Si l'on pense que le monde rentre dans une nouvelle récession ou dans une période de croissance très faible, il est vital pour notre cohésion sociale de tout faire pour limiter les licenciements en s'inspirant de ce qui a été fait en Allemagne. Cela va évidemment à l'encontre du « travailler plus » de Nicolas Sarkozy, mais peut éviter des centaines de milliers de licenciements.

Aux États-Unis, pour éviter les licenciements, vingt-trois États ont déjà mis en place fin 2012 un système de partage du travail pour un passage à 30 heures par semaine. Des projets de loi ont été déposés à la Chambre des représentants pour inciter les autres États à s'en inspirer.

Pour Dean Baker, directeur du Centre de recherche d'économie politique de Washington, « le principe est tellement simple que *même un économiste peut le comprendre*. Au lieu de payer les gens à ne rien faire – sous la forme d'indemnités de chômage –, on leur permet

---

de la crise) et le point haut (le moment où il commence à se stabiliser ou à diminuer).

de conserver leur poste en travaillant moins. La première ligne de défense durant une récession devrait consister à accroître le partage du travail plutôt qu'à simplement prolonger les prestations de chômage ».

La lettre envoyée par Michel Sapin aux partenaires sociaux le 8 septembre 2012 incite à négocier sur ce point. Toutefois, vu la gravité de la situation, on ne peut pas attendre la fin de la négociation (prévue par certains en mars 2013) et un hypothétique consensus pour agir avec force contre les licenciements. Il faut aller plus vite et généraliser des systèmes semblables au Kurzarbeit sans délai.

6. Sécuriser les chômeurs

Tous les mois, des dizaines de milliers d'hommes et de femmes arrivent en fin de droits et basculent dans une très grande précarité. En 2010, le nombre de personnes vivant en dessous du seuil de pauvreté a augmenté de 400 000 [1]. Alors que 2010 ne fut pas une année de récession, plus de 400 000 nouveaux pauvres, sans compter leurs enfants… C'est un vrai drame ! C'est indigne d'un pays aussi riche que le nôtre. Allons-nous attendre qu'ils meurent de froid cet hiver pour réagir ?

Au regard de la gravité de la crise, il est urgent de prolonger l'indemnisation des chômeurs et d'améliorer leur accompagnement et leur accès à la formation. Pour éviter que chômage ne soit synonyme de précarité, pauvreté ou déqualification, il faut regarder ce qui se fait au Danemark en la matière. La plupart des salariés qui perdent leur emploi peuvent conserver 90 % de leur

1. Chiffres Insee du 8 septembre 2012.

revenu pendant quatre ans, dès lors qu'ils sont bien en recherche d'emploi ou en formation.

Prolonger l'indemnisation des salarié(e)s au chômage, c'est l'une des premières mesures qu'a prises Roosevelt en 1933. C'est aussi l'une des premières mesures prises par Churchill quand il devient Premier ministre. C'est une mesure de bon sens, qui peut être adoptée en quelques jours [1].

Les salariés représentent plus de 90 % des actifs, mais il est évident qu'il faut aussi améliorer l'indemnisation des artisans ou des patrons de PME qui font faillite et se retrouvent parfois dans des difficultés plus grandes encore que les salariés sans emploi. Au-delà de cette mesure d'urgence, un débat doit s'engager sur l'unification et la simplification de l'ensemble des dispositifs de couverture sociale dans la perspective de *créer un véritable bouclier social* [2].

7. Pour interdire aux banques de spéculer avec notre argent, séparer les banques de dépôt et les banques d'affaires

Séparer les banques de dépôt et les banques d'affaires est le meilleur moyen d'empêcher les banques de

1. Le plan de rigueur annoncé fin août 2011 par François Fillon était définitivement adopté le 8 septembre 2011, le Sénat ayant « voté conforme » le texte adopté la veille par l'Assemblée nationale. Si un plan de rigueur est voté en deux semaines, pourquoi faut-il des années pour faire voter certaines réformes de justice sociale ?

2. Voir en particulier la proposition d'allocation universelle du Centre des jeunes dirigeants d'entreprise, qui regroupe plus de 4 000 chefs d'entreprise. Afin de lutter contre l'extrême pauvreté, le CJD propose une allocation de 400 euros par mois pour les adultes (200 pour les mineurs), versée sans aucune condition, de la naissance à la mort, et financée par un prélèvement progressif sur l'ensemble des revenus.

prendre nos gouvernements en otage quand elles font des pertes sur leurs activités risquées. Tant que ces deux activités coexistent dans la même entité, nous sommes face à un non-sens : quand tout va bien, l'essentiel des bénéfices va aux actionnaires mais, lorsque la banque d'affaires perd quelques milliards, elle se retourne vers l'État, exigeant que celui-ci éponge ses dettes, sous peine de provoquer la faillite de la banque de M. et Mme Tout-le-monde : *Pile, je gagne. Face, tu perds.*

Avec ce système, les actionnaires des banques d'affaires bénéficient d'une assurance tous risques payée par les contribuables. Tandis que, si ces activités sont strictement séparées, les banques d'affaires prennent des risques plus faibles et versent à leurs dirigeants des salaires moins obscènes. Ce fut la règle pendant des décennies et notre économie s'en est très bien portée !

Pour protéger l'épargne des citoyens et ne pas faire courir de risques aux finances publiques ni au financement de l'économie réelle, le principe d'une séparation étanche entre banques de dépôt et banques d'affaires vient d'être acté en Grande-Bretagne. Sage décision. Mais c'était sans compter les lobbys, qui ont obtenu que son application soit repoussée à… 2019 ! C'est évidemment beaucoup trop tard. Vu le risque d'une crise majeure imminente sur les marchés financiers, il faut mettre en œuvre cette réforme sans tarder pour protéger l'économie réelle. En 1933, aux États-Unis, les banques n'ont eu que quelques semaines pour le faire, elles n'en sont pas mortes.

Un des intérêts de cette réforme serait aussi d'obliger les banques de dépôt à être bien plus au service des PME qu'elles ne le sont aujourd'hui. Si les banques ne peuvent plus utiliser nos dépôts pour des activités spéculatives à 10 ou 15 % de rentabilité, elles accueilleront sans doute mieux les responsables de PME qui ont besoin de financer des projets de développement « normaux ».

Il était prévu qu'une loi séparant les banques de dépôt et les banques d'affaires soit votée en juillet 2012. Alors que ce livre part à l'imprimerie, la loi n'a pas encore été votée. Beaucoup craignent une réforme édulcorée : « Un consensus au profit des banques », s'inquiétait *Challenges* le 2 décembre 2012. Si l'on pense qu'un tsunami se prépare sur les marchés financiers, il est urgent de faire comprendre aux lobbys financiers qu'il faut protéger l'économie réelle et les banques de dépôt en plaçant un caisson le plus étanche possible entre les marchés financiers et l'économie réelle. Il est temps que les actionnaires des banques d'affaires assument pleinement leurs responsabilités.

Il est essentiel d'en finir avec l'irresponsabilité des financiers. Depuis deux ans, c'est une véritable guerre que certains spéculateurs ont déclarée à la zone euro et, à travers elle, à l'ensemble de la stabilité économique mondiale. Il ne suffit pas de dénoncer verbalement « la nature criminelle de certains comportements du secteur financier [1] », il faut agir avec force pour les mettre hors d'état de nuire.

L'Europe a décidé le 18 octobre 2011 l'interdiction des CDS nus. C'est une bonne chose, mais il faut aller plus loin : supprimer les clauses restrictives qui affaiblissent la portée de ce texte, interdire l'anonymat sur les marchés financiers, interdire purement et simplement l'émission de produits dérivés qui sont déconnectés de tout rapport avec l'économie réelle et décider de sanctions rétroactives pour les responsables ayant eu des comportements fautifs.

1. José Manuel Barroso, le 17 octobre 2011.

Aux États-Unis, l'autorité de surveillance bancaire (FDIC) a décidé le 6 juillet 2011 que les dirigeants des plus grands établissements financiers américains pourront perdre rétroactivement leur rémunération en cas de faillite de leur entreprise. L'État pourra a posteriori « récupérer la rémunération des dirigeants » qui auront été jugés « clairement responsables » de la faillite. Ces personnes pourront désormais se voir opposer un « critère de négligence » lorsqu'elles n'auront pas fait preuve « des compétences et de l'attention que la prudence ordinaire exige de pareille fonction et dans des circonstances semblables ».

Cette règle est importante pour mettre fin à l'irresponsabilité des dirigeants. Il faut la mettre en œuvre dans tous nos pays. Et il faut aller plus loin que les États-Unis en ne visant pas seulement les trois principaux dirigeants, mais l'ensemble des cadres dirigeants et des traders. Pour lutter contre la spéculation, il faut également assurer le caractère de service public des agences de notation.

8. Créer une vraie taxe sur les transactions financières

La création d'une taxe sur les transactions financières en 2008, même à un taux très faible, aurait déjà rapporté entre 300 et 600 milliards [1]. La crise grecque ou la crise des banques espagnoles auraient pu être réglées très vite, sans demander aucun effort aux peuples d'Europe.

---

1. Voir à ce sujet les travaux de Pierre-Alain Muet.

Le 9 octobre 2012, Angela Merkel et François Hollande annonçaient que onze pays européens allaient constituer une coopération renforcée pour créer une taxe sur les transactions financières.

Politiquement, cette décision constitue une avancée majeure : qui aurait pensé il y a dix ans que la droite allemande allait reprendre à son compte la revendication principale des militants d'Attac ? Non seulement Angela Merkel a repris cette proposition, mais elle a réussi à convaincre d'autres dirigeants de la droite européenne de la rejoindre dans son combat et, *last but not least*, est allée à Londres pour obtenir des conservateurs anglais qu'ils renoncent à un droit de veto qui aurait tué dans l'œuf cette coopération renforcée. Pour toutes ces raisons, l'annonce du 9 octobre 2012 est capitale.

Mais le projet en cours de négociation reste décevant : il ne sera concrétisé qu'en 2016 et, pour le moment, les taux de prélèvement envisagés (0,1 ou 0,01 % selon les produits financiers) sont trop faibles, à cause du refus de Londres de mettre en œuvre la taxe sur son territoire.

Puisque Londres s'oppose à la création d'une vraie taxe sur les transactions, il faut sans agressivité mettre les points sur les i et avoir le courage de déclencher une crise clarificatrice :

– le peuple anglais n'en peut plus des inégalités et des politiques d'austérité qui aggravent la récession. N'en déplaise à la City et à ses marchés financiers, la Grande-Bretagne doit trouver des ressources nouvelles. Comme tous les autres États européens ;

– si l'on intègre l'immense dette du secteur financier, la dette totale de la Grande-Bretagne dépasse les 900 % du PIB [1].

1. Source Morgan Stanley, décembre 2011.

Distribution de la dette totale sur dix pays

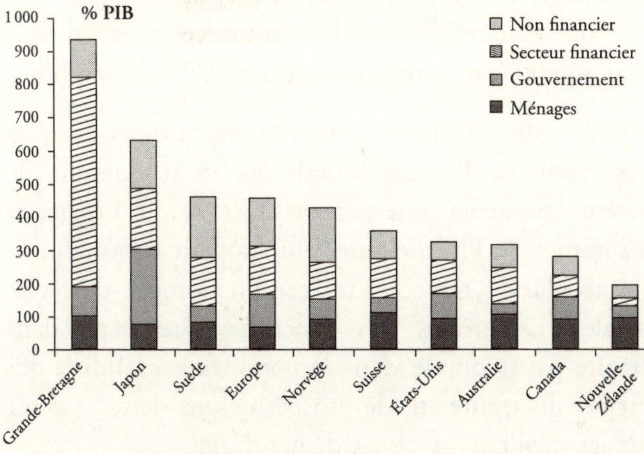

Source : Analytics, Morgan Stanley Research.

C'est dire l'extrême fragilité du « modèle anglais ». Dans deux mois ou dans deux ans, les Anglais viendront supplier l'Europe de les aider pour sauver leurs banques. Il faut mettre le marché sur la table et leur dire que c'est aujourd'hui qu'ils décident si, oui ou non, ils sont dans le même bateau que les autres peuples d'Europe.

Si les Anglais comprennent que, *de fait*, nous avons tous intérêt à être solidaires, nous pouvons mettre en œuvre très vite une taxe Tobin à un taux assez élevé, elle abondera un fonds géré par le Parlement européen qui pourra servir à aider tant les banques espagnoles ou grecques que les banques anglaises. Dans le cas contraire, nous devrons nous résoudre à la limiter au niveau de la zone euro, avec un taux plus faible. Mais les banques anglaises n'auront pas accès au fonds.

Tous nos États ont besoin de dégager des ressources nouvelles. Tous les dirigeants du G20 devraient mettre en œuvre sans tarder cette taxe sur les transactions financières.

9. Pour lutter contre les délocalisations, il faut imposer le respect des normes sociales et environnementales dans le commerce mondial en convoquant un nouveau sommet de Philadelphie

On l'a dit plus haut : en 1944, avant de convoquer le sommet de Bretton Woods qui va reconstruire le système financier international, Roosevelt organisait le sommet de Philadelphie, qui adoptait comme priorité absolue le respect d'un certain nombre de règles sociales. Des règles très concrètes à respecter dans chaque pays comme dans le commerce mondial, qui ont permis trente ans de prospérité sans dette… avant que les néolibéraux ne les démantèlent.

Alors que l'ensemble de notre planète est au bord du précipice et que les discours belliqueux et les risques de conflit se multiplient, il est urgent de convoquer un nouveau sommet de Philadelphie. Aux logiques de dumping social, de recherche de boucs émissaires et de conflit, il est urgent d'opposer un sursaut de coopération et de justice sociale.

Avant d'adhérer à l'OMC, la Chine avait signé vingt-deux conventions sociales de l'Organisation internationale du travail [1]. Pendant dix ans, la Chine a augmenté les salaires plus vite que le reste du monde. Mais, depuis que Bill Clinton a donné son feu vert à l'adhésion de la Chine à l'OMC, ce pays s'est engagé dans une stratégie de dumping social sans précédent et ne respecte aucune des conventions sociales qu'il avait signées.

---

1. Entre autres, la semaine de 44 heures, la journée de 8 heures, le droit à un salaire décent, le droit à un logement décent…

Évolution des coûts salariaux
en Chine par rapport au reste du monde

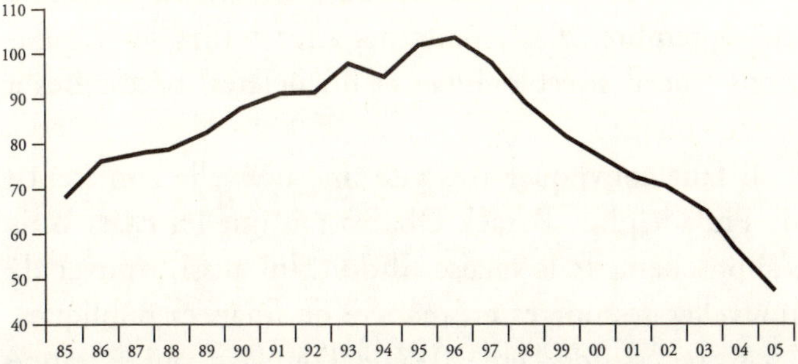

Source : FactSet.

C'est très préjudiciable autant pour son peuple – des centaines de millions de Chinois pourraient bénéficier de conditions de vie beaucoup plus décentes – que pour son économie – vu la faiblesse du salaire moyen, la consommation intérieure ne représente que 28 % du PIB, ce qui explique l'instabilité de l'économie chinoise – et pour les autres peuples de la planète qui voient une partie de leur production industrielle partir vers la Chine.

L'adhésion de la Chine à l'OMC aurait été impossible sans la signature de ces conventions sociales. En participant à un nouveau sommet de Philadelphie, la Chine et les autres pays à très faibles salaires peuvent éviter la mise en œuvre de mesures immédiates de protectionnisme en Europe et aux Etats-Unis. Mais ces pays doivent très clairement s'engager à respecter enfin les normes sociales et les normes écologiques auxquelles ils se sont engagés avant d'adhérer à l'OMC.

Le président de la République François Hollande peut proposer l'organisation d'un nouveau sommet de Philadelphie. Maintenant qu'il est réélu pour un dernier mandat, Barack Obama peut agir plus librement que durant son premier mandat, que ce soit en matière fiscale ou en matière écologique. On ne peut pas attendre le prochain sommet du G20, chez M. Poutine en septembre 2013, pour négocier toutes les régulations (sociales, écologiques et financières) nécessaires à notre époque.

Il faut convoquer très vite une nouvelle conférence de Philadelphie. Barack Obama sait que les États-Unis s'approchent de la falaise. Il doit, lui aussi, trouver de nouvelles ressources en matière de finances publiques. La sécheresse de l'été 2012 et l'ouragan qui a frappé New York trois mois plus tard ont marqué les esprits et la question du climat est mieux comprise par un bon nombre d'Américains. Obama a déjà annoncé qu'il allait changer de conseillers en matière économique. C'est le bon moment pour tout mettre sur la table au niveau du G20.

Lors de ce sommet extraordinaire, l'Europe doit annoncer que, si la Chine continue à ne pas respecter les conventions sociales qu'elle a signées, elle établira d'ici quatre ans des taxes aux frontières qui permettront de rétablir les conditions d'un échange juste. Le fruit de ces taxes ira dans un fond à disposition des salariés chinois.

L'Europe est le premier partenaire commercial de la Chine. Elle a donc une véritable capacité de négociation. D'autant plus que la Chine voit sa croissance ralentir très fortement et veut absolument conserver son premier débouché.

Rien n'oblige à laisser la mondialisation sans règles sociales ni écologiques. Pendant quarante ans, l'Europe a été un espace de régulation. Si l'on veut éviter l'effondrement de nos économies et le développement de logiques guerrières, il est urgent de faire revivre, très concrètement, l'esprit de Philadelphie.

Bonne nouvelle ! Pas besoin d'austérité pour retrouver l'équilibre des finances publiques. Pendant la campagne présidentielle, certains ont voulu nous faire croire qu'aucune alternative à l'austérité n'existe et que le seul choix qui se présentait à nous était entre une austérité de droite et une austérité de gauche. C'est évidemment faux ! Les premières mesures votées après l'arrivée de la gauche au pouvoir ont montré qu'une autre logique était possible.

Il faut aller maintenant plus loin : on peut très bien sauver l'euro et rétablir une gestion saine de nos finances publiques sans imposer un plan d'austérité aux classes moyennes et à toutes celles et ceux qui souffrent déjà cruellement de la crise.

Chapitre X

Lutter contre le chômage Construire un nouveau modèle de développement

Sortir du tunnel de la rigueur, éviter l'explosion de la zone euro tout en évitant la récession – les deux étaient évidemment liées – est la priorité absolue. Mais il faut, dans le même temps, mettre en œuvre des politiques qui permettent de sortir du chômage de masse et de faire naître un nouveau modèle de développement. Créer de nouvelles activités est tout à fait possible en répondant aux besoins fondamentaux de nos concitoyens.

1. Investir massivement dans le logement

Comment trouver les financements nécessaires pour une vraie politique du logement ? En activant divers dispositifs (aides à la pierre, hausse du plafond du livret A, etc.), le budget 2013 prévoit de dégager 2 milliards de ressources nouvelles pour le logement [1]. Deux milliards, c'est bien mais totalement insuffisant pour faire face au manque de logements dans la plupart de nos régions.

1. *Libération,* 29 septembre 2012.

Aux Pays-Bas, une grande partie du Fonds de réserve des retraites (FRR) a été investie dans la construction de logements sociaux (et non pas sur les marchés financiers). Pourquoi ne pas faire de même en France ? En France, les 30 milliards de ce fonds sont actuellement placés sur les marchés financiers. Il a perdu une grande partie de sa valeur depuis le début de la crise des *subprimes* !

Aux Pays-Bas, les partenaires sociaux ont depuis longtemps créé un fonds de réserve et l'ont utilisé pour construire des logements. Ainsi, plus de 50 % du parc de logement est la propriété de coopératives rattachées à des syndicats.

Les logements ont, en moyenne, une surface un peu plus grande qu'en France, avec une vraie mixité sociale dans chaque immeuble ou chaque pâté de maisons. Les loyers sont plus faibles car ils ne sont pas fixés par les lois du marché mais par la volonté des syndicats et des coopératives. En France, en utilisant les 30 milliards du FRR pour constituer des logements au lieu de les laisser sur les marchés financiers, on pourrait créer massivement des emplois : entre 250 000 et 300 000 emplois en trois ans, d'après les chiffes de la Fondation Abbé Pierre et ceux du patronat du bâtiment.

Investir dans le logement est rentable car cela génère des loyers. Tous les calculs montrent que, sur vingt-cinq ans, investir dans la construction de logements est aussi rentable et nettement plus sûr et juste que d'investir sur des marchés financiers [1] qui peuvent

1. La performance réelle annualisée du FRR français n'est que de 1,6 % par an. Voir le bilan du FRR rendu public le 4 mars 2011, avant la crise de l'été 2011.

s'effondrer du jour au lendemain… De plus, en rééquilibrant le marché, une vraie politique du logement fait baisser les loyers de millions de locataires et distribue du pouvoir d'achat à des millions de ménages.

Les chiffres d'Eurostat montrent que le loyer moyen payé en Allemagne est de 8,40 euros par mètre carré contre 12,40 euros en France – hors Paris et Nice ! Si les loyers tombaient en France au même niveau qu'en Allemagne, l'économie serait de 280 euros chaque mois pour un appartement de 70 m^2. 280 euros d'économies par mois !

	Loyer moyen
Allemagne	8,4 euros/m^2
France	12,4 euros/m^2

2. Déclarer la guerre au dérèglement climatique

Toutes les études publiées avant le sommet de Rio+20, en juin 2012, montrent que le dérèglement climatique est plus rapide et a des conséquences plus graves que ce qu'on annonçait il y a cinq ou dix ans. Si rien ne change, nous risquons bientôt de franchir un seuil après lequel il sera très difficile ou impossible de faire marche arrière. Si nous voulons « gagner la course de vitesse » et sauver notre planète, il ne suffit pas de *parler* de « développement durable » ou de mettre en œuvre très lentement des conventions internationales très peu ambitieuses, il faut AGIR. Il faut qu'un pays apporte très vite la preuve « grandeur nature » qu'on peut effectivement diviser par quatre la production de gaz à effet de serre sans pour autant renoncer à une vie agréable.

En France, aujourd'hui, une vente immobilière ne peut avoir lieu sans un diagnostic amiante et un diagnostic termites. Pourquoi ne pas rendre obligatoires un vrai diagnostic et des travaux de mise aux normes thermiques avant de vendre ou de louer un bien immobilier ? C'est effectivement quand le local est vide qu'il est le plus facile de faire des travaux. Nul ne devrait s'opposer à cette proposition de Jean-Marc Jancovici et Alain Grandjean [1] s'il a compris la gravité de la situation.

Publié en octobre 2006, le rapport de Nicholas Stern sur « L'économie du changement climatique » soulignait en même temps la gravité du dérèglement climatique et la gravité de la crise énergétique vers laquelle nous allions si nous n'étions pas capables de diminuer très vite notre consommation d'énergie. Il apportait aussi un peu d'espoir en montrant qu'il n'était pas trop tard pour agir. Il démontrait de façon très claire que, dans chaque pays, pour lutter contre le dérèglement climatique comme pour baisser nos factures de pétrole ou de gaz, il fallait investir chaque année 1 % du PIB dans des travaux d'économie d'énergie : isoler nos maisons et nos appartements. Isoler nos usines et nos bureaux…

À l'époque, tout le monde avait applaudi. Mais, six ans plus tard, force est de constater qu'on ne l'a pas écouté : investir 1 % du PIB chaque année dans les économies d'énergie ? Pour la France, cela signifierait mettre chaque année 20 milliards sur la table.

---

1. Jean-Marc Jancovici et Alain Grandjean, *C'est maintenant !*, Le Seuil, 2009.

Nul ne peut douter de l'effet qu'aurait une telle politique sur l'emploi : dans toutes les régions, dans tous les bassins d'emplois, il faudrait embaucher des gens et les former pour réaliser ces travaux. C'est un immense chantier qu'il faut programmer, organiser et financer sur un grand nombre d'années. Qui peut contester son utilité ? En février 2011, une étude allemande montrait qu'une telle politique pourrait créer 6 millions d'emplois au niveau européen.

> **Une économie plus écologique pourrait créer 6 millions d'emplois**
>
> Un objectif de réduction des gaz à effet de serre plus ambitieux de la part de l'Union européenne pourrait créer des emplois et doper la croissance et non la ralentir selon une étude allemande publiée lundi.
>
> Passer d'un objectif de baisse de 20 % de réduction des gaz à effet de serre (par rapport aux émissions de 1990) à un objectif de 30 % d'ici à 2020 pourrait créer 6 millions d'emplois.
>
> *La Tribune*, 23 février 2011.

1 000 euros d'économie par an

« Selon la Commission européenne, une telle politique d'économie d'énergie permettrait une économie de 1 000 euros par ménage et par an. […] On sait faire. Ce qui manque maintenant, c'est la volonté politique », écrivait Hervé Kempf, dans un éditorial du *Monde* le 2 mars 2011.

Développer les énergies renouvelables

Le développement des énergies renouvelables a déjà permis de créer 350 000 emplois en Allemagne. La France ne peut-elle pas investir autant que l'ont fait les Allemands ? Nous avons le premier parc forestier d'Europe. N'est-il pas possible de nous en servir pour capter l'énergie du soleil, fixer du carbone et utiliser cette énergie stockée naturellement pour chauffer nos immeubles et nos bureaux quelques mois ou quelques années plus tard ?

« On a mis des milliards pour construire la filière nucléaire, pourquoi ne met-on pas des milliards pour les économies d'énergie et les énergies renouvelables ? » s'interrogeait François Lamoureux, directeur général de l'Énergie à la Commission européenne il y a une dizaine d'années.

Bonne nouvelle ! Pour trouver des financements à la hauteur des enjeux, nous pouvons sans doute compter sur l'aide des dirigeants allemands, qui ont compris, déjà, l'importance vitale des questions énergétiques.

Merkel veut sauver sa révolution énergétique

La chancelière allemande tente de reprendre la main pour sauver de l'enlisement sa transition énergétique, le projet phare de son mandat.
L'enlisement de cette transition énergétique, annoncée peu après la catastrophe de Fukushima et en totale rupture avec la stratégie auparavant proatome de la chancelière, a déjà fait une victime.
La semaine dernière, Merkel a congédié brutalement son ministre de l'Environnement, Norbert Röttgen. Concentré sur ses ambitions personnelles, Röttgen avait délaissé le dossier de la transition énergétique. Elle a nommé à sa place l'un de ses principaux bras droits, Peter Altmaier. Commentaire de la presse : la transition énergétique « devient l'affaire de la patronne ».

Le Figaro, 31 mai 2012.

En Allemagne, la transition énergétique est devenue « l'affaire de la patronne ». Les derniers discours de

François Hollande et de Jean-Marc Ayrault indiquent qu'en France aussi on commence à prendre cette question au sérieux. Mais, en France comme en Allemagne, on bute sur des problèmes de financement pour accélérer la mise en place des équipements et des réseaux nécessaires à la réussite de cette troisième révolution industrielle [1].

Un financement européen

Tout le monde est convaincu de la nécessité de cette transformation et du fait qu'elle est rentable à moyen terme. Mais qui amorce la pompe ? Qui apporte les premiers financements ?

Pour être fidèle aux traités, la Banque centrale européenne doit veiller « à la stabilité des prix ». Elle doit tout faire pour que diminue le prix de la dette publique, on l'a dit plus haut. Elle doit aussi agir contre l'autre facteur d'inflation : l'augmentation des prix de l'énergie.

Dans un contexte de chômage de masse, il n'y a aucun risque d'inflation par les salaires. L'inflation vient essentiellement de l'augmentation des prix du pétrole : en quelques années, le pétrole est passé de 25 à plus de 100 dollars le baril. Pour lutter contre la hausse des prix de l'énergie (mais aussi pour lutter contre le dérèglement climatique et créer massivement des emplois), la BCE doit mettre à disposition de la Banque européenne d'investissement à des taux proches de 0 % de quoi financer un vaste plan européen d'économie d'énergie.

Si une telle politique permet en même temps de faire baisser les prix de l'énergie, de créer massivement des emplois, de sortir de notre dépendance au pétrole et

1. Voir à ce sujet le dernier livre de Jeremy Rifkin, *La Troisième Révolution industrielle*, Les Liens qui libèrent, 2012.

de limiter notre production de gaz à effet de serre, on voit mal pourquoi la Banque centrale ne donne pas tous les moyens à la Banque européenne d'investissement pour financer un dispositif qui pourrait être géré, *de façon décentralisée*, dans chaque région d'Europe.

En tenant compte des créations d'emplois (et donc des moindres dépenses pour Pôle Emploi) et en internalisant aussi les coûts du dérèglement climatique [1], le bilan d'un grand plan européen d'économie d'énergie et de développement des énergies renouvelables est très largement positif.

Il faut encore une fois passer des discours aux actes. La question du financement de la transition énergétique doit être un des points majeurs de la négociation sur l'avenir de l'Europe lancée après le sommet des chefs d'État et de gouvernement d'octobre 2012.

Dans le même esprit, le remplacement dans notre parc automobile de millions de voitures à essence par autant de voitures électriques ou au moins hybrides est d'une grande urgence, aussi bien pour lutter contre l'effet de serre que pour la création d'emploi. Un plan doit donc être prévu et financé afin d'accélérer la mise au point et la production des véhicules et parsemer la France entière des équipements – alimentation et prises – nécessaires à la recharge des véhicules.

Il est également nécessaire de reprendre et gagner le combat pour des mesures internationales efficaces contre la production de gaz à effet de serre.

Le protocole de Kyoto en 1997 s'est trouvé condamné du fait de la non-ratification américaine. Il n'en a subsisté

1. Tous les coûts directs et indirects que nous aurons à payer dans dix ou vingt ans si le dérèglement climatique n'est pas enrayé.

que le système des permissions d'émettre ou quotas, que l'Union européenne a mis en place, pour elle-même seulement. Hélas, ce système marche très mal, il permet une spéculation effrénée et paralysante, et la distribution gratuite de la première génération de quotas lui a enlevé une grande part de son efficacité. De plus, il est incomplet : dans la plupart des pays développés, il ne concerne que 60 % des émissions de gaz carbonique, 40 % seulement dans le cas de la France à cause du nucléaire.

Seuls la Suède et le Danemark ont su le compléter d'une taxe sur toutes les émissions dites taxe carbone. C'est infiniment plus efficace, comme les résultats le montrent déjà. L'Australie elle aussi a mis en place une telle taxe, et les résultats semblent prometteurs.

Il convient de réformer le système des quotas pour le rendre exportable. L'établissement de la taxe carbone, en complément s'il y a des quotas, ou pour toutes les émissions dans le monde, est une question de survie pour l'humanité. Or les craintes et les égoïsmes sont paralysants. Les conférences mondiales de Copenhague, de Cancun, de Durban, de Rio de Janeiro ont toutes échoué. Relancer puissamment le combat est essentiel, d'abord en Europe, mais aussi dans le monde entier. Ce doit être un souci prioritaire et permanent des diplomaties de nos pays.

Les politiques nationales doivent suivre le mouvement en mettant en place un modèle de société plus écologique et plus soutenable.

L'Europe n'a jamais su mettre en œuvre une politique commune de l'énergie, à cause de désaccords profonds sur le nucléaire, et du souci de chacun des États membres d'assurer lui-même la sécurité de ses approvisionnements. Cela laisse à la France la responsabilité de sa politique énergétique propre. Nous nous sommes lancés moins vigoureusement que d'autres (tels l'Allemagne, les Pays-Bas ou le Danemark) dans les voies du solaire et de l'éolien comme énergies renouvelables se substituant aux ressources fossiles productrices de gaz carbonique.

Malgré tout, ces deux ressources sont loin d'avoir atteint la maturité industrielle suffisante. Encore très chères par rapport aux énergies classiques, elles ne permettront pas avant longtemps la production des centaines de milliards de kilowatts nécessaires à un prix tolérable.

Reste le nucléaire. L'emploi de ce seul mot remue des fantasmes mêlés de bombe et de cancer. Or, leucémies et cancers compris, le nucléaire tue beaucoup moins que le charbon et même que le pétrole. Et ne produit pas de gaz à effet de serre.

Devant l'aggravation du réchauffement climatique et le risque de le voir échapper à notre contrôle, il nous semble fondamental de sortir des approches dogmatiques sur le nucléaire. La France dispose là d'une ressource majeure qui lui permet non seulement d'abaisser sa production de gaz carbonique mais aussi, si elle le veut, de répondre par l'exportation à la famine énergétique qui se prépare en Europe.

Certains affirment que la filière à neutrons rapides, quatrième génération des réacteurs à fission, permettra de multiplier par cinquante l'électricité productible à partir d'un kilo d'uranium et résoudra le problème des déchets pour 96 % de son volume, puisqu'on en fait le carburant des nouveaux réacteurs.

Il est temps d'avoir enfin dans notre pays un débat serein et approfondi sur les meilleurs moyens (ou les « moins mauvais ») de répondre à nos besoins énergétiques tout en luttant radicalement contre le dérèglement climatique, en assurant la compétitivité de notre industrie et en garantissant la santé de nos contemporains et des générations à venir. Sur des questions aussi fondamentales, il faut sortir des postures et des demi-mesures et élaborer collectivement une stratégie de long terme à la hauteur des enjeux.

Nous pouvons affronter sereinement les questions énergétiques en rédigeant sur cette question un livre blanc qui pourra guider notre action collective, au niveau national *comme au niveau européen*, comme l'avait fait la commission présidée par Marceau Long en 1987 sur un autre sujet sensible, la question de la nationalité.

3. Créer un Service civil européen

Faire des efforts considérables pour économiser l'énergie et développer les énergies alternatives sont deux actions nécessaires et urgentes, mais elles ne sont pas suffisantes si nous voulons limiter les conséquences du réchauffement en cours (car personne ne pense hélas que nous allons pouvoir le stopper net). Il faut aussi aider les peuples qui seront les plus touchés à gérer au mieux les ressources d'eau ; ce qui suppose – entre autres choses – de construire des milliers de miniréservoirs et des milliers de microciternes pour garder l'eau quand elle est disponible.

C'est surtout en Asie, en Afrique et en Amérique du Sud que les conséquences du dérèglement climatique seront les plus graves : les glaciers des montagnes fondent de plus en plus tôt au printemps, ce qui signifie que, en été, l'eau est déjà partie lorsque des millions d'habitants en ont besoin, quand les pluies se font rares, pour leur alimentation ou pour les cultures. Dans certaines zones d'Asie, les glaciers de petite taille pourraient avoir complètement disparu d'ici vingt ans, et ainsi, une source très sûre d'eau potable pourrait disparaître. Or c'est souvent dans ces zones subtropicales, où vit 70 % de la population mondiale, que la population va continuer de croître à un rythme rapide.

Combien de centaines de millions d'hommes, de femmes et d'enfants vont vouloir quitter ces territoires ? Et pour aller où ? Que faire si les zones côtières, également très peuplées, deviennent elles aussi nettement moins hospitalières ?

Certains nous annoncent déjà que des conflits majeurs vont naître du manque d'eau. Allons-nous les attendre sans rien faire ? Comment agir ? Comment, en quelques années, parvenir à une mobilisation à la hauteur des enjeux ?

Beaucoup pensent que la suppression du service militaire a été une véritable erreur et qu'il aurait fallu le transformer en un vrai service civil avec, entre autres objectifs, la sauvegarde du climat et de la biodiversité. C'est une solution envisageable : créer un Service civil européen, au cours duquel chacun(e) consacrerait une année de sa vie à humaniser la société ou à agir pour la sauvegarde de la planète.

Être citoyen, c'est avoir des droits, mais aussi des devoirs, des responsabilités à assumer au service de la communauté humaine dont chacun de nous fait partie. Aujourd'hui, beaucoup de jeunes ont le sentiment que certains de leurs droits fondamentaux sont bafoués. Ils ont raison : être obligé, à plus de 26 ans, de vivre chez ses parents parce qu'on ne parvient pas à trouver un travail correctement payé donne de bonnes raisons de dénoncer le système. Il faut donc changer notre organisation sociale pour permettre à tous de faire valoir leurs droits, pour permettre à chacun de vivre dignement et librement.

Dans le même temps, vu l'urgence de la situation, il faut poser la question des devoirs de chacun. En mars 2006, un sondage Sofres réalisé pour le Cidem [1] indiquait que 86 % des jeunes de 18 à 25 ans étaient favorables à la création d'un Service civil obligatoire.

Prenons conscience de l'urgence qu'il y a à agir contre le dérèglement climatique, prenons conscience de l'urgence qu'il y a à instiller de la solidarité dans les relations internationales, et de tout ce que peut apporter, humainement, une année passée à travailler avec d'autres jeunes au service du bien commun. Alors qu'attendons-nous pour sonner la mobilisation et créer un Service civil européen ? « La paix mondiale ne saurait être sauvegardée sans des efforts créateurs à la mesure des dangers qui la menacent », affirmait Schuman en 1954. C'est toujours vrai en 2013.

Face à la gravité de la crise écologique, il faut agir avec force pour rattraper le temps perdu : création d'une Prime Climat-Énergie, obligation d'isoler tous les bâtiments publics et privés, développement massif des énergies renouvelables, création d'un Service civil européen… Dans ce domaine non plus, il ne suffit plus de parler. Il est urgent d'agir.

4. Réparer, Recycler, Réutiliser

Quand une machine à laver tombe en panne, il est classique d'entendre que « ça va coûter plus cher à réparer que si vous en achetiez une nouvelle ». Pouvons-nous continuer à raisonner de la sorte alors que nous vivons sur une planète « finie » ?

1. Cidem : un ensemble d'associations réunies dans le collectif Citoyenneté et Démocratie.

À Lyon, les salariés d'Envie récupèrent tout l'électroménager que les habitants de la région seraient tentés de jeter. Ils réparent et revendent tout ce qui peut être réparé. Et quand le four ou la machine à laver n'est pas réparable, ils récupèrent ce qui peut l'être : le cuivre, les circuits électroniques, l'acier, le plastique…

Cette entreprise d'insertion a déjà créé des centaines d'emplois. Plutôt que de gaspiller des ressources limitées, plutôt que de jeter ce qui ne devrait pas l'être et d'acheter une nouvelle machine *Made in China* dans des conditions sociales et écologiques plus que douteuses, il est possible de créer de l'emploi local et contribuer à une meilleure utilisation des ressources rares. Dans toutes les régions, dans les réseaux de l'économie sociale et solidaire, de telles structures se développent. Alors accélérons ce mouvement ! Il y a des dizaines de milliers d'emplois à la clé.

5. Développer l'économie sociale et solidaire

L'économie sociale et solidaire (ESS) est un élément clé du changement de société que nous appelons de nos vœux. Elle ouvre la voie d'un modèle économique et social au service des citoyens, au plus près des territoires. Elle cherche à produire et à répartir plus équitablement les richesses, à animer un projet économique de manière plus respectueuse des personnes, de l'environnement et des territoires. C'est une économie qui rassemble, ayant déjà fait les preuves de son efficacité et pouvant se développer dans tous les domaines.

Il existe déjà en France des milliers d'entreprises où les hommes associent leur travail plutôt que leurs capitaux. En 2008, les coopératives, mutuelles et associations employaient plus de 2 millions de salariés, soit plus de 12 % de l'emploi du secteur privé. Entre 2000 et 2008, le nombre d'emplois créés a progressé de 17 %, à un rythme bien supérieur à celui du secteur privé « classique ».

Les 21 000 SCOP (Société coopérative de production) employant 900 000 salariés sont souvent exemplaires car elles préfigurent ce que sera l'économie sociale et solidaire de demain. Ce sont des sociétés commerciales qui vivent et se développent dans le secteur concurrentiel avec les mêmes contraintes de gestion et de rentabilité que toute entreprise. Leur singularité : les salariés sont associés majoritaires de l'entreprise dont ils détiennent au moins 51 % du capital.

Tous les salariés ont vocation à devenir associés dans des modalités définies par les associés existants et avec leur accord. Les décisions stratégiques se prennent en assemblée générale selon le principe « une personne = une voix ». Chaque membre a le même poids, quel que soit son apport en capital. Le monde du travail fait ainsi l'expérience de la démocratie avec un succès qui n'est plus à démontrer.

Les pouvoirs publics ont un rôle clé à jouer pour accélérer le développement des SCOP. Une des priorités de la Banque publique d'investissement doit être de financer et d'encourager l'économie sociale et solidaire. Une vraie politique de soutien accordée à leurs réseaux créera une situation de confiance permettant aux entrepreneurs de se lancer et de faire perdurer leurs entreprises.

Sur le plan légal, il faut faire évoluer le statut des entreprises solidaires pour leur permettre de faire des investissements conséquents sans avoir comme unique choix un changement de statut signifiant leur reprise en main par le nouvel investisseur qui accepte de les financer.

L'économie sociale et solidaire permet par ailleurs de développer sur tous nos territoires les services à la personne – aide à domicile pour les personnes âgées ou garde d'enfants en bas âge…

Ceux-ci ont souvent mauvaise presse ; aujourd'hui, ce sont pour la plupart des petits boulots : des emplois de 12 heures par semaine en moyenne, mal payés, mal formés, réservés en majorité à des femmes en situation précaire…

Contrairement au secteur privé classique, le but de l'économie sociale et solidaire n'est pas de verser des dividendes à des actionnaires, mais de créer de l'emploi, le moins précaire possible. Dans ce domaine aussi, un grand nombre d'initiatives très intéressantes se développent depuis des années sur tous nos territoires. Il est nécessaire que les collectivités locales, l'État, les comités d'entreprise et les syndicats s'engagent plus nettement pour favoriser le développement de cette nouvelle économie.

D'autres nécessités apparaissent : favoriser l'essor du commerce équitable, la multiplication des Amap [1] et la création d'associations culturelles qui favorisent le lien social.

6. Valoriser les activités non marchandes et le temps libre

Dans la société de consommation du XXe siècle finissant et du XXIe débutant, toute l'activité humaine

1. Les Associations pour le maintien de l'agriculture paysanne, qui permettent aux paysans une vente directe de leurs produits et des rencontres régulières et souvent amicales avec leurs clients.

a été marquée par la référence à l'argent. Notre rapport au temps en a été aussi lui-même affecté.

Le temps éveillé est consacré pour l'essentiel au travail productif. Qui n'a pas un travail rémunérateur cinq jours par semaine apparaît souvent comme un raté aux yeux du système et de la société. Au point que beaucoup de ceux qui ont un travail en ont trop : le temps consacré à la vie de couple, aux enfants, au sport ou aux hobbys diminue, et le stress au travail est devenu un problème majeur des temps contemporains.

Le temps libre fait peur. Il est souvent assimilé à l'inutilité et au loisir. La baisse inévitable et nécessaire du temps de travail, complétée d'une lutte plus forte contre les sur-rémunérations des cadres dirigeants, apportera de la disponibilité pour des activités nouvelles, sans qu'aucune notion de rentabilité intervienne.

Investir dans de petits terrains de sport permettrait à une partie considérable de la population d'en reprendre ou d'en augmenter la pratique. Et l'on peut penser que l'assurance-maladie y trouverait des économies.

Il faut également permettre au plus grand nombre de rentrer en contact direct avec toutes les formes d'art et de devenir créateur soi-même, à travers les chorales et les clubs de théâtre, par exemple.

Il existe ici ou là des réseaux d'échange de savoirs. Que ces échanges concernent le bricolage à la maison, la réparation d'objets courants, les pratiques culturelles, la cuisine ou même le roller et le surf, ces réseaux créent du lien social, réhabilitent des personnalités, aident à rendre attractif le loisir non marchand. Il faut les encourager et favoriser les monnaies locales – souvent bons d'échange de temps de services mutuels – qui leur servent parfois de support.

Naturellement le service majeur que peut rendre l'augmentation du temps libre à l'harmonie sociale d'un pays concerne le temps que les parents consacrent à leurs enfants. Il est utile que pour sa partie pédagogique ce temps familial soit appuyé : écoles de parents, livres, objets et jeux pédagogiques.

Les pratiques personnelles, sculpture, peinture, photographie, modélisme, voyages sportifs ou de découverte pourraient prendre beaucoup plus de place qu'elles ne le font aujourd'hui.

Si le temps libre est demandé, il ne fera plus peur. Il contribuera mieux à la baisse du temps de travail et donc du chômage.

7. La France doit devenir un pays d'entrepreneurs

C'est un point clé pour créer de la richesse et redonner sa juste place à l'économie réelle. Dans chaque quartier de chaque ville ou campagne, de nombreuses personnes ont des idées, des ambitions, des projets qui ne demandent qu'à s'accomplir. Jeunes et moins jeunes, femmes et hommes ont pour beaucoup cette volonté de lancer une activité. Ce vivier d'énergie, à nous toutes, à nous tous de savoir l'encourager et l'accompagner !

Plusieurs décisions pratiques pour favoriser l'émergence de ces énergies sont à mettre en place : développer l'aide à la recherche de secteurs porteurs propices à la création d'entreprises, faciliter les reprises d'entreprises, apporter des aides à la formation, simplifier les démarches administratives de création, alléger toutes les charges de début d'activité, réduire les cotisations sociales à la première embauche, donner de la visibilité fiscale sur au moins cinq ans aux TPE/PME, élaborer un grand plan des régions sur ces sujets.

À côté des emplois d'avenir qu'a lancés le gouvernement, pourquoi ne pas mettre en place 150 000 contrats d'entrepreneurs d'avenir ? Sur la base d'une revue des projets à laquelle sera associé le tissu d'aide à la création d'entreprise en France (France Active, Adie…) et des réseaux de jeunes chefs d'entreprises comme le CJD, ces jeunes entrepreneurs seront accompagnés dans leurs projets de création ou de reprise d'entreprise.

8. Lutter contre les patrons voyous. Cogestion et Golden Share

Un de nos amis, économiste, nous a raconté une anecdote l'ayant totalement choqué : alors qu'il discutait avec un grand patron, celui-ci lui a expliqué que, pour avoir un accès rapide et massif au marché chinois, il avait signé un accord de transfert de technologie des usines françaises vers les usines chinoises. Notre ami lui a rétorqué que, si les technologies les plus innovantes de son entreprise partaient en Chine sans que ce pays ait relevé ses salaires, son entreprise serait morte dans dix ou quinze ans. Et sans se démonter, le patron lui a répondu qu'il partageait son analyse, mais qu'il partait en retraite dans cinq ans. C'est donc dans cinq ans que sera calculé le niveau de sa retraite et de ses avantages annexes, c'est à ce moment-là qu'il vendra ses stock-options, et on ne verra alors que les effets positifs de sa stratégie !

Comment lutter contre ce genre de comportements nuisibles pour le plus grand nombre ? Une première possibilité est de s'inspirer du modèle de cogestion allemand. Nous pouvons imposer la présence d'administrateurs salariés au sein des conseils d'administration des entreprises, comme en Allemagne, où le personnel est représenté aux conseils de surveillance en tant que personnel. Ce type de cogestion permet aux salariés de mieux connaître la stratégie de l'entreprise pour pouvoir soit l'infléchir, soit proposer une alternative, notamment dans la gestion des ressources humaines. Mais surtout, il s'agit de sortir du principe de la *corporate governance* qui accorde aux actionnaires les pleins pouvoirs (le droit de nommer et de révoquer le dirigeant à tout moment) et sacrifie les exigences de long terme à la profitabilité.

Une autre solution est de créer des Golden Share, des « actions en or », qui permettent à l'État de bloquer certaines décisions stratégiques, même s'il n'a qu'une participation minoritaire au capital de l'entreprise. Ces Golden Share existent dans d'autres pays. Pourquoi pas en France ?

9. Développer une agriculture durable

Nous sommes de plus en plus nombreux à nous demander combien de pesticides, combien d'antibiotiques ou de conservateurs aux effets mal connus nos enfants et nous-mêmes avons ingérés dans la journée.

Nous sommes de plus en plus nombreux à vouloir une alimentation plus saine. Développer l'agriculture biologique ou, au moins, une agriculture nettement moins consommatrice de pesticides et d'engrais, permettrait en même temps de protéger notre santé (et celle des paysans qui produisent notre alimentation), de protéger notre environnement et de créer des emplois : pour produire le même panier d'aliments, l'agriculture biologique a besoin de 25 % d'actifs en plus que l'agriculture classique.

Cela signifie-t-il que les aliments seront plus chers ? Pas nécessairement, si les paysans dépensent moins en engrais et en pesticides (dont les prix vont augmenter avec le pétrole), et si l'on développe en même temps des circuits courts de distribution. Et si, par ailleurs, grâce à une vraie politique du logement et grâce à une vraie politique d'économie d'énergie, on diminue les loyers et les factures d'énergie, payer un peu plus pour une nourriture de qualité n'est pas forcément dramatique.

Dans ce domaine comme dans bien d'autres, de nombreuses expériences très convaincantes existent aux quatre coins du pays. Ce qui manque pour accélérer le mouvement, c'est une vraie volonté politique.

Investir massivement dans le logement, investir massivement dans les économies d'énergie et dans les énergies renouvelables, investir dans l'économie sociale et solidaire et favoriser la création d'entreprises… Voilà sans doute les secteurs dans lesquels les gisements d'emplois sont les plus importants et dans lesquels les financements sont les plus faciles à organiser, car il y a un véritable « retour sur investissement », autant pour la collectivité que pour les citoyens à titre individuel. Ce sont sans aucun doute les domaines où la création de nouvelles activités est la plus urgente, la plus facile à organiser et la plus féconde en emploi.

Cela ne signifie pas qu'il n'y a pas d'autres leviers sur lesquels on puisse agir pour lutter contre le chômage. Il nous semble urgent, en particulier, de réfléchir à la meilleure façon de partager les gains de productivité colossaux que nous avons réalisés depuis quarante ans.

Chapitre XI

Réduction du temps de travail : Einstein avait raison !

« Cette crise est singulièrement différente des crises précédentes, écrit Albert Einstein au sujet de la crise de 1929 [1], parce qu'elle dépend de circonstances radicalement nouvelles conditionnées par le fulgurant progrès des méthodes de production.

« Pour la production de la totalité des biens de consommation, seule une fraction de la main-d'œuvre disponible devient indispensable. Or, dans une économie libérale, cette évidence détermine forcément un chômage élevé.

« Ce même progrès technique qui pourrait libérer les hommes d'une grande partie du travail nécessaire à leur vie est le responsable de la catastrophe actuelle.

« Pour supprimer ces inconvénients, il faut, selon moi :

– une diminution légale du temps de travail pour supprimer le chômage ;

– parallèlement, la fixation d'un salaire minimum pour garantir le pouvoir d'achat des masses en fonction des marchandises produites ;

1. Albert Einstein, *Comment je vois le monde*, publié en 1933 puis réédité en 2009 par *Le Monde* et Flammarion.

– une vraie régulation des stocks de monnaie en circulation et du volume des crédits, en maintenant constant le prix moyen des marchandises et en supprimant toute garantie particulière ;

– une limitation du prix des marchandises qui, à cause des monopoles ou des cartels, se dérobent de fait aux lois de la libre concurrence. »

Libération ou catastrophe ?

« Ce même progrès technique qui pourrait libérer les hommes d'une grande partie du travail nécessaire à leur vie est le responsable de la catastrophe actuelle. » Cette magnifique réflexion d'Albert Einstein s'applique autant à la crise de 1929 qu'à celle que nous subissons aujourd'hui.

En 1926, on s'en souvient, Henry Ford, l'un des plus grands patrons américains, avait plaidé pour un meilleur partage des gains de productivité. Son « Pourquoi je suis favorable à la semaine de 5 jours payés 6 » avait fait grand bruit [1]. Malgré tout, seule une poignée d'entreprises avait mis en pratique son idée. C'est après la crise de 1929 que la semaine de cinq jours sera généralisée.

En 2012, c'est Robert Reich, l'ancien ministre du Travail de Bill Clinton, qui a relancé le débat aux États-Unis [2] :

> « La question fondamentale est de mieux répartir les bénéfices de la révolution de la productivité.

1. Voir le texte en annexe.
2. Article du 7 mai 2012 à la une de *Nation of Change.*

> *Le problème n'est pas qu'il y ait moins de travail* à cause des ordinateurs, des robots et d'Internet mais que les fruits de cette productivité ne sont pas partagés correctement : une grande partie de la population est au chômage et ne gagne plus de quoi vivre, tandis que l'essentiel des gains de productivité va aux 1 % les plus riches.
>
> La future seconde administration Obama, s'il y en a une, devra organiser une vraie réforme fiscale pour réduire le temps de travail sans perte de revenus, permettant ainsi des créations d'emplois supplémentaires. »

« Il faut passer à 4 jours, 32 heures, sans étape intermédiaire. C'est le seul moyen d'obliger les entreprises à créer des emplois », affirmait Antoine Riboud, le fondateur de BSN Danone en septembre 1993. Hélas, il n'a guère été entendu. Pas plus que Ford en 1926. Et début 2013, la durée moyenne d'un temps plein reste supérieure à 39 heures en France.

« La question du temps de travail mérite mieux que le débat caricatural que nous avons eu il y a quelques années, reconnaissait le président de la commission emploi du Medef en octobre 2010. Il est très difficile de trouver un emploi stable avant 28 ou 30 ans. Puis, entre 30 et 40 ans, on demande aux gens de travailler plein pot et de tout réussir en même temps : leur vie privée et leur vie professionnelle. Vers 55 ans, on les jette comme des mouchoirs en papier tout en leur demandant de cotiser plus longtemps… Objectivement, cela n'a pas de sens, continuait Benoît Roger-Vasselin devant une assistance étonnée. Il faut rouvrir le débat sur une autre répartition du temps de travail tout au long de la vie. »

Le partage du travail actuel, un non-sens

Le partage du travail actuel est un non-sens :

– d'un côté, ceux qui font 0 heure par semaine car ils sont au chômage ;

– de l'autre, ceux qui travaillent à temps plein – et parfois trop : la durée réelle d'un plein-temps est supérieure à 39 heures d'après l'Insee ;

– au milieu, ceux qui galèrent avec des petits boulots à temps partiel, sur la semaine ou sur l'année.

Cette forme de partage du travail est un non-sens car elle provoque une énorme souffrance aussi bien du côté de ceux qui ne travaillent pas que du côté de ceux qui travaillent à temps complet mais acceptent de plus en plus des emplois stressants ou médiocrement payés par peur de se retrouver dans le prochain plan social. Combien ont un travail qui ne les intéresse pas ?

Dans certaines entreprises, la souffrance au travail a pris des proportions très inquiétantes. Allons-nous continuer longtemps à ignorer un problème de société qui touche un nombre croissant de salariés, avec des répercussions importantes sur l'augmentation des arrêts maladie, l'absentéisme, la perte de qualité et le turnover ? Robert Reich a raison : le partage du travail actuel profite essentiellement aux actionnaires dont les revenus n'ont jamais été aussi élevés.

D'une façon ou d'une autre, un certain « partage du travail » existe dans tous les pays. Aux États-Unis, avant même la crise des *subprimes*, il y avait tellement de petits boulots que la durée moyenne du travail était de 33,7 heures. Et cela sans aucun débat, sans aucune négociation sur la RTT. C'est le marché qui répartit le travail : des bons jobs pour certains (40 ou 42 heures par semaine) et pour d'autres des miettes : 8 ou 10 heures par semaine. Comment peut-on faire vivre sa famille avec 10 heures de travail par semaine ?

De même, en Allemagne, les chiffres du ministère du Travail indiquent qu'avant la crise de 2008, avant la mise en place du Kurzarbeit, quand l'Allemagne était présentée comme un modèle de plein-emploi, il y avait tellement de petits boulots que la durée moyenne, sans compter les chômeurs, était de 30,3 heures, les 10 % d'en bas gagnant moins de 300 euros par mois…

Au Japon, 32 % des salariés étaient à temps partiel avant la crise de 2008. Et combien de femmes qui doivent rester chez elles sans travailler ? Est-ce un partage qui correspond à nos valeurs ? Aux Pays-Bas, 75 % des femmes sont à temps partiel [1]. À 20 heures par semaine en moyenne, quelles perspectives de carrière ? Quels revenus si le couple se sépare ? En Allemagne, 45 % des femmes sont à temps partiel. Ouvrons les yeux : il n'y a plus aucun pays en situation de plein-emploi si on garde en tête la définition du plein-emploi des années 1970 : « Tout le monde à 40 heures. » Dans tous nos pays, que nous le voulions ou non, il y a un certain partage du travail car on produit beaucoup plus avec moins de travail.

Une hausse inouïe de la productivité

Nous sommes en train de vivre une révolution telle que l'humanité n'en avait jamais connu. Alors qu'il avait fallu cent quarante ans pour que la productivité soit multipliée

1. Source Eurostat 2012.

par deux entre 1820 et 1960, elle a depuis été multipliée par cinq. La révolution industrielle du XIXe siècle ou l'invention du travail à la chaîne au début du XXe sont des gains de productivité presque ridicules au regard de ceux réalisés depuis quarante ans.

La productivité en France depuis 1820

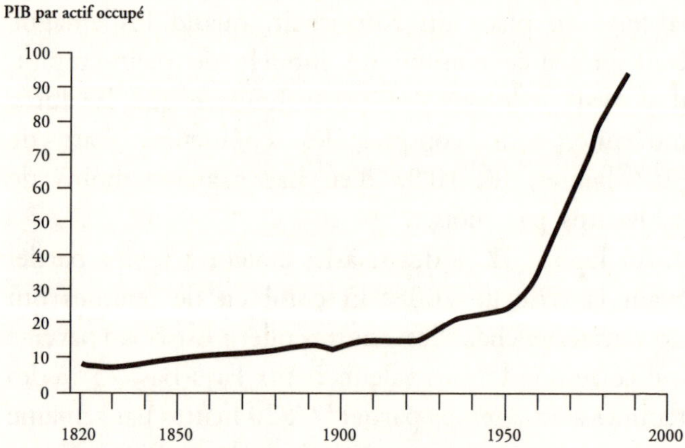

Source : Insee. Deux siècles de travail en France.

C'est du jamais-vu. Une vraie révolution !

Jamais dans l'histoire de l'humanité on n'avait connu un tel bouleversement. Grâce à la multiplication des robots et des ordinateurs, la productivité du travail humain a progressé de façon inouïe. Le phénomène est mondial mais la France est l'un des tout premiers pays du monde en termes de productivité : le nombre d'étudiants a presque triplé en quarante ans, passant de 800 000 en 1970 à quelque 2 300 000 cette année, et des dizaines de milliards sont investis chaque année dans la formation continue.

Les Français dans le Top 3 de la productivité

HEUREUSE SURPRISE. Selon un rapport du Bureau international du travail publié hier, les travailleurs français arrivent en troisième position mondiale, juste derrière les Norvégiens et les Américains, pour leur productivité par heure de travail.

La productivité horaire s'est accrue de 2,2 % en moyenne annuelle en France entre 1980 et 2006, contre 1,7 % aux États-Unis et 1,4 % en Allemagne.

Le Figaro, 3 septembre 2007.

Il faudrait 5 millions de salariés en plus si...

J'ai fait un calcul rarement effectué, explique Jacques Marseille, professeur à la Sorbonne. J'ai divisé le PIB français par la productivité d'un travailleur britannique ou japonais. Avec leur niveau de productivité, qui est largement inférieur au nôtre, il nous faudrait 5 millions de travailleurs en plus pour produire la même chose. Autant dire que le chômage ne serait plus un problème en France...

Le Figaro, 2 février 2004.

C'est un point fondamental. Absolument fondamental pour comprendre l'« exception française » : nous avons une productivité très forte. Les Anglais ou les Japonais, qui ne sont pourtant pas des imbéciles, ont une productivité nettement plus faible que la nôtre : selon Eurostat, si la productivité horaire [1] est en moyenne de 100 pour l'Europe des 15, elle est de 118 en France et de 95 seulement en Grande-Bretagne. L'écart de productivité est de l'ordre de 20 % entre nos deux pays : le PIB par heure travaillée en France est supérieur de 20 % à celui du Royaume-Uni et supérieur de 32 % à celui de l'Italie.

Voilà qui amène à relativiser les critiques sur la médiocrité des Français et de leur système éducatif… Sans doute notre système éducatif peut-il être amélioré

1. Le volume de richesses matérielles produit en une heure, en moyenne, dans le pays.

(nul ne le conteste !) mais si nous sommes, parmi les pays occidentaux, celui dont la productivité a le plus augmenté depuis trente ans, c'est que tout n'est pas à jeter dans notre école, nos centres de formation professionnelle et notre université !

Évolution de la productivité horaire entre 1980 et 2006

	Gains moyens de productivité horaire (Source BIT 2007)
Allemagne	+ 1,4 %
États-Unis	+ 1,7 %
France	+ 2,2 %

Le Figaro, auquel tous ces problèmes de productivité avaient échappé quand la RTT était au centre du débat public en France, a découvert depuis l'importance fondamentale de la question :

> Les gains de productivité ne laissent que très peu de place à la création de postes, affirme l'envoyé spécial du *Figaro Économie* à Davos. L'an dernier, même avec une croissance de 9 %, la Chine n'a vu le total des heures travaillées sur son territoire augmenter que de 1 % !
>
> Il faut cesser de se lamenter sur les délocalisations. Cela ne porte que sur de très petits nombres. Les gains de productivité détruisent bien plus d'emplois.
>
> *Le Figaro,* 27 janvier 2006.

« De 10 à 15 % seulement des destructions d'emplois industriels sont liées au commerce mondial mal régulé. 85 à 90 % des destructions d'emplois sont du aux gains de productivité », confirme Daniel Cohen [1].

1. *Alternatives économiques*, juin 2011.

On a vu plus haut que la Chine ne respecte aucune des conventions sociales qu'elle a signées avant d'être admise à l'OMC. C'est un problème essentiel et l'Europe, qui est son premier client, doit agir avec force pour obliger le pays à respecter des normes sociales et environnementales. Mais l'arrivée de la Chine à l'OMC ne peut pas expliquer tous nos problèmes : c'est depuis 2006 seulement que la Chine a un excédent commercial important.

Balance commerciale de la Chine en glissement annuel
En milliards de dollars

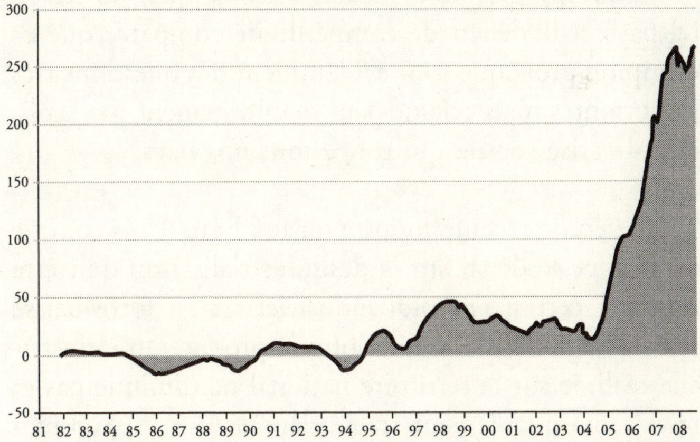

Source : OCDE.

On ne peut pas expliquer le chômage de masse qui se développe dans tous nos pays depuis le milieu des années 1970 par l'arrivée de la Chine qui n'est « dangereuse » socialement et économiquement que depuis le milieu des années 2000. La mondialisation mal régulée est un vrai problème mais elle ne peut manifestement pas être considérée comme la cause majeure du chômage et de la baisse de la part des salaires qu'on observe depuis trente ans.

Malgré le dumping de la Chine, la zone Euro dégage régulièrement un excédent de sa balance commerciale. C'est donc qu'elle ne souffre pas, globalement, d'un déficit de compétitivité par rapport au reste du monde. La zone Euro compte malgré tout 19 millions de chômeurs (chiffre BIT) et des millions de précaires.

La planète Terre, dans son ensemble, a une balance commerciale parfaitement équilibrée (par définition). C'est donc qu'elle ne souffre pas d'un déficit de compétitivité avec le reste du système solaire. Elle abrite malgré tout 220 millions de chômeurs (chiffre BIT) et des centaines de millions de précaires...

Le dumping (social, fiscal ou écologique) de tel ou tel pays et le déficit de compétitivité comparée que ce dumping provoque sont évidemment des questions très importantes mais cela ne peut manifestement pas expliquer la crise sociale qui ronge tous nos pays.

Une étude récente montre qu'aux États-Unis comme en Europe le débat sur la désindustrialisation doit être clarifié : certes, l'emploi industriel est en forte baisse mais, malgré les délocalisations, la production industrielle réalisée sur le territoire national ne diminue pas et reste remarquablement stable dans le PIB. Si l'emploi industriel s'effondre alors que la production industrielle se maintient, c'est parce que, du fait des robots et des ordinateurs, on produit plus avec moins de travail humain.

Robert Reich ne manque pas d'arguments pour relancer le débat : la courbe des destructions d'emplois industriels est parfaitement symétrique à celle des gains de productivité.

Ces gains de productivité concernent tous les métiers. L'industrie, bien sûr : le travail du métal et

Emploi manufacturier et valeur ajoutée manufacturière
(États-Unis + Union européenne des 15 + Japon)

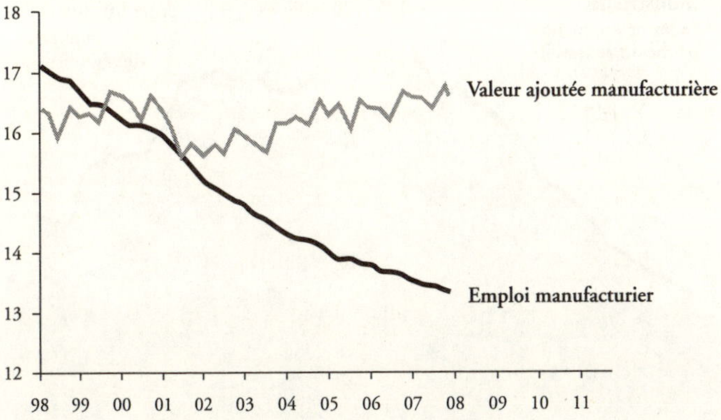

Source : Datastream, BLS, ONS, Eurostat, Natixis.

du bois comme la fabrication des yaourts et du jambon dans les usines du secteur agroalimentaire, mais aussi le pétrissage du pain dans nos boulangeries de quartier, le pilotage des avions (ils ne sont plus que deux dans les cockpits), les déménagements (des échelles électriques posées contre l'immeuble évitent aux déménageurs de se casser le dos dans l'escalier), le traitement des chèques dans les banques (il y a vingt ans, des centaines de femmes travaillaient entre 5 et 8 heures du matin pour la compensation entre banques ; aujourd'hui, le chèque passe en quelques secondes dans un petit scanner et le travail est fait par un logiciel). La programmation des logiciels elle-même est facilitée, puisqu'il existe maintenant des logiciels qui détectent les bugs dans les nouveaux logiciels : « C'est génial. On gagne des jours de travail et c'était un boulot vraiment abrutissant », témoigne un informaticien.

États-Unis : productivité et emploi

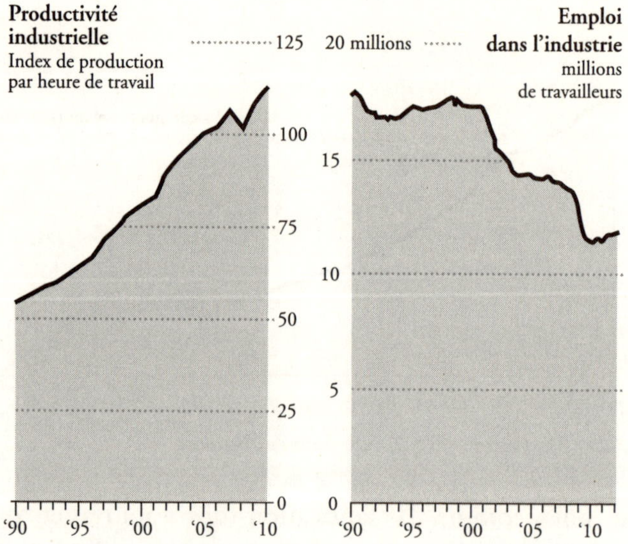

Un contrat social obsolète

Oui, « c'est génial ». Ou, en tout cas, ça pourrait l'être si notre contrat social avait évolué aussi vite que nos technologies : entre 1970 et 2008, le PIB créé sur notre territoire a plus que doublé : + 150 %. Mais, dans le même temps, grâce aux gains de productivité, le besoin total de travail passait de 43 milliards d'heures à 40 milliards.

France	**1970**	**2008**	**Change**
PIB (en millions de US$ constants)	694	1 738	+150 %
Heures travaillées annuellement (en millions)	43 220	40 370	– 6,6 %
Population active (en millions)	21,36	28,5	+33,4 %

Source : OCDE, portail des statistiques.

On produit beaucoup plus avec moins de travail : une baisse de presque 7 % du besoin total de travail alors que, dans le même temps, grâce au baby-boom et au travail des femmes, le nombre d'actifs voulant travailler augmentait de 33 %…

A priori, ce devrait être trois bonnes nouvelles :

1. On n'a jamais connu une telle abondance – il faut évidemment faire attention aux problèmes d'empreinte écologique et de surconsommation, mais c'est plutôt positif.

2. Dans tous les travaux dangereux ou répétitifs, la machine remplace l'homme. C'était déjà le rêve de Sénèque [1] il y a deux mille ans : avoir des esclaves qui nous remplacent dans tout ce qui est bêtement logistique, pour que chacune et chacun de nous puisse se consacrer à des activités plus importantes, plus variées et plus enrichissantes humainement :

> « Suis ton plan, cher Lucilius. Reprends possession de toi-même : le temps qui jusqu'ici t'était ravi ou que tu laissais perdre, recueille-le et ménage-le. Montre-moi un homme qui sache ce que vaut un jour, qui comprenne que chaque jour il meurt en détail ! Car c'est notre erreur de ne voir la mort que devant nous : en grande partie déjà on l'a laissée derrière ; tout l'espace franchi est à elle.
>
> Persiste donc, ami, à faire ce que tu me demandes : sois complet. Tente d'être maître de toutes tes heures. Tandis qu'on l'ajourne, la vie passe.
>
> Cher Lucilius, tout le reste est d'emprunt, le temps seul est notre bien. »

Sénèque, début des Lettres à Lucilius.

1. Sénèque, philosophe né à Cordoue en Espagne vers 4 av. J.-C. et mort le 12 avril 65 apr. J.-C.

Grâce aux ordinateurs, aux robots, aux centaines d'heures que nous avons passées à nous former pour hériter des savoirs de nos anciens, nous pouvons réaliser le rêve de Sénèque : assurer l'aspect matériel de nos vies nous prend beaucoup moins de temps qu'autrefois.

3. Alors que nous avons globalement besoin de moins de travail, nous sommes plus nombreux pour réaliser ce travail. Ce n'est pas le cas dans tous les pays, mais en France, grâce au baby-boom et grâce au travail des femmes, la population active a bondi de plus de 30 % en quarante ans. Et l'Insee affirme qu'elle continuera d'augmenter jusqu'en 2050 au moins…

Besoin de moins de travail et plus de monde pour travailler ? Cela devrait être de bonnes nouvelles, mais notre contrat social est bloqué et la durée pour un temps plein a très peu baissé depuis trente ans [1]. « Ce même progrès technique qui pourrait libérer les hommes d'une grande partie du travail nécessaire à leur vie est le responsable de la catastrophe actuelle. » Einstein avait raison !

Du fait des gains de productivité, l'économie a besoin de 7 % de travail en moins, mais, dans le même temps, le nombre de personnes disponibles a augmenté de 33 % ! Un écart de 40 % s'est donc creusé entre l'offre et la demande de travail.

1. La durée réelle a baissé de 4 % entre 1997 et 2002 (Insee, juillet 2005) et, depuis 2002, en multipliant les « assouplissements », la droite a réussi à annuler quasi toute la baisse. Selon la dernière étude Emploi de l'Insee, si l'on intègre les heures supplémentaires, la durée réelle du travail pour un actif à temps plein est revenue à 41 heures et 39 heures pour un salarié à temps plein. On entend partout que « la France est passée à 35 heures » mais, en réalité, ce n'est pas le cas.

Évolution du besoin total de travail et de la population active en France entre 1970 et 2008

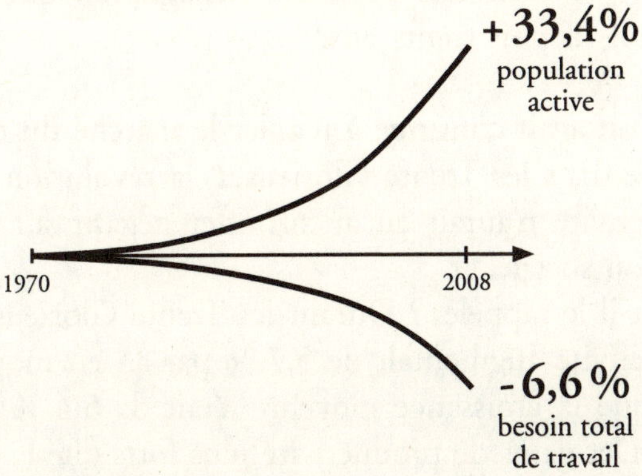

Si nous avions baissé notre temps de travail de 40 %, le chômage serait resté au niveau de 1970. Nous ne l'avons pas fait… La crise amenant à des réflexes de crispation plus que de changement, cette accumulation de bonnes nouvelles aboutit à un non-sens absolu : au lieu de profiter à tous, les gains de productivité, fruits de l'effort de tous, débouchent sur un chômage massif pour certains et sur une stagnation des salaires et un stress croissant pour d'autres.

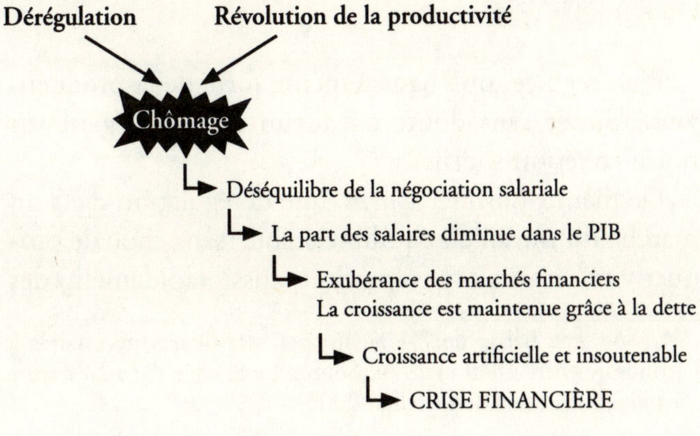

Révolution de la productivité + Contre-révolution néolibérale : voilà le mélange explosif qui est à l'origine de la lente mais très puissante déflagration que nous subissons depuis trente ans.

Si l'on avait continué à réguler le marché du travail comme dans les Trente Glorieuses, la révolution de la productivité n'aurait eu aucun effet négatif sur notre cohésion sociale.

Faut-il le rappeler ? Durant les Trente Glorieuses, la productivité augmentait de 5,7 % par an en moyenne alors que la croissance moyenne était de 5,4 % *seulement*. Des gains de productivité plus forts que la croissance ? Au total, d'après l'Insee, le nombre total d'heures travaillées a baissé de 45,7 milliards d'heures à 42,3 milliards sur cette période, soit une perte de 3,4 milliards d'heures [1].

Mais le chômage n'a pas augmenté car le souvenir de la crise de 1929 et de la guerre de 1939-1945 était dans tous les esprits, et c'est pendant les Trente Glorieuses qu'on a le plus régulé le marché du travail et baissé le temps de travail, en passant à la semaine anglaise (la semaine de cinq jours) et en augmentant les congés payés (deuxième puis troisième semaine de congés payés).

Bien régulée, une hausse même forte de la productivité n'aurait sans doute eu aucun impact négatif sur notre cohésion sociale.

De même, ou *inversement*, une dérégulation dans un marché du travail en équilibre stable (sans choc de productivité) n'aurait pas produit aussi rapidement des

1. Soit une baisse de 7,4 % du total des heures nécessaires à l'économie entre 1949 et 1974. Source Insee citée dans *La France du travail*, Éditions de l'Atelier, 2009.

effets aussi négatifs : comme Samuelson l'a montré, dans un marché proche de l'équilibre, la négociation entre les salariés et l'entreprise est équilibrée même sans régulations collectives fortes. Dans une situation de plein-emploi, un salarié qui n'est pas content de son salaire ou de sa charge de travail peut donner sa démission et trouver ailleurs – assez vite – une meilleure situation. Dans une situation de plein-emploi, le « si t'es pas content, va voir ailleurs » n'est pas une stratégie crédible pour les employeurs.

Mais quand se conjuguent des gains de productivité colossaux et une dérégulation forte du marché du travail, c'est la situation de l'ensemble des salariés qui, en quelques années, se trouve déséquilibrée.

L'évolution des modes de management et de rémunération a évidemment aggravé le problème : en donnant des stock-options aux cadres dirigeants, on les a très fortement incités à prendre des décisions favorables à court terme aux actionnaires et au cours de leurs options, au détriment des intérêts de moyen-terme de la communauté humaine qu'est, en principe, une entreprise.

La cause fondamentale de la crise

Voilà la cause fondamentale du chômage et voilà, donc, la cause fondamentale de la crise financière : notre mauvaise gestion des gains de productivité. Paradoxe inexplicable ! Jamais nous n'avons injecté autant d'intelligence dans le système économique, mais jamais nous n'avons mis aussi peu d'intelligence pour faire évoluer notre système social. Il faut sortir de ce non-sens. Il faut mettre fin au scandale. Le dossier du temps de travail doit être ouvert à nouveau et débattu sans tabou.

Il faut en finir avec les faux débats : si l'on intègre les gains de productivité colossaux réalisés dans toutes nos économies depuis quarante ans, le débat n'est plus « pour ou contre la RTT ? » mais plutôt « quelle RTT ? » RTT organisée par le marché (précarité, stress et concurrence permanente) ou RTT organisée par le débat et la négociation ?

En 1995, *Le Monde* titrait « Un rapport du Plan préconise une réduction de plus de 20 % du temps de travail en vingt ans ».

« Il faut baisser la durée du travail de 20 à 25 % d'ici à 2015 », affirmait la commission Boissonnat. Mise en place par Édouard Balladur, la commission Boissonnat avait rendu publiques une dizaine de propositions pour moderniser le marché du travail, mais la plus importante pour lutter contre le chômage était une baisse très forte du temps de travail. En 1997, les syndicats allemands demandaient un passage général à la semaine de 32 heures, on l'a vu plus haut. Depuis son congrès de Montpellier, en 1995, la CFDT demande une loi cadre pour aller à 32 heures.

En 2013, la réduction du temps de travail est quasi un sujet tabou. Mais, au milieu des années 1990, notre pays était à deux doigts de parvenir à un consensus sur ce sujet : en 1995, la première visite sur le terrain de Jacques Chirac, nouveau président de la République, était consacrée à rencontrer les dirigeants et les salariés d'une des cinq premières entreprises passées à la semaine de 4 jours. « Je me demande pourquoi ce qui se fait chez Brioche Pasquier ne se fait pas ailleurs », s'interrogeait Jacques Chirac le 13 juillet 1995 avant de rendre hommage de nouveau à la capacité d'innovation sociale de cette entreprise le lendemain dans l'interview du 14 Juillet en direct de l'Élysée.

Quelques mois plus tôt, Michel Barnier était l'un des premiers dirigeants gaullistes à prendre position en faveur de la semaine de 4 jours [1] :

> « La proposition de passer d'une semaine de travail de 5 à 4 jours me semble pouvoir être un objectif mobilisateur pour le pays et pour ses entreprises. Contrairement à la caricature que certains ont voulu dresser de cette proposition, il ne s'agit pas d'une réflexion malthusienne, mais d'une avancée possible pour permettre de réconcilier l'emploi et l'activité. Mais l'instauration de la semaine de 4 jours est une chose trop sérieuse pour être l'enjeu d'une bataille démagogique.
> Pour être créatrice d'emplois, cette réduction du temps de travail doit être accompagnée d'une réduction, voire d'une suppression des cotisations-chômage lorsque l'entreprise recrute et d'une augmentation des gains de productivité par une meilleure utilisation des machines.
>
> Une telle opération ne peut s'effectuer que progressivement. Ses étapes pourraient être :
> — la fixation par la loi d'un objectif de réduction du temps de travail dans un délai de 18 à 24 mois,
> — la réunion d'un nouveau Grenelle social associant les organisations patronales et syndicales pour définir un cadre de suivi,
> — la négociation par branche et par entreprise.
>
> S'engager dans cette voie constituerait un choc bien supérieur aux mesures techniques et utiles que nous prenons en ce moment, de nature à bouleverser les

1. Michel Barnier fut ministre des Affaires européennes. Il est aujourd'hui Commissaire européen chargé de la régulation financière.

comportements. La mobilisation de toute la société contre l'exclusion des « sans-travail » prendrait un éclat manifeste, à la hauteur de l'enjeu. D'autre part, cet acte frapperait les imaginations et encouragerait les consciences individuelles à se détacher de la morale du travail pour le travail et à évoluer vers un nouvel équilibre.»

Michel Barnier, *Vers une mer inconnue*, Hachette, 1994.

Quelques chefs d'entreprise connus avaient, eux aussi, pris position en faveur des 4 jours pour soutenir la proposition d'Antoine Riboud : « Je suis moi-même prêt à travailler 4 jours par semaine, affirmait Kleber Beauvillain, président de Hewlett-Packard [1]. On a trop tendance à se croire indispensable ; quand je ne suis pas là pendant huit jours, la société continue à tourner. Si j'avais un jour de liberté supplémentaire par semaine, je pourrais faire du sport et tout ce que je n'ai pas le temps de faire aujourd'hui. Par ailleurs, quand on s'arrête de travailler, on réfléchit. On prend un peu de recul.»

« Le temps de travail a été divisé par deux depuis un siècle. Cette évolution doit se poursuivre grâce au progrès technologique, rappelait Claude Bébéar, président d'Axa [2]. C'est possible pour tous, y compris les dirigeants : j'ai moi-même réduit d'un cinquième mon temps de travail pour prouver, comme d'autres l'ont fait avant moi, que même un patron peut travailler moins et rester aussi efficace. Tout irait beaucoup mieux si on disait "nous" au lieu de dire "je" ! »

« Après tout, c'est vrai qu'au début de ma carrière on travaillait 6 jours par semaine et nous sommes passés à

1. *Libération*, 4 novembre 1993.
2. *Le Monde*, 13 mars 1996.

5 jours sans baisse ni des salaires ni des charges, reconnaissait Jean-Louis Giral, président du groupe Desquenne et Giral [1]. Alors s'il y a une loi pour les 4 jours qui organise la baisse des charges et si la masse salariale n'augmente pas, pourquoi pas ? »

« À terme, la durée du travail de chaque individu pourrait être de 4 jours, celle de l'entreprise demeurant fixée à 5 ou 6 jours, précisait Jean Peyrelevade, PDG du Crédit lyonnais [2]. Une telle organisation bouleverserait les conditions d'existence des personnels, en allégeant considérablement le coût et la fatigue des trajets domicile-travail et en augmentant le temps disponible hors travail. À productivité du travail constante, elle conduirait à créer de l'emploi dans l'exacte proportion de la réduction de la durée individuelle du travail.»

En ce début 2013, les deux grands syndicats belges relancent le débat sur la semaine de quatre jours et d'autres syndicats européens vont sans doute les suivre. Aux États-Unis, c'est Robert Reich qui affirme qu'il faut baisser le temps de travail pour créer des emplois.

Le Figaro a raison : le chômage de masse ne vient pas de la mondialisation (même s'il est important de réguler le commerce mondial), mais de notre incapacité collective à gérer des gains de productivité colossaux. Au vu de cette réalité, il n'y a pas trente-six solutions : soit on assume ces gains de productivité, et il faut ouvrir à nouveau le débat sur une réduction du temps de travail, soit on ne les assume pas, et il faut détruire les robots, les ordinateurs et fermer les universités…

1. Débat à l'EBS le 11 janvier 1994.
2. *Le Monde*, 8 juin 1993.

Avec la politique de George Bush, les États-Unis sont revenus à un niveau d'inégalités comparable à celui de la fin du XIXe siècle. Certains veulent-ils aussi organiser une régression technologique de la même ampleur ?

Non. Évidemment. Personne ne pense sérieusement supprimer les robots et les ordinateurs. Personne ne veut fermer les écoles, les universités et les centres de formation professionnelle. Alors, il faut assumer ! Assumer joyeusement la révolution de la productivité. Aucune génération n'avait connu une telle évolution ? Nous n'avions rien demandé ? C'est vrai ! Mais c'est sur nous que c'est tombé. Et, si nous sommes capables d'ouvrir sereinement ce débat, si nous sommes capables tous ensemble de dompter et de mieux partager ces gains de productivité, ce peut être une très bonne nouvelle.

Relancer le débat

Relancer le débat sur le temps de travail suppose de faire le bilan des 35 heures. Bilan peu aisé à faire, car l'effet des 35 heures aura été très différent selon les entreprises. « Mon entreprise est passée à 35 heures mais, en réalité, nous continuons à faire 38 h 50 », expliquait sans complexe le président de la CGPME (patronat des PME) dans *Le Figaro* du 6 novembre 2000.

Cette déclaration montre à quel point l'UMP exagère quand ses chefs parlent encore du « carcan » des 35 heures : on pouvait rester à 38 h 50 tout en signant un accord « 35 heures ». Mais cette déclaration illustre aussi la difficulté qu'il y a à faire le bilan des 35 heures. Autant les accords signés avec la loi Robien ou avec la première loi Aubry étaient gagnant-gagnant (une vraie RTT avec de vraies créations d'emplois), autant les accords signés avec la deuxième loi Aubry étaient souvent plus ambigus. Hélas, ils ont concerné 80 % des salariés !

Avec la loi Robien comme avec la première loi sur les 35 heures, l'entreprise n'avait pas d'exonération si elle ne créait pas un minimum d'emplois. Ce qui semblait assez logique : s'il n'y a pas d'embauche, il n'y a aucune dépense supplémentaire. Pourquoi donner une exonération ? Hélas, avec la deuxième loi sur les 35 heures, on a donné 70 milliards de francs d'exonération, mais on ne demandait aux entreprises aucune contrepartie en emplois !

Créations d'emplois exigées pour bénéficier des exonérations

Loi Robien	+ 10 % d'emplois en CDI
Première loi Aubry	+ 6 % d'emplois en CDI
Deuxième loi Aubry	0 %

La deuxième loi et les décrets qui l'accompagnent accordaient aux entreprises un très fort volume d'heures supplémentaires et repoussaient à 2008 la mise en place des 35 heures dans les entreprises de moins de vingt salariés. Qui plus est, les rédacteurs de la deuxième loi avaient enlevé une phrase essentielle qui figurait dans la première loi : il était interdit de changer la définition du temps de travail. Avec la deuxième loi, on pouvait changer la définition du temps de travail et considérer que des temps de pause, d'habillage ou de douche étaient une RTT. Dans l'industrie, on a vu des entreprises qui, sans rien changer à l'organisation réelle du travail, arrivaient déjà à un décompte de 37 heures simplement en requalifiant les temps de pause prévus par leurs conventions depuis des décennies...

Quand le contenu de la deuxième loi a été rendu public en juin 1999, nous avons été nombreux à tirer la sonnette d'alarme [1]. L'OFCE, l'institut d'économie de Sciences po, a publié une étude assez critique (« Une réduction réduite ») et, à l'université d'été du PS, fin août, l'atelier consacré aux 35 heures a été assez houleux. Beaucoup de militants ne comprenaient pas qu'on donne autant d'heures supplémentaires, autant de flexibilité, autant d'exonérations.

« On sera toujours très à gauche pour le Medef »

À La Rochelle, face à l'inquiétude des militants, le rapporteur du texte, Gaëtan Gorce dut défendre le projet de loi, évoquant des améliorations et « des garanties à compléter » au cours de la discussion parlementaire.
« *On sera toujours très à gauche pour le Medef* », a-t-il plaidé, s'attirant immédiatement une réponse acide de la salle : « *Si c'est ça notre référence !* »

Le Monde, 31 août 1999.

Quelques semaines après ces universités d'été, constatant que les militants et les élus de terrain ne sont pas écoutés, un groupe de militants lance une pétition sur un point qui lui paraît vraiment essentiel :

1. Déjà en 1998, nous proposions une méthode radicalement différente pour aborder cette question. Voir Michel Rocard et Pierre Larrouturou, « Un nouvel enthousiasme », dans *Le Monde* du 21 mai 1998. Voir aussi *35 heures, le double piège*, de Pierre Larrouturou, Belfond, 1998.

« On va donner chaque année plus de 70 milliards d'exonération sans aucune contrepartie en emplois. C'est absolument stupide. S'il n'y a pas de création d'emplois, il n'y a pas de surcoût. Alors pourquoi donner des exonérations ? Une entreprise qui créerait des emplois va être désavantagée par rapport à celle qui bénéficiera des exonérations sans en créer aucun. Mettre des milliards d'exonérations sans contrepartie, c'est ahurissant ! »

« 35 heures, oui, mais avec des emplois »

Très vite, la pétition [1] recueille des dizaines de signatures, dont celles de Marie-Claire Mendès France, la veuve de Pierre Mendès France, et Stéphane Hessel. Le président de la Commission sociale des évêques de France a signé, comme l'Union des familles laïques. Christophe Aguiton de la LCR a signé avec le président du syndicat des cadres, la CFE-CGC. Le SNJ, la FSU, un grand nombre de fédérations de FO, de la CFDT et de la CFTC sont parmi les premiers signataires… Tous ceux qui ont réfléchi à la question du temps de travail pensent qu'il serait dramatique qu'il n'y ait aucune incitation à la création d'emplois dans la loi qui va concerner la majorité des salariés.

Marie-Claire Mendès France est la première signataire. À 78 ans, elle va porter elle-même la pétition et un dossier argumentaire à Matignon : « Je connais bien Olivier Schrameck, le directeur de cabinet de Jospin. Il va me recevoir », explique-t-elle aux autres signataires. Mais très vite, Olivier Schrameck lui fait comprendre

1. La pétition est publiée dans *Libération*, le 9 décembre 1999.

que ni la loi ni les décrets ne seront modifiés : il n'y aura aucune incitation à la création d'emplois !

Le paradoxe des 35 heures

La mise en place des 35 heures restera un des grands paradoxes de l'histoire sociale de notre pays. La méthode employée a laissé très peu de place à la négociation avant le vote de la loi, ce qui a poussé à la démission le président du patronat, Jean Gandois, qui était pourtant favorable sur le fond à la RTT. En petit comité, Gandois rappelait que, en 1978 déjà, il avait publié une tribune favorable aux 35 heures : « Giscard m'a engueulé, mais comme chef d'entreprise, je voyais bien les gains de productivité qu'on faisait dans nos usines. » Vingt ans après son premier article sur le sujet, Jean Gandois n'était pas du tout hostile à une vraie RTT mais il n'a pas supporté l'absence de négociation et la mise en scène d'un politique décidant tout, tout seul.

Derrière cette très grande fermeté affichée sur la méthode, le contenu de la loi recelait beaucoup d'ambiguïtés :

– aucune obligation d'aller réellement à 35 heures ;
– aucune obligation d'embauche ;
– possibilité d'accroître la flexibilité et de modifier la définition du temps de travail ;
– les PME de moins de vingt salariés laissées hors du champ de la réforme.

« Jospin n'a jamais cru à la RTT »

Les 35 heures ? Laurent Fabius n'en a jamais été un chaud partisan. Il y a eu « de sérieux problèmes

> d'application », reconnaissait-il en 2002, après la défaite de Lionel Jospin aux élections présidentielles. Lequel Lionel Jospin, confiait récemment François Hollande, n'aurait « jamais cru à la RTT » et aurait accepté de la mettre en place en 1997 « pour faire plaisir aux militants ».
>
> *Libération*, 19 mai 2008.

Dans ces conditions, faut-il s'étonner que certains fassent aujourd'hui un bilan mitigé de la deuxième loi sur les 35 heures ? « 40 % des salariés n'ont jamais eu accès aux 35 heures » rappelle Marcel Grignard, secrétaire national de la CFDT [1].

Entendons-nous ! Les 35 heures ne sont pas l'abomination des abominations que décrit le Medef. C'est vrai qu'elles ont coûté cher à l'État, mais c'est parce qu'on a donné des milliards d'exonérations sans contrepartie de créations d'emplois, ce que le Medef ne dit pas. C'est vrai que, à l'hôpital, elles ont compliqué l'organisation des services, car on n'avait pas ouvert assez tôt les écoles d'infirmières (ce qui reste assez incompréhensible). Mais, selon l'Insee, même une réduction du temps de travail assez réduite (de l'ordre de 4 %) a créé presque 350 000 emplois. Si la baisse de la durée réelle était quatre ou cinq fois plus forte, les créations d'emplois ne seraient-elles pas, elles aussi, quatre ou cinq fois plus importantes ?

Entre 2002 et 2012, la droite n'a pas cessé d'*assouplir* les 35 heures, au point que la durée réelle pour un salarié à temps plein est revenue à 39 heures, on l'a vu plus haut. Pour sortir notre pays de la crise, pour diviser par deux le nombre des chômeurs, il faut très vite

1. *Le Monde*, 21 mai 2008.

relancer la négociation sur le temps de travail. Et aller plus loin que les 35 heures…

Les 35 heures étaient déjà une revendication des syndicats américains en 1959 et figuraient dans le programme du PS en 1981. En 2013, pouvons-nous nous contenter de solutions qui datent des années 1970 ? Le monde a changé. Il y a plus de 3 millions de chômeurs et leur nombre peut augmenter de 500 000 d'ici un an. Il faut donc aller plus loin que les 35 heures. Il faut ouvrir, à nouveau, le débat sur la semaine de 4 jours à la carte.

La semaine de 4 jours

La semaine de 4 jours, ça marche ! C'est déjà une réalité dans plus de 400 entreprises : Fleury Michon, Mamie Nova (Coop Even) ou Monique Ranou, mais aussi des centaines de PME inconnues : une auto-école à Rouen, un fabricant de logiciels à Chambéry, un charpentier près de Bordeaux, une coopérative d'insémination porcine à Pau, un imprimeur dans le Nord, une concession Peugeot dans le Var, un libraire, un chauffagiste et une agence de pub à Paris… Plus de 400 entreprises sont déjà passées à la semaine de 4 jours sans augmenter d'un euro leurs coûts de production et en créant massivement des emplois.

À partir de l'effet sur l'emploi observé chez ces 400 pionniers, de taille et de métiers très différents, une étude du ministère du Travail estimait en 1997 qu'un mouvement général vers les quatre jours créerait 1 600 000 emplois en CDI. 1 600 000 emplois, sans parler des métiers émergeant autour du temps libre et de l'impact sur la croissance qu'aurait la création de 1 600 000 emplois en CDI, et donc le surcroît de consommation de 1 600 000 familles.

« Il faut passer à 32 heures, sans étape intermédiaire. Cela obligera toutes les entreprises à créer des emplois », affirmait Antoine Riboud, le patron de BSN Danone, en 1993. Il n'a guère été entendu. En période de crise, il est plus facile de jouer sur les peurs et de parler au cerveau reptilien que de parler à l'intelligence et au cerveau citoyen.

En période de crise, le bon sens ne veut-il pas que l'on travaille plus en gagnant un peu moins ? Ce bon sens reptilien a conduit à la crise de 1929. Ce même bon sens inspire aujourd'hui les leaders de la droite quand ils incitent chacun à travailler plus. En réalité, le seul moyen de rééquilibrer le marché du travail pour augmenter vraiment les salaires, le meilleur moyen de relancer la croissance, le meilleur moyen aussi de sauver les retraites, c'est de s'attaquer frontalement au chômage. Ce qui passe (entre autres actions) par une forte baisse du temps de travail.

Beaucoup, à gauche, ont peur d'être ridicules en parlant à nouveau du temps de travail : on en a déjà tellement parlé. Et puis, faut-il vraiment faire le bilan des 35 heures ? Les 35 heures devaient être une étape vers les 4 jours/32 heures, mais qui s'en souvient ? On a peur d'être ridicule. On a peur de faire « réchauffé ». Mais la peur n'est pas forcément bonne conseillère. Serons-nous capables de nous ressaisir et d'ouvrir un vrai débat sur cette question cruciale avant que la précarité généralisée ne débouche sur une crise majeure ?

Le dossier du temps de travail doit être rouvert et débattu sans tabou. Ne laissons pas la peur nous dicter notre conduite. Il serait dramatique de laisser tomber la question du temps de travail. Il est absolument vital pour notre cohésion sociale d'arriver à parler à nouveau de cette question. Sans doute faut-il l'aborder avec une méthode différente de celle employée en 1997 : de façon plus franche, de façon plus globale, aussi, en faisant le lien avec la question des retraites, en ayant un vrai projet de société autour du temps libéré, et surtout en donnant la priorité à la négociation et pas à la législation.

Financer les créations d'emplois

Comment financer le passage à 4 jours sans augmenter les coûts de production ? La source de financement principale est à chercher du côté de l'activation des fonds de l'Unedic. Avant même l'État et les collectivités locales, ce sont les caisses de chômage qui sont les premières bénéficiaires de l'effet sur l'emploi d'une RTT massive. Fleury Michon, Mamie Nova, Monique Ranou et toutes les entreprises déjà passées à 4 jours ont créé entre 10 et 15 % d'emplois nouveaux en CDI sans augmenter d'un centime leurs coûts de production.

Pour augmenter l'effet sur l'emploi et pour limiter la pression mise sur les salariés, il faut absolument que les exonérations soient conditionnées à des créations d'emplois :

1. Pas d'exonération sans une baisse effective de la durée du travail.
2. Pas d'exonération s'il n'y a pas 10 % au moins d'embauches en CDI.

Voilà deux des facteurs clés de succès que devront avoir en tête les négociateurs.

Le principe général (à détailler selon les branches et la taille des entreprises) est le suivant :

– Cotisations : – 8 % s'il y a bien 10 % d'embauches en CDI et une réduction de la durée réelle du travail à 4 jours/32 heures (– 6 % Unedic, – 2 % État).

– Salaires : à négocier au cas par cas mais maintien intégral du salaire au-dessous de 1 500 euros.

– Créations d'emplois : + 10 %.

Tout cela mène à l'équilibre de la masse salariale.

Tel est le principe qui a été mis en place dans les 400 entreprises déjà passées à 4 jours. Il n'y a aucune baisse de revenu au-dessous de 1 500 euros net par mois. Au-dessus, c'est à négocier. Dans beaucoup d'entreprises passées à 4 jours, il n'y a eu aucune baisse de salaire (pour personne). Ailleurs, les hauts salaires ont perdu 2 ou 3 %.

On trouvera en annexe de ce livre le tableau de financement d'un accord réel de passage à 4 jours d'une entreprise de 800 salariés. Tous les salariés sont passés à 4 jours (en moyenne sur l'année), l'entreprise restant ouverte 6 jours par semaine, comme avant. Le salaire net n'a baissé pour aucun salarié mais, en jouant sur 7 autres facteurs de coûts (de la prime de salissure aux congés payés supplémentaires qui augmentaient avec l'ancienneté), l'entreprise a pu créer 15 % d'emplois nouveaux en CDI sans augmenter ses coûts de production. Comme elle travaille pour la grande distribution, elle ne pouvait pas se permettre la moindre augmentation de coût. L'entreprise a fêté récemment les douze ans du passage à 4 jours et nul ne songe à remettre en question cette organisation du travail.

Quel impact macroéconomique ?

Patrick Artus, directeur des études économiques à la Caisse des dépôts, a vérifié que le passage à 4 jours – avec le financement que nous proposons – n'a pas d'inconvénient macroéconomique : « Patrick Artus a exploré le bouclage macroéconomique de la formule Larrouturou, écrivait *Options finances* le 15 novembre 1993. Sa conclusion est formelle : il tient ! Il maintient le potentiel de production, la stabilité des coûts, la stabilité (ou la hausse) du revenu disponible de l'ensemble des ménages. Il n'aggrave pas le déficit public. Ce qui ne présage en rien de sa faisabilité pratique », précise-t-il [1]. Mais comme, depuis, 400 entreprises sont maintenant passées à 4 jours, la faisabilité pratique est attestée ! Le chantier est énorme, mais il n'est pas dangereux pour notre économie. Beaucoup se sentent désarmés devant un tel chantier, mais qui peut croire que l'on sortira de la crise en accumulant les rustines ? Qui ne sent pas le besoin d'inventer du neuf ?

Une idée populaire

En 1997, quand la Sofres interrogeait les salariés sur les 35 heures, ils avaient de gros doutes sur l'effet qu'auraient les 35 heures sur l'emploi : 69 % des Français pensaient que les 35 heures ne créeraient *pas*

1. Voir la démonstration de Patrick Artus en annexe.

d'emplois [1] alors que, au contraire, 68 % pensaient que la semaine de 4 jours pourrait créer des emplois [2].

Créer 1,5 à 2 millions d'emplois

Il faut faire en sorte que la mise en œuvre de la réduction du temps de travail aille dans le sens de l'intérêt économique des entreprises. D'où l'idée de coupler réduction du temps de travail et réduction du coût du travail. L'association de ces deux mesures pourrait constituer un dispositif à la fois stimulant économiquement et rapidement créateur d'emplois.

Ce double mouvement :
— réduction de 20 % de la durée moyenne du travail dans l'entreprise ;
— baisse de 10 points des charges (pour les entreprises s'engageant dans cette réduction du temps de travail),
appliqué à l'ensemble de l'économie, permettrait de créer 1,5 à 2 millions d'emplois.

Ce dispositif est conforme à l'intérêt de tous les acteurs. Cette mesure, qui semble bien la *seule* capable d'apporter « vite et fort » une réponse au problème de l'emploi, n'exclut pas bien sûr d'autres actions indispensables, plus fondamentales ou à plus long terme, telle que la formation... Toutes les armes doivent être mobilisées pour lutter contre le chômage.

Association nationale des docteurs ès sciences économiques.
Livre blanc, mai 1995.

Une question absolument stratégique

Avec quelle autre réforme peut-on créer, en quelques années, 1,5 million d'emplois en CDI ? Bien sûr, la

1. *Le Monde,* 2 octobre 1997.
2. Sondage CSA/*La Vie,* 5 mai 1997. Ce sondage indiquait que 67 % des personnes interrogées acceptaient de perdre jusqu'à 5 % de salaire en échange d'une journée entière de liberté.

semaine de 4 jours n'est pas la panacée. Mais si l'on intègre la semaine de 4 jours dans une politique globale de lutte contre le chômage, si l'on crée 1,5 à 2 millions d'emplois en CDI, la négociation sur les salaires se fera dans un tout autre climat.

On a montré au début de ce livre que la cause fondamentale du déséquilibre entre salaires et bénéfices était la perte de pouvoir de négociation dont souffrent de nombreux salariés à cause du chômage de masse. Si l'on passe à 4 jours, si l'on crée 1,5 million d'emplois, un nouveau partage de la valeur ajoutée, nettement plus favorable aux salariés, va assez vite se mettre en place. C'est sans doute pour cela que les néolibéraux veulent absolument empêcher tout débat sur cette question.

En un siècle, entre 1870 et 1970, on a divisé par deux le temps de travail : on est passé de 7 jours à 6, puis de 6 jours à 5. Quant à la journée de travail, elle passait de 12 heures à 8. Et les salariés gagnaient progressivement 5 semaines de vacances. En un siècle, alors que la productivité augmentait assez peu, on a divisé par deux le temps de travail. Mais, depuis le début des années 1970, alors que la productivité a fait des bonds de géant, nous ne sommes plus capables de faire évoluer notre contrat social : *grosso modo*, la durée réelle d'un emploi à temps plein reste fixée aux alentours de 40 heures.

Jamais on n'a fait autant de productivité et jamais nos dirigeants n'ont été aussi peu capables de faire évoluer le contrat social. L'histoire sera sans doute sévère avec les politiques qui refusent de débattre sérieusement des gains de productivité et du temps de travail.

Pour sortir de la crise, pour lutter radicalement contre le chômage, il n'y a pas de solution unique. Il faut agir sur plusieurs leviers à la fois : créer un impôt européen sur les bénéfices pour dégager des ressources nouvelles (pour l'Europe et pour chaque État membre), imposer le respect des règles sociales et écologiques dans le commerce mondial, négocier un traité de convergence sociale au niveau européen, investir massivement dans le logement et dans les économies d'énergie, faire de la France un pays d'entrepreneurs… Afin d'éviter un scénario à la japonaise (vingt ans de crise larvée suivis d'un effondrement), il y a fort à faire. Il faut agir avec force sur tous les leviers possibles. Et, de tous les moyens d'action, le temps de travail est le plus puissant.

Civilisation ou barbarie ?

En janvier 2008, Nicolas Sarkozy a surpris son monde en annonçant une « politique de civilisation ». Quelques mois plus tard, elle était déjà oubliée ! C'est bien dommage. Car, vu la gravité de la situation, parler d'enjeux de civilisation n'avait rien de grotesque.

Dans le petit livre d'Edgar Morin qui a inspiré le discours de Nicolas Sarkozy [1], la politique de civilisation n'est pas du tout une idée creuse. Notre ami Edgar avance un certain nombre de propositions très concrètes en matière d'éducation, de politique européenne, de régulation monétaire, et il prend très clairement position en faveur d'une baisse de la durée du travail à 30 heures par semaine.

1. *Pour une politique de civilisation*, Arléa, 2002.

Une politique de civilisation, ça ne passe pas par les petits boulots à 12 heures par semaine. Ça passe par une forte baisse de la durée du travail ! Car la semaine de 4 jours n'est pas seulement une arme antichômage. Passer à 4 jours, c'est l'occasion pour chacun d'avoir du temps pour soi, pour sa vie de couple, du temps pour s'occuper de sa famille, du temps pour reprendre une formation, du temps pour s'engager sérieusement dans une activité associative, du temps pour se mettre à la musique ou pour lire tous les livres qu'on a accumulés sans jamais dépasser le chapitre 2…

Cela fait douze ans que les salariés de Mamie Nova (Coop Even) sont passés à 4 jours. L'accord a permis de créer 120 emplois sans baisser les salaires et sans augmenter d'un centime le prix du yaourt. De l'avis de tous, le passage à 4 jours a permis un enrichissement du travail : le directeur d'usine est passé à 4 jours et a donné une partie de son travail à son numéro deux, qui est lui-même passé à 4 jours et a confié une partie de ses tâches à un autre cadre, que l'on a embauché au moment du passage à 4 jours… Et ainsi de suite, jusqu'aux ouvriers de premier niveau, dont le travail a lui aussi été enrichi : un jour par semaine, leur chef d'équipe n'est pas là. Ils doivent prendre certaines décisions sans lui. Ils doivent être capables de gérer sans lui certaines demandes urgentes. Globalement, le passage à 4 jours a amené à repenser le travail de chacun et a enrichi la plupart des postes.

Et, à l'extérieur, la vie a changé aussi : « Avoir un jour de libre toutes les semaines, ça change la vie, explique un cadre. Avec ma femme, on s'est mis au canoë-kayak de mer. Jusque-là, on se voyait seulement le soir et le week-end, quand il y avait les enfants. On adore nos enfants, mais ça fait du bien d'avoir un jour où on est ensemble, seulement tous les deux. »

« Ne plus perdre sa vie à la gagner. » C'était l'un des slogans de la CFDT dans les années 1970 quand elle faisait campagne – déjà – pour la réduction du temps de travail. Passer à 4 jours puis aller vers un certain nombre d'années sabbatiques en cours de vie active va créer un très grand nombre d'emplois et va profondément changer notre relation au travail et nos modes de vie.

La semaine de 4 jours donnera la possibilité à notre société de retrouver un certain équilibre, une certaine confiance en son avenir. Elle permettra aussi à des millions de salariés de gagner une nouvelle liberté et de vivre une nouvelle intimité avec leurs proches. En cela, Edgar Morin a parfaitement raison de présenter une réduction forte du temps de travail comme un élément clé d'une politique de civilisation.

La semaine de 4 jours pourra éviter l'explosion ou la dépression collective qui nous guettent, éviter une société de pleine précarité pour construire une société de plein-emploi et de pleine activité. Une société qui sera organisée pour permettre à chacun d'avoir part à quatre grandes sphères d'activité :

– la vie personnelle (couple, famille, amis…) ;
– la vie professionnelle (travail et formation) ;
– la culture, l'éducation, les sports et les loisirs ;
– la citoyenneté, la vie associative, syndicale et politique.

Pour que tous et toutes puissent réellement avoir part librement à ces quatre sphères d'activité, le chantier est énorme. Mais il est passionnant.

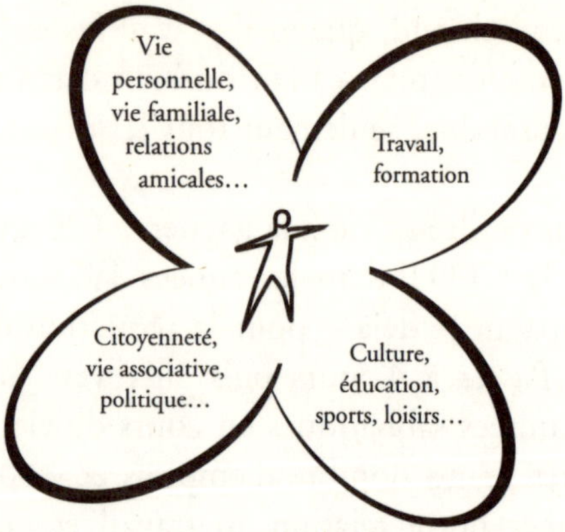

Nous ne voulons pas faire marche arrière en matière de productivité. Nous devons donc aller vers une durée moyenne de 32 heures, comme en Grande-Bretagne, ou 30 heures, comme en Allemagne.

La seule question est de savoir *comment* : par la précarité, l'injustice et la violence sociale ? Ou en choisissant de construire un nouvel équilibre, une nouvelle société ? Politique de civilisation ou glissement assez rapide vers la barbarie ? À nous de choisir.

À elle seule, la réduction du temps de travail ne donne pas de sens à notre société. Si le travail restait le seul lien social, la seule source d'identité, réduire le (temps de) travail serait très dangereux pour l'équilibre psychique et la cohésion sociale de notre société. C'est pour cela qu'il est essentiel, vraiment essentiel, d'engager dans le même temps le débat sur la citoyenneté, sur l'accès à la formation, sur les rythmes scolaires et le nouveau rôle des parents – de l'ensemble des adultes ? – dans l'éducation, sur l'accès à la création culturelle et à la pratique sportive (et pas seulement à la consommation de loisirs), etc.

En réalité, il ne s'agit pas de « travailler moins » mais d'être plus nombreux à travailler dans la sphère économique et plus nombreux aussi à œuvrer dans d'autres domaines. « La République, disait Jaurès, c'est la société où chacun a le temps et la liberté pour agir en citoyen. »

Y aura-t-il 400 000 chômeurs de plus d'ici 2014 ou y en aura-t-il 400 000 de moins ? Cela se décide dans les mois qui viennent. La négociation sociale qui vient de commencer doit s'emparer pleinement du dossier du temps de travail. Sans doute faut-il l'aborder avec une méthode différente de celle employée dans les années 1990, en ayant une vision de l'ensemble des temps sociaux (temps de travail, formation, retraites, temps personnel…) et en laissant plus de place à la négociation. Mais la question du temps de travail ne doit pas devenir un sujet tabou.

Comment faire passer le message ?

En France, ce problème de la durée du travail fait l'objet d'une crispation nationale à cause de la violence du conflit qui suivit les lois Aubry sur les 35 heures. Dans un débat furieux où le patronat et toute la droite oubliaient complètement que nous avions largement plus de 2 millions de chômeurs en catégorie 1, une quasi-guerre civile s'est déclenchée contre l'idée d'avoir recours à la contrainte d'État pour faire appliquer la baisse de la durée du travail.

Reste que, même maladroite, cette réforme a conduit à créer plus de 300 000 emplois. Reste aussi que la bataille a quitté l'économie pour devenir politique et symbolique. D'où le risque que le sujet reste tabou aujourd'hui : l'idée de réduire le temps de travail pour créer des emplois est totalement absente dans la lettre envoyée par le ministre du Travail, Michel Sapin, aux partenaires sociaux en septembre 2012.

Il ne faut en aucun cas rallumer la flamme du conflit mais, avec 5 millions d'inscrits à Pôle Emploi, on ne peut pas accepter qu'une solution efficace contre le chômage reste honteusement cachée. La question de la méthode est évidemment fondamentale. Ne recommençons pas les erreurs des années 1990.

Quelle articulation entre la loi et les négociations ? Ce n'est pas à nous de le dire aujourd'hui. Mais on peut s'inspirer de quelques expériences réussies, comme celle du chantier de la formation professionnelle piloté par Jacques Delors au début des années 1970. Quand Delors accepte de travailler avec Chaban-Delmas, il ne cache pas son ambition : il veut construire un nouveau droit et faire voter une loi qui permettra à tous les salariés de se former pendant le temps de travail, aux frais de l'entreprise. L'objectif est très clair mais la méthode repose sur le dialogue : avant de rédiger une seule ligne de la loi, Jacques Delors commence par lancer une grande négociation.

Et pour que la négociation ne commence pas sur des a priori ou des peurs infondées, il donne la parole à des pionniers : des entreprises qui ont déjà innové et fait de la formation, payée par l'entreprise, sur le temps de travail. Le témoignage de ces pionniers montre que l'ambition de Delors est réaliste, que le droit à la formation n'est pas une utopie. C'est possible et c'est rentable. Et c'est bon pour les salariés.

Donner la parole à des pionniers permet de débloquer la négociation qui débouche sur un accord interprofessionnel assez ambitieux. Et, quelque temps plus tard, tout le monde accepte une loi qui accélère la mise en œuvre et mutualise les financements…

En 2013, il est urgent de relancer le débat sur le temps de travail : donner la parole à des pionniers (les patrons et les salariés de Fleury-Michon, Mamie Nova et tous les autres…), puis demander aux partenaires sociaux de négocier cette question. On a vu plus haut que le président de la commission Emploi du Medef explique publiquement que la question du temps de travail devrait être à nouveau mise en débat. Du côté du Centre des jeunes dirigeants, qui regroupe plusieurs milliers de chefs d'entreprise comme du côté de la CGPME ou du patronat des artisans, les esprits sont ouverts également.

Faudra-t-il une loi ? Sans doute. Et peut-être même deux : une loi pour relancer les expérimentations en donnant des exonérations aux entreprises qui en ont besoin et une loi-balai. « Entre le riche et le pauvre, entre le puissant et le faible, entre le maître et le serviteur, c'est la Liberté qui opprime et la Loi qui libère », affirmait déjà Henri Lacordaire en 1848. L'expérience malheureuse des lois sur les 35 heures ne doit pas nous interdire à tout jamais l'usage de la loi : depuis son congrès de Montpellier en 1995, la CFDT demande « une loi-cadre pour aller à 32 heures ». Mais, première étape, il faut que le contenu de la loi soit négocié ; puis que la mise en œuvre soit négociée, branche par branche, entreprise par entreprise, service par service…

Pour relancer la négociation, une solution avait été proposée en 1998, qui avait soulevé un vif intérêt à la CFDT et au CNPF de l'époque, devenu Medef. Elle consistait à introduire dans la tarification des cotisations sociales un système de tranches, analogue à celui qui existe pour l'impôt sur le revenu : au-dessous des 32 premières heures de travail, les cotisations sont divisées par quatre, et au-dessus de 32, elles sont multipliées par quatre. Les entreprises qui ne bougeraient pas garderaient des cotisations inchangées, et les autres, avec les économies très importantes qu'elles feraient, pourraient embaucher pour préserver leur nombre d'heures travaillées. Ce système est proche de l'auto-équilibre, car tout chômeur réembauché entraîne une forte économie de deniers publics : allocations en moins, cotisations sociales en plus.

Cette solution avait été élaborée dans un groupe de travail proche du PS. Michel Rocard était devenu le porteur de ce projet devant la commission des Affaires sociales du parti, présidée par Élisabeth Guigou, à l'automne 1996. Cette commission souligna l'intérêt du projet mais ne trancha pas, et renvoya la décision au Bureau national. Ce dernier, qui pensait avoir du temps devant lui car nul ne s'attendait à la dissolution de 1997, n'approfondit pas le problème. Il se limita à adopter le principe des emplois-jeunes, qui sera effectivement mis en place deux ans plus tard, mais qui a l'inconvénient de coûter huit fois plus cher par emploi créé qu'un emploi créé grâce à la baisse de la durée du travail dans ces conditions d'incitation…

L'affaire n'était donc pas complètement tranchée politiquement lorsque le gouvernement Jospin fut mis en place et s'en saisit. Dûment informé, sachant l'intérêt manifesté par la CFDT pour un tel système, et sachant même l'ouverture du président du CNPF, le gouvernement décida néanmoins d'agir d'une façon radicalement différente.

Pourtant l'OFCE, officieusement saisi par nos soins, avait bien voulu nous confirmer son avis favorable sur la pertinence du système et son efficacité potentielle, soulignant simplement qu'il faudrait une ou deux années pour que l'importance de l'incitation soit connue et mesurée par les entreprises, condition nécessaire à l'envol du système.

La méthode employée par le gouvernement provoqua une méfiance voir une colère que la puissance du dispositif incitatif ne suffit pas réduire.

Cette colère a entraîné le refus d'application de la loi et un blocage persistant, que l'augmentation des volumes d'heures supplémentaires a petit à petit assoupli, aux dépens de l'objectif même de la loi.

Au total, la France a plutôt régressé : le sujet est toujours aussi mal compris et la durée du travail n'a guère baissé dans les PME…

Plusieurs leçons découlent de cette occasion perdue :

– la durée du travail est un facteur majeur de l'équilibre du marché du travail en matière d'emploi. Il faut le réexpliquer.

– dès qu'une entreprise dépasse quelques centaines de salariés, faire varier le temps de travail est d'une complexité telle que cela ne peut résulter que d'une longue négociation interne à l'entreprise. Toutes les questions d'organisation qui sont fondamentales, tant pour la vie des salarié(e)s que pour l'efficacité des entreprises, doivent absolument être laissées à la négociation branche par branche, entreprise par entreprise et unité par unité. Toute contrainte extérieure sur ces questions est contre-performante. La loi ne doit donc pas s'en mêler.

La loi reste cependant l'instrument pour acter un changement du contrat social et fixer de façon pérenne les tarifs des impôts et des cotisations sociales. Elle est donc nécessaire pour fixer un cap collectif et le rendre économiquement atteignable, mais rien d'autre.

* * *

« Donnez-moi un levier et un point d'appui, et je changerai la course des planètes », affirmait Archimède. Pour changer la course de notre société, nous avons un point d'appui : la gravité de la crise (des millions de chômeurs et de précaires, une économie qui menace de s'effondrer…), qui fait que des millions de citoyens aspirent au changement. Et nous avons un levier : le changement de l'ensemble des temps sociaux (temps de travail, temps de formation, temps scolaires, service civil…). À nous d'agir.

Dans le même temps, nous devons agir sur un autre levier fondamental : changer l'espace en construisant enfin une Europe capable d'agir pour protéger notre modèle social et humaniser la mondialisation.

Chapitre XII

CHANGER L'EUROPE, C'EST MAINTENANT !

« Par défaut de volonté, par insuffisance d'être, par pleutrerie, par instinct de servitude, l'Europe est en train de se résigner à n'être qu'un espace commercial régi par le libéralisme et, politiquement, un dominion des États-Unis », écrivait Jacques Julliard en janvier 2003.

Dix ans plus tard, l'Europe est à deux doigts du KO, tant économiquement et socialement que politiquement : l'Europe « grand marché » ne répond pas aux attentes des peuples. Les citoyens ont l'impression que non seulement l'Europe ne les aide pas à sortir de la crise, mais que les règles « imposées par Bruxelles » aggravent la situation. Ils ne comprennent pas des institutions trop complexes. Ils ont le sentiment que ce « machin » fonctionne sans eux, et parfois contre eux. L'Europe sociale est toujours remise à plus tard…

Pourtant, malgré toutes les déceptions, une majorité de citoyens continue à vouloir l'Europe. Pour humaniser la mondialisation, pour protéger nos modèles sociaux, rien n'est possible sans Europe. Il existe une soif d'Europe, à laquelle il faut répondre par un projet européen clair et fédérateur.

Bonne nouvelle ! De nouveaux traités sont en cours de négociation. Et tout le monde sent bien que l'Europe est à un moment crucial de son histoire : toutes les rustines accumulées depuis la chute du Mur en 1989, tous les sommets extraordinaires convoqués à la hâte depuis cinq ans ne trompent plus personne… Il faut arrêter les rafistolages et construire une Nouvelle Europe avant que l'ancienne ne s'effondre. Les changements nécessaires sont d'une telle ampleur que, en Allemagne, pour la première fois depuis la Seconde Guerre mondiale, on parle de plus en plus d'organiser un référendum pour ratifier les nouveaux traités :

Allemagne : un référendum sur les nouveaux traités ?

Le ministre des Affaires étrangères allemand, Guido Westerwelle, est le dernier d'une lignée d'hommes politiques appelant à un référendum sur la remise de plus de pouvoirs à Bruxelles dans le cadre d'une nouvelle Constitution de l'Union européenne.

« J'espère que nous aurons bientôt une véritable Constitution européenne et qu'il y aura aussi un référendum sur la question », déclare Guido Westerwelle dans l'édition dominicale de *Bild*, le journal allemand au plus fort tirage.

L'idée d'organiser un référendum sur ce que la chancelière Angela Merkel considère comme le seul moyen de sortir de la crise – la formation d'une véritable « union politique » – a pris de l'ampleur en Allemagne.

« Nous avons besoin d'une union politique. Nous devons confier des compétences supplémentaires à l'Europe, étape par étape, dans un processus continu », a-t-elle déclaré à la télévision publique ARD.

À droite comme à gauche, les dirigeants allemands pensent qu'un référendum est la seule façon de légitimer de nouveaux transferts de pouvoir aux institutions de l'UE. Le ministre des Finances, Wolfgang

> Schäuble, a été le premier à lancer l'idée en juin. Il a été suivi par les conservateurs bavarois et maintenant les membres du Parti libéral-démocrate.
> Le chef du SPD, Sigmar Gabriel, a déclaré qu'il approuvait Jürgen Habermas, qui appelle à un référendum pour donner au Parlement européen plus de pouvoirs.
> Une option est un référendum *paneuropéen*, qui aurait lieu le même jour dans tous les pays d'Europe afin que l'approbation des nouveaux traités ne soit pas confondue avec le soutien ou le rejet des dirigeants de tel ou tel État membre.
>
> AFP, 12 août 2012.

En France, cet automne, la gauche se divisait sur le TSCG, dont la durée de vie et l'effectivité seront sans doute assez réduites. En Allemagne et ailleurs, on prépare l'avenir de l'Europe et on envisage un référendum paneuropéen…

Joschka avait raison !

« L'élargissement rend *indispensable* une réforme fondamentale des institutions, affirmait Joschka Fischer, le ministre allemand des Affaires étrangères, le 12 mai 2000. Comment imaginer un Conseil européen à trente chefs d'État ? Avec les institutions actuelles, comment parvenir encore à agir ? Comment éviter que les compromis ne soient de plus en plus étranges et que l'intérêt des citoyens pour l'Union ne finisse par tomber bien au-dessous de zéro ? Il existe une réponse toute simple : le passage à un système entièrement parlementaire. »

Dans un système intergouvernemental (le système actuel), il n'y a que des *chefs* d'État et des *chefs* de gouvernement autour de la table de décision. Sur une question importante, mettre un *chef* en minorité est quasi impossible, car c'est prendre le risque d'humilier tout son pays… Il faut donc que les vingt-sept chefs d'État ou de gouvernement qui siègent à la table de négociation soient d'accord, à l'unanimité, pour que l'on change le contenu d'une politique.

Avec un tel système, aucune alternance n'est possible. La paralysie est assurée. Et quand les politiques sont paralysés, ce sont les technocrates ou le marché qui font la loi. Alors que *si l'on adoptait un système parlementaire*, comme le proposaient les Allemands en 2000, des députés européens de tel ou tel pays pourraient être mis en minorité sans drame national puisque d'autres députés européens du même pays seraient, eux, dans la majorité… C'est bien un débat politique qui est tranché dans un Parlement, et non un combat entre nations. Tous les cinq ans, le vote des citoyens aurait une influence directe et immédiate sur les politiques européennes – comme le vote des citoyens lors des élections législatives ou présidentielle dans chacun de nos pays.

Ce n'est pas en améliorant la bougie qu'on a inventé l'ampoule électrique. Ce n'est pas en mettant quelques rustines aux institutions conçues il y a soixante ans pour six pays que l'on fera naître une Europe démocratique. Si l'on adoptait le fonctionnement parlementaire proposé par Joschka Fischer, l'ensemble du gouvernement européen serait d'une seule couleur politique (celle qui a la majorité au Parlement européen).

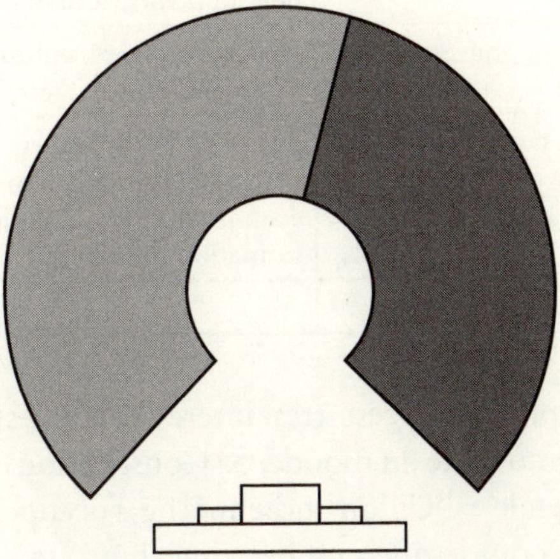

Il n'interviendrait que sur les questions sur lesquelles un pays isolé n'a plus vraiment de souveraineté, celles sur lesquelles nous devons absolument nous unir pour être efficaces : défense, diplomatie, monnaie, recherche, sécurité intérieure, environnement, régulation de la mondialisation…

Qui ferait quoi ?

On peut très bien avoir une diplomatie et une recherche communes en conservant des traditions différentes dans d'autres domaines. Aux États-Unis, les lois et les modes de vie sont très différents entre la Floride et le Texas. De même, en Inde, le Kerala et le Rajasthan ont des organisations sociales et des cultures assez différentes mais cela ne les empêche pas d'appartenir à une même fédération.

Parlement et gouvernement européens	Diplomatie, défense, sécurité intérieure, monnaie, recherche, politique agricole, commerce, développement durable…
Parlement et gouvernement nationaux	Éducation, santé, culture, logement, emploi, retraites
Parlement national et gouvernement régional	Entretien des lycées et des routes, développement économique, coordination formation des adultes
Collectivités locales	…

L'exemple indien est très intéressant. C'est la plus grande démocratie du monde. Sa Constitution est clairement fédérale : l'Union indienne ne s'occupe que des domaines pour lesquels un des vingt-huit États, s'il était isolé, n'aurait pas les moyens d'agir (diplomatie, défense, recherche, monnaie). Et est insérée dans la Constitution indienne une sorte de traité social grâce auquel les États qui ont un système social assez avancé comme le Kerala sont sûrs de ne pas régresser, de ne pas être tirés vers le bas. Même si le gouvernement élu au niveau de l'Union est très peu social, le Kerala et ses 32 millions d'habitants sont certains de pouvoir garder leurs avancées en matière de logement, d'éducation ou de santé.

Si l'on adoptait un système parlementaire, le gouvernement européen serait désigné par la majorité du Parlement européen pour mettre en œuvre le projet exposé aux citoyens avant les élections européennes. Il aurait cinq ans pour le faire (le Conseil des chefs d'État n'ayant qu'un rôle limité, comme le Sénat en France). L'Europe disposerait d'une fiscalité propre : impôt sur les bénéfices, écotaxe ou taxe Tobin améliorée, un impôt voté par le Parlement européen financerait la défense, la diplomatie, la recherche, la politique agricole, les fonds structurels…

Tous les cinq ans, les élections européennes seraient l'occasion de vrais débats politiques. Les citoyens pourraient faire le bilan de la majorité sortante et décider de lui donner ou non cinq ans de plus… L'Europe aurait les moyens d'agir efficacement et rapidement sur tous les dossiers où la décision politique est aujourd'hui paralysée par l'unanimité.

La proposition de Joschka Fischer, assez proche de ce que proposaient déjà Wolfgang Schäuble et Karl Lamers en 1994, aurait l'intérêt aussi de respecter le principe fondamental de toute démocratie : un homme, une voix. Un député élu à Malte aurait le même poids qu'un député élu en Allemagne ; le vote d'un citoyen polonais au moment des élections européennes aurait le même poids que le vote d'un Espagnol – alors que, dans le système intergouvernemental actuel, sur toutes les grandes questions, le poids de Malte équivaut au poids de l'Allemagne (quand sa population est deux cent six fois plus faible), ce qui n'est pas très démocratique !

En 2000, les propositions de Fischer avaient suscité l'enthousiasme de tous ceux et celles qui veulent construire une Europe politique capable de faire équilibre à l'hyperpuissance américaine. Hélas, en 2000, le gouvernement français botta en touche. Il fallut treize mois à Lionel Jospin pour répondre à Joschka Fischer. Et dans sa réponse, négative, la presse allemande remarqua, assez amère, qu'il n'y avait même pas une ligne sur l'amitié franco-allemande…

Sur cette question fondamentale pour notre avenir, la gauche n'a plus le droit à l'erreur. En ce début 2013, les Allemands nous proposent à nouveau de construire une Europe démocratique et les Anglais sont de plus en plus tentés de prendre leurs distances, ce qui facilitera sans doute la naissance d'une Europe politique [1]… Les négociations qui ont commencé les 18 et 19 octobre 2012 sont cruciales. Ne laissons pas passer ce qui est peut-être la dernière occasion de construire une Europe politique. Pour rattraper le temps perdu, la gauche française et l'ensemble des « forces de progrès » européennes doivent peser de toutes leurs forces en faveur d'une démocratisation radicale des institutions.

Négocier un vrai traité de l'Europe sociale

« Votez "oui" à Maastricht et on se remettra au travail tout de suite sur l'Europe sociale », affirmait Jacques Delors quelques jours avant le référendum sur Maastricht en 1992. Il reconnaissait que le traité était très insuffisant en matière sociale mais demandait aux citoyens de ne pas casser la dynamique européenne. Le « oui » est passé de justesse. Vingt ans plus tard, alors que la crise sociale s'aggrave dans tous nos pays, les traités européens sont de nouveau en discussion. Les peuples ne peuvent plus se contenter de promesses. Il faut passer aux actes.

Réguler nos échanges avec la Chine est une question fondamentale, mais comment éviter que notre production industrielle ne soit délocalisée au sein même de

1. En 1946, dans son discours de Zurich, le grand Churchill affirmait qu'il fallait construire les États-Unis d'Europe et que, vu sa culture et son histoire, la Grande-Bretagne en serait le meilleur allié, à l'extérieur. Si nos amis anglais ne veulent pas être parmi les fondateurs de l'Europe politique, ils ont évidemment le droit de prendre le temps de la réflexion, mais ils ne peuvent pas nous empêcher d'avancer avec les peuples qui le souhaiteront.

l'Europe ? La France doit-elle s'aligner sur le moins-disant fiscal et social tchèque ou faut-il agir, au contraire, pour que l'ensemble des pays membres renoncent à des stratégies de dumping et retrouvent, ensemble, la voie du progrès social ?

Pour éviter que les pays d'Europe ne soient tentés les uns après les autres d'imiter et d'amplifier ce dumping, il faut profiter des négociations en cours afin d'imposer un vrai traité social européen, avec des critères sociaux de convergence, qui oblige les vingt-sept États membres à converger « vers le haut » en matière sociale comme ils ont su converger vers le haut en matière économique grâce aux critères de Maastricht.

En 2004, un premier projet de traité de l'Europe sociale avait reçu le soutien d'un grand nombre de personnalités : aussi bien Stéphane Hessel ou Jacques Delors que José Bové, Bronislaw Geremek (ancien ministre polonais), Elio Di Rupo (actuel Premier ministre belge), Enrique Barón Crespo (président du groupe socialiste au Parlement européen), Jean Daniel, Susan George, Bruno Trentin (président du plus grand syndicat italien), quelque deux cent cinquante parlementaires et des milliers de citoyens issus de neuf pays de l'Union.

Pour soutenir cette initiative et demander à la convention Giscard qui rédigeait la Constitution européenne d'en tenir compte, le président de la commission, Romano Prodi, avait reçu une délégation des premiers signataires. Romano Prodi souligna avec force l'importance de notre démarche : « Ce sont des critères tout à fait réalistes. Ce sont des objectifs tout à fait atteignables. C'est une question de volonté politique. J'en suis persuadé : c'est seulement une question de volonté politique. »

Hélas, Valéry Giscard d'Estaing, qui présidait les travaux de la convention sur l'avenir de l'Europe, refusa d'intégrer un projet de traité social.

Après le « non » au référendum français en mai 2005, l'idée de compléter les traités avec un protocole social s'était progressivement imposée chez les dirigeants européens : « Le "non" français n'est pas un rejet de l'Europe elle-même mais un rejet de l'Europe néolibérale, affirmait John Monks, le secrétaire général de la Confédération européenne des syndicats (CES) juste après le vote. Près de 80 % des ouvriers ont dit non. L'Europe n'est pas apparue comme une réponse au problème du chômage. »

« Si les Allemands se prononçaient par référendum, je suis sûr qu'ils voteraient non, affirmait Peter Altmaier, député CDU. Il faudrait que le modèle social soit clarifié. »

En mars 2007, à l'occasion des cinquante ans du traité de Rome, Angela Merkel réunissait à Berlin tous les chefs d'État d'Europe et rappelait sa volonté d'ajouter un « protocole social » à la Constitution européenne.

Mais la France élisit Nicolas Sarkozy. Et le nouveau président voulut clore très vite le dossier européen. Alors que tous nos partenaires européens auraient préféré se donner le temps de la réflexion et pensaient ne boucler la négociation d'un nouveau traité qu'en 2009, Nicolas Sarkozy exigea de le conclure immédiatement. Sans prendre le temps du dialogue. Sans traité social. Au risque de rater une occasion historique de rapprocher l'Europe des attentes des peuples et des nécessités économiques et sociales de l'époque.

Aujourd'hui, la négociation reprend. Il est fondamental que les socialistes français et l'ensemble de la gauche européenne agissent ensemble pour imposer un traité social dans la négociation.

Les raisons d'un traité social

Si, depuis des années, nous sommes nombreux à militer pour l'adoption d'un vrai traité de l'Europe sociale [1], c'est pour trois raisons au moins :

1. Des raisons sociales, évidemment. Comment se résigner à de tels niveaux d'injustice ? Comment accepter qu'on laisse autant d'hommes, de femmes et d'enfants sur le bas-côté ? Pas besoin d'insister ; vous partagez sans doute la même volonté de lutter contre l'injustice.

2. Des raisons politiques. En ne se donnant pas les moyens de devenir une force politique, diplomatique et militaire, l'Europe participe à la déshumanisation du monde : en 1993, les signataires des accords d'Oslo demandaient à l'Europe de les aider à construire la paix entre Israël et la Palestine… Vingt ans plus tard, il n'y a toujours pas d'Europe politique, toujours pas de force européenne d'interposition, toujours pas de paix entre ces deux peuples.

Il est temps de réagir et de faire naître une Europe politique, disposant d'une vraie diplomatie et d'une vraie armée. Oui, il y a urgence à faire naître une Europe puissante, capable de tirer richesse de sa diversité. Et il n'y aura pas d'Europe forte sans soutien des opinions publiques : pas d'Europe politique sans Europe sociale.

Dans de nombreux pays, les citoyens n'accepteront aucune évolution vers une Europe politique si la question sociale est toujours remise à plus tard. Il n'y aura

1. Voir « 5 critères pour l'Europe sociale », Michel Rocard, Stéphane Hessel et Pierre Larrouturou, *Le Monde*, 9 juin 2004.

pas de progrès institutionnel (une diplomatie européenne, une défense européenne) si l'Europe oblige ses États membres à mettre en place des plans de rigueur et n'est pas capable de mieux répondre aux attentes de la vie quotidienne des citoyens.

3. Des raisons économiques. Si nous voulons un traité de convergence sociale, c'est aussi parce que, comme le disait Ford au siècle dernier, « en période de crise, chacun voudrait baisser les salaires et baisser la protection sociale, mais cette baisse des salaires aggrave la crise ! Il faut donc nous donner des règles collectives pour éviter que le dumping de l'un n'oblige tous les autres à un dumping équivalent ». Surtout quand ce dumping est inutile car, globalement, la balance commerciale de l'Europe est équilibrée !

Entre 1981 et 1984, la construction européenne fut retardée par une dame, Margaret Thatcher, qui exprimait très fortement ses priorités : « *I want my money back.* » Je veux mon argent. Je veux mon argent ! disait-elle en tapant du poing sur la table jusqu'à obtenir gain de cause. Pourquoi les citoyens d'Europe ne diraient-ils pas avec autant de force quelles sont leurs priorités ? *We want democracy ! We want social progress back !* Nous voulons la démocratie. Nous voulons le progrès social !

L'Europe est la première puissance économique du monde, mais c'est un nain politique, paralysée qu'elle est par un système de décision totalement inadapté.

Si nous ne sommes pas capables, dans l'année qui vient, de faire naître une Europe nouvelle, si nous ne sommes pas capables de montrer, en France et en Europe, que oui, il est possible de sortir de la crise sociale, qu'il est possible « pour de vrai » de reconstruire une société d'équilibre, de justice sociale et de convivialité, on peut craindre que le mouvement de désagrégation en cours ne s'accélère gravement. Les États-Unis et la Chine resteront les deux seules hyperpuissances gouvernant la marche du monde. Et cette perspective n'est guère réjouissante…

En fait, le besoin d'Europe que nous décrivons ici, dans sa dimension économique, sociale, politique et géopolitique, est toujours celui qu'exprimaient et ressentaient les pères fondateurs. Même s'ils n'ont pas pu l'écrire dans les textes qui préparaient les premières étapes – CECA, CEE –, ils l'ont fréquemment réaffirmé, ils n'évoquaient les perspectives longues qu'en parlant des États-Unis d'Europe ou de Fédération.

En quarante ans, nous avons abandonné ces visions longues, et même assez largement perdu l'espoir de les voir réapparaître.

Il est piquant de les voir revenir au jour à l'occasion d'une réflexion vitale et urgente mais limitée, celle qui touche les conditions financières et politiques de la vraie solidarité nécessaire pour consolider et préserver notre plus grand bien commun, l'euro. Les exigences du court terme ne peuvent être remplies qu'au nom de la vision longue.

C'est ici que nos amis anglais décident de se désolidariser de la négociation qui commence, et même de tenter de bloquer l'Union bancaire.

Le sommet européen des 22 et 23 novembre 2012 qui devait permettre de définir le budget des sept prochaines années a été un échec, en particulier à cause des blocages des dirigeants anglais qui semblent de plus en plus tentés de quitter l'Union.

Beaucoup le regrettent. Et il est vrai qu'il est grave et triste de divorcer de cette grande démocratie amie, alliée fidèle pour nous depuis plus d'un siècle.

Mais elle parle ici de l'essentiel. Son caractère insulaire, les liens spéciaux qu'elle entend préserver avec les États-Unis lui rendent impossible d'accepter cette perspective. Pis, ils la lui rendent intolérable. Ne faisons pas semblant.

La désapprobation britannique ne change rien à la nécessité absolue pour nous de voir émerger en Europe continentale l'entité politique capable de représenter et de défendre, en matière commerciale, culturelle, politique, sociale, diplomatique et même un jour militaire cette civilisation des droits de l'homme, de la protection sociale et du marché que nous avons construite côte à côte.

Voilà quarante ans, depuis l'adhésion de 1972, que la Grande-Bretagne s'acharne à essayer de l'empêcher. Elle y a presque réussi. Elle répugne à la renaissance de l'idée.

Saluons la droiture et la continuité de la Grande-Bretagne dans un autre projet. Mais disons-lui cordialement au revoir. Il faut saisir l'occasion, cesser de voir s'aigrir nos relations internes dans l'usure des désaccords quotidiens. Extérieure à l'Europe, la Grande-Bretagne sera – c'était le pronostic de Churchill – notre meilleure partenaire. Mais il ne faut plus accepter qu'elle nous interdise de nous unir.

Conclusion

COMMENT GAGNER LA COURSE DE VITESSE ?

Vendredi 24 novembre 2017 / Edition **Namur/Luxembourg** / Quotidien / N° 304 / 1,30 EUR (G.-D.L. : 1,40 EUR) / 02 225 55 55

lesoir.be

LE SOIR

La Chine a envahi Taïwan, les Etats-Unis entrent en guerre

« Une guerre hélas prévisible » a affirmé le Président du Conseil européen en ouvrant la réunion extraordinaire des 27 Chefs d'Etat et de gouvernement.

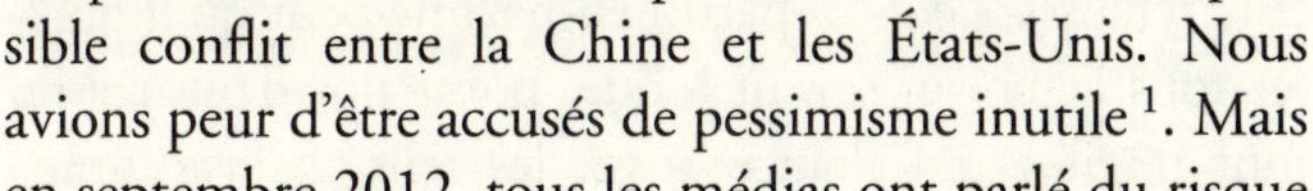

Quand le projet de ce livre est né, nous avons beaucoup hésité à commencer par une allusion à un possible conflit entre la Chine et les États-Unis. Nous avions peur d'être accusés de pessimisme inutile [1]. Mais en septembre 2012, tous les médias ont parlé du risque de guerre en Asie. Dans un contexte de fortes tensions avec le Japon autour de quelques îlots non habités dont les eaux territoriales sont riches en poisson et peut-être en gaz ou en pétrole, l'armée chinoise a mis en service

1. Merci à la direction du *Soir* qui nous a autorisés à utiliser son nom. Merci à ses graphistes qui ont réalisé cette fausse Une.

son premier porte-avions, un bâtiment long de 304 mètres, déplaçant 67 000 tonnes.

Ce porte-avions va permettre à la Chine, où les tensions sociales se multiplient, de « rehausser ses capacités de combat ». Pour se doter d'un groupe aéronaval complètement opérationnel, la Chine a engagé un programme de construction d'un, voire de deux autres porte-avions qui pourraient être opérationnels en 2015 [1].

« La Chine et le Japon peuvent-ils se faire la guerre ? Hélas oui », affirmait *The Economist* à sa une [2]. En quelques mois, la situation économique et militaire s'est nettement dégradée en Asie, et ce qui pouvait passer pour de la politique-fiction en juin devient un scénario crédible en septembre...

En Europe aussi, la situation se dégrade : certes, il y a toutes les semaines des raisons d'espérer (la BCE évolue dans sa façon d'agir ; Angela Merkel lâche du lest sur les questions monétaires...), mais les peuples sont à bout : à Madrid, les CRS doivent intervenir contre les manifestants qui se rassemblent devant le Parlement. Au Portugal comme en Italie, des manifestations de plus en plus puissantes contestent les politiques d'austérité. La Grèce est à deux doigts du chaos et la renaissance d'un parti néo-nazi ne peut qu'inquiéter tous ceux qui savent à quel point nos démocraties sont fragiles. En France aussi, les tensions s'accumulent : à Amiens, Marseille ou Grenoble, il ne se passe pas une semaine sans qu'un événement tragique nous rappelle la gravité de la crise. Et chaque semaine apporte son lot de nouveaux plans sociaux.

---

1. *Le Monde*, 25 septembre 2012.
2. *The Economist*, 29 septembre 2012.

« Nous sommes dans une crise d'une extrême gravité », affirmait François Hollande le 31 août 2012. Il a raison. Et tous, comme citoyens, comme élus, comme partenaires sociaux, nous devons accepter de nous laisser bousculer par la crise.

« Dans une période extraordinaire, agir de façon ordinaire est un crime », écrivait en juin 2012 Laurent Joffrin, le directeur du *Nouvel Observateur*. Nous sentons tous que nos sociétés arrivent à un carrefour : crise sociale, crise financière, crise énergétique, crise climatique… Dans tous ces domaines, nous sommes proches d'un point de basculement, d'un point de non-retour. Pour éviter les scénarios du pire, une course de vitesse est engagée. Comme en 1930.

1930… Quelques semaines après le krach d'octobre 1929, paraissent coup sur coup deux livres majeurs. Dans *Malaise dans la civilisation*, Sigmund Freud montre qu'il existe dans le capitalisme, comme en chacun de nous, une pulsion de mort qui peut nous conduire à l'abîme… C'est aussi en 1930 que Pierre Mendès France publie son premier livre, *Contribution aux États-Unis d'Europe*. À plusieurs reprises il affirme que, pour éviter le chaos, « une course de vitesse est engagée entre l'Internationale des peuples et l'Internationale des capitaux ». Pour gagner cette course de vitesse, Mendès France veut créer une monnaie unique européenne, dotée d'une gestion politique et investir sur le plan social toutes les marges de manœuvre créées par cette monnaie unique.

Monnaie unique. Gouvernement politique. Projet social. La vision de Mendès France est lumineuse ! En 1930, un sursaut européen est possible, car l'Allemagne est un pays démocratique. Hélas, Mendès n'est pas écouté et, trois ans plus tard, après l'arrivée au pouvoir de Hitler, plus personne ne proposera un sursaut européen… Mendès France sera un acteur majeur de Bretton Woods en 1944 mais, entre-temps, la guerre aura fait 50 millions de morts.

Aujourd'hui, nous sommes en 1930. Plus personne ne peut douter de la gravité de la crise, plus personne ne peut croire que les remèdes classiques suffiront. Partout la crise prend des proportions alarmantes mais rien d'irréversible ne s'est encore produit. C'est le moment d'agir.

En 1930, la gauche n'a pas été à la hauteur. Les forces attachées à la démocratie, à la justice sociale et au progrès ont perdu la course de vitesse. C'est la pulsion de mort qui l'a emporté. Et ce fut la guerre. Serons-nous capables, cette fois-ci, de provoquer le sursaut d'intelligence qui permettra de gagner la partie ? Le capitalisme, depuis trente ans, a renoué avec ses contradictions congénitales. La gauche a perdu une bataille : celle qui, dans les années 1970, aurait permis de moderniser, consolider et étendre au monde entier les régulations des Trente Glorieuses.

Cette défaite tient, on l'a vu, aux excès de cupidité des « couches supérieures » qui ont déréglé d'abord l'équilibre entre les salariés et les entreprises, puis celui des besoins privés écrasant les besoins collectifs et enfin l'équilibre spécifique des banques et des marchés financiers. Collectivement, nous devrions plaider coupable : nous ne l'avons pas vu venir. Nous aussi, sans doute, étions trop sensibles à l'argent, heureux d'en produire en masse, et insuffisamment soucieux de sa nécessaire régulation. Nous revoici en crise, et cette fois-ci plus générale, plus profonde et plus grave que celle de 1929-1933.

Les difficultés propres à l'Europe – qui sont peut-être en train de s'estomper et vont éviter que l'Europe ne soit le détonateur de l'explosion générale – ont quelque temps caché le caractère mondial et menaçant des déséquilibres généraux. Il est urgent d'y revenir.

Non seulement aucun de nous deux n'est porteur d'un pessimisme congénital, mais nous sommes convaincus que des solutions sont à portée de main. On l'a vu dans notre livre : il n'y a aucune fatalité. Une société de justice sociale et de convivialité ne demande qu'à naître des fractures du monde ancien.

Mais comme l'a dit Keynes, « le plus difficile n'est pas de comprendre les idées nouvelles, mais d'échapper aux idées anciennes ». Après cinq années marquées par l'inefficacité des politiques mises en œuvre pour combattre la crise, l'essentiel est aujourd'hui de poser un diagnostic nouveau, plus juste, plus global : le problème, ce n'est pas seulement la Grèce ou les banques espagnoles, il faut comprendre la crise dans son ensemble. C'est d'abord une affaire d'intelligence collective.

L'analyse approfondie des causes de la crise permet de concevoir les solutions mais aussi de gagner la lutte contre les blocages de pensée et les dogmes révolus qui pérennisent le drame : c'est le cas de l'europessimisme, c'est le cas du déni de l'effet de serre, de la croyance magique dans le retour de la croissance ou du refus d'un financement spécifique – à prix infime – de la dette des États lorsqu'elle menace de tout faire exploser, ou de la dangereuse croyance que tout contrôle des marchés entraverait leurs performances.

Il y a dans ce livre un peu d'un SOS et un peu d'une colère. La gauche n'a pas le droit d'être sans idées dans une période pareille, or elle en donne l'impression.

Nous avons travaillé dans l'urgence. Cela explique le caractère désordonné et parfois touffu de cet ouvrage, avec même parfois quelques redites. Le lecteur nous le pardonnera. Nous avons travaillé dans l'urgence car l'Histoire montre que les réformes qui ne sont pas lancées au début d'un mandat ne le seront pas ensuite. Et l'histoire montre aussi, *a contrario*, qu'il est possible en quelques mois d'en changer le cours.

Roosevelt en 1933 : un changement radical en trois mois

En 1933, quand Roosevelt arrive au pouvoir, les Américains sont dans un très grand désarroi : avec 14 millions de chômeurs, l'Amérique touche le fond de l'abîme… Roosevelt agit immédiatement, avec une détermination qui ranime la confiance. Certaines lois sont présentées, discutées, votées et promulguées dans la même journée.

Le but de Roosevelt n'est pas de « rassurer les marchés financiers », mais de les dompter. Les actionnaires sont furieux et s'opposent de toutes leurs forces à la loi qui sépare les banques de dépôt et les banques d'affaires, comme ils s'opposent aux taxes sur les plus hauts revenus ou à la création d'un impôt fédéral sur les bénéfices. Roosevelt tient bon et fait voter quinze réformes fondamentales en trois mois. Les catastrophes annoncées par les financiers ne se sont pas produites. Mieux ! L'économie américaine a très bien vécu avec ces règles pendant un demi-siècle.

Certes, ce qu'a fait Roosevelt en matière économique n'était sans doute pas suffisant (sans l'économie de guerre, les États-Unis allaient retomber en récession) mais les réformes qu'il a imposées en matière bancaire et fiscale ont parfaitement atteint leurs objectifs et, en 1944, en organisant la conférence de Philadelphie, il tirera les leçons des insuffisances du premier New Deal de 1933.

Roosevelt n'était pas un magicien. Les quinze réformes adoptées dans les trois premiers mois de son mandat n'ont pas réglé tous les problèmes, mais il a redonné confiance au peuple, rassemblé les énergies, mobilisé les intelligences et consolidé la démocratie (les démocrates resteront vingt ans à la Maison-Blanche) au moment même où, en Europe, des peuples qui désespéraient de leurs élites donnaient le pouvoir à l'extrême droite.

Le vrai traitement de la crise nécessitera sans doute une décennie. Mais la gauche n'aura pas une décennie pour agir s'il y a 500 000 chômeurs et 700 000 « nouveaux pauvres » en plus d'ici fin 2013.

La gauche n'a pas droit à l'erreur. Elle doit en même temps avoir une vision de long terme et avoir pleinement conscience de tout ce qui se joue dans les prochaines semaines et les prochains mois :

– négocier un nouveau contrat social avec les partenaires sociaux pour lutter radicalement contre le chômage, la précarité et la pauvreté, c'est maintenant ;

– négocier un nouveau traité européen pour protéger notre modèle social, agir avec force contre le dérèglement climatique et être capables d'humaniser la mondialisation, c'est maintenant ;

– convoquer un nouveau Bretton Woods et une nouvelle conférence de Philadelphie pour faire taire les pulsions de mort et rompre avec toutes les logiques guerrières, qu'elles soient commerciales, financières ou militaires, c'est maintenant !

« La paix mondiale ne saurait être préservée sans des efforts créateurs à la hauteur des dangers qui la menacent », affirmait Schuman le 9 mai 1950, avant d'annoncer la création de la Communauté européenne du charbon et de l'acier. Cette analyse est plus que jamais d'actualité. Malgré toutes les déceptions et les fatigues, serons-nous capables d'efforts créateurs à la hauteur des dangers qui nous menacent ?

La crise est d'une telle ampleur que tous les tabous sont en jeu : il faut évidemment changer aussi bien le rapport de l'économie à la nature que le rôle et la place de l'argent dans la vie collective, le statut de l'entreprise, nos rythmes de vie, notre façon de consommer, et surtout le statut social de la personne humaine. Si nous le décidons, la crise pourrait être l'occasion d'un progrès majeur de civilisation.

« Les nuits sont enceintes et nul ne connaît le jour qui naîtra. »

Pour pousser la gauche à l'audace, nous avons créé le collectif Roosevelt 2012.

Avec Stéphane Hessel et Edgar Morin, Susan George, Cynthia Fleury, Lilian Thuram, Bruno Gaccio, Dominique Méda, Claude Alphandéry, Patrick Viveret, Patrick Doutreligne de la Fondation Abbé Pierre, Emmanuel Poilane de la Fondation Danielle Mitterrand, Joël de Caillon ancien Secrétaire Général adjoint de la Confédération européenne des Syndicats, Michel Meunier ancien Président du Centre des Jeunes Dirigeants, Jean Gadrey de la Commission Stiglitz, Gaël Giraud de l'École d'Économie de Paris, Patrick Viverge du Front de gauche, Gérard Pelletier ancien Président de l'Association des maires ruraux de France, Christian Fevret fondateur des *Inrockuptibles*, Éric Favey et Jean-Marc Roirant de la Ligue de l'enseignement, avec le MJS et les jeunes de Génération Précaire, nous avons décidé d'agir.

Agir ensemble dans la diversité de nos parcours. Agir pour rompre avec le fatalisme et impulser une nouvelle donne comme Roosevelt l'a fait en 1933.

Si vous vous retrouvez dans les analyses et les solutions avancées dans ce livre, si vous partagez notre volonté de provoquer un sursaut, venez nous rejoindre.

www.collectif-roosevelt.fr

Réflexions

COMMENT EN EST-ON ARRIVÉ LÀ ?

Il n'était pas fatal que le capitalisme se désagrège comme il est en train de le faire. Certes, ce système est instable. De sa naissance à la Seconde Guerre mondiale – un peu moins de cent cinquante années –, il a connu des crises environ tous les dix ans : ralentissements, arrêts de la croissance, montées du chômage, innombrables faillites. Mais, chaque fois après un certain temps, parfois moins d'un an, la croissance repartait.

La dernière de ces crises survint en 1929.

Prise en charge d'une manière inadéquate par les États concernés, elle devint une récession profonde qui dura plus de quatre ans. Aux États-Unis, en Grande-Bretagne et en Allemagne le produit national fut amputé d'un tiers en six mois et l'on passa du plein-emploi à un chômage massif dépassant 20 % de la main-d'œuvre, se chiffrant en dizaines de millions d'hommes. Dans la foulée, Adolf Hitler fut élu chancelier. S'ensuivit la guerre, inévitable, qui se solda par 50 millions de morts.

Début des « Trente Glorieuses ».

En 1944-1945, après le massacre, tout le monde avait compris que l'instabilité du capitalisme avait été la cause majeure de la guerre. On chercha des stabilisateurs. Dès 1950, le hasard fit que trois mécanismes mis en place dans ce sens dans les principaux pays d'Occident émergèrent de façon concomitante.

Dès 1942, l'Anglais lord Beveridge avait théorisé qu'une généralisation de l'assurance-maladie, la retraite, l'assurance chômage et les allocations familiales permettrait non seulement de diminuer la cruauté sociale propre à ce régime efficace mais brutal qu'est le capitalisme, mais également de le stabiliser. La gravité et la longueur des crises tiennent pour beaucoup à ce que les revenus d'une partie de la population (5 à 20 %) tombent à zéro, affectant ainsi profondément le niveau d'activité dans le pays et détruisant la perspective d'une relance par la demande. Or, dans les meilleures années de l'état de bien-être, improprement appelé « État-providence », la sécurité sociale fournissait 40 % de la totalité des revenus des ménages. L'effet de stabilisation était indéniable, et l'est toujours, mais dans une moindre mesure depuis que les conservateurs s'acharnent partout à affaiblir le système.

Mais, dans le cas de la France par exemple, il est incontestable que la bien meilleure résistance de notre pays à la crise, par rapport à celle du Royaume-Uni et des États-Unis, tient en grande partie à l'ampleur préservée de notre protection sociale.

Le deuxième mécanisme est tout simplement l'application d'une politique de hauts salaires, acceptée et appuyée par les pouvoirs publics, poursuivie pendant des décennies. Grâce à l'approbation gouvernementale générale, aux négociations entre patronat et syndicats ouvriers, et à la politique salariale menée dans la fonction publique, ils furent pratiquement indexés sur la productivité. Ce modèle observable en Amérique du Nord, en Europe de l'Ouest et au Japon dura presque trente ans. Ce n'était pas dans la logique primaire du capitalisme, doctrine selon laquelle les propriétaires d'entreprises, directs ou actionnaires, étaient fondés à s'attribuer la rémunération maximale possible.

L'idée vient du plus gigantesque des industriels de l'époque, l'Américain Henry Ford. Trouvant que la reprise de l'économie occidentale, et notamment américaine, était trop lente après le ralentissement considérable provoqué par la Première Guerre mondiale, il proféra cette phrase stupéfiante : « Je paie mes salariés pour qu'ils m'achètent mes voitures. » Ce système génial de production de masse qu'est le capitalisme ne pouvait fonctionner que si une consommation de masse l'absorbait, Ford l'avait compris. Étant le plus puissant constructeur automobile, Ford avait la capacité de débaucher les meilleurs ouvriers professionnels et ingénieurs de ses concurrents. Ainsi s'accéléra la croissance économique de l'après-guerre.

Bien entendu, cela ne suffit pas à empêcher la grande crise des années 1929-1932. Mais l'élargissement du champ de cette politique et l'intelligence des mesures du *New Deal* expliquent en partie pourquoi les États-Unis sortirent plus vite de cette crise que l'Angleterre ou la France.

Le troisième mécanisme concerne les politiques financières des États et relève des intuitions et des découvertes de l'Anglais John Maynard Keynes.

Il s'agit ici d'économie théorique pure. Nous nous permettrons de faire un simple résumé de la thèse. Tout se passe comme si Keynes apostrophait l'ensemble des gouvernements des pays développés en leur disant ceci : « Vous êtes tous en concurrence économique sur un marché qui est déjà largement mondial. Vous disposez pourtant tous de pouvoirs nationaux considérables concernant vos politiques budgétaire et monétaire. Votre drame et votre crainte principale viennent de la grande instabilité du système qui vous soumet à de redoutables variations conjoncturelles d'origine extérieure. Je ne comprends pas pourquoi vous continuez à manier vos instruments, budgétaire et monétaire, en fonction de ratios comptables issus de votre propre économie interne au lieu d'en faire, comme accélérateurs ou freins, des amortisseurs des oscillations venues de l'extérieur… »

Il fallait y penser. Dans les décennies 50 et 60, le monde entier fut keynésien.

La sortie allemande de la crise, dynamisée et orchestrée par le docteur Schacht, plus tard ministre des Finances d'Hitler, relève aussi de ce type d'intuitions économiques.

Le fait est qu'après 1945 la plupart des pays se rendirent à cette évidence, et leurs gouvernements ont tous incité patrons et syndicats à négocier les payes dans l'espoir de garantir un haut niveau de consommation. En France, où le dialogue social n'existait guère, le très libéral Antoine Pinay décida la pérennisation du Commissariat au Plan pour continuer à fournir au patronat et aux syndicats des hypothèses macro-économiques quantifiées de croissance, de pouvoir d'achat et de consommation consolidant des politiques salariales ambitieuses.

Cela fonctionna pendant près de trente ans.

Quelques retentissantes faillites nationales (Turquie, Mexique, Brésil et quelques autres) furent circonscrites sans aucune contagion pour les économies voisines. Mais il n'y eut plus de crise régionale ou mondiale entraînant une ou plusieurs dizaines de pays dans le drame. Et cela aussi tint près de trente ans.

Le résultat de la convergence de ces instruments stabilisants fut absolument inouï, sans précédent, et n'a d'ailleurs depuis pas connu de successeur. L'économiste français Jean Fourastié a baptisé cette période les « Trente Glorieuses ». Elle concerne tous les pays développés, Amérique du Nord, Europe de l'Ouest, Japon, Australie et Nouvelle-Zélande. Ces pays possèdent des caractéristiques communes.

Ils ont tous connu de 1945 à presque 1975 une croissance économique très rapide, de l'ordre de 5 % en moyenne sur la période (un peu plus au Japon, qui bénéficiait encore d'un effet de rattrapage), et régulière, les écarts autour de la moyenne ne dépassant guère 1 %.

Deuxième caractéristique majeure : le plein-emploi quasi général et continu partout. On a un peu tendance à l'oublier en France, où le chômage excessif est la sanction habituelle de nos errements nationaux. Nous avons, nous aussi, connu un plein-emploi quasi absolu de 1945 à 1973.

Troisième caractéristique : jamais de crise financière.

Quatrième caractéristique : pendant vingt-cinq ans, l'économie mondiale connaît un régime de changes fixes.

Cinquième caractéristique : tous les États concernés conservent pendant cette période des finances florissantes, avec chaque année un excédent d'épargne, le plus souvent affecté au financement d'infrastructures publiques. À l'exception des États-Unis, l'endettement était le plus souvent minime ou nul.

En amont de cette épargne, le fonctionnement général s'opérait dans une aisance qui permettait l'amélioration régulière de la protection sociale.

Cette période fantastique est presque trop proche de nous. Son souvenir empêche largement de prendre pleinement conscience du démantèlement que nous connaissons aujourd'hui.

Pendant ces trois décennies, la production mondiale des pays développés a été multipliée par 4,5, installant les pays riches dans la civilisation du bien-être mécanique ; les inégalités de revenus internes aux pays riches ne se sont pas aggravées, et ont même eu tendance à se réduire quelque peu aux États-Unis et en Scandinavie ; la protection sociale s'est améliorée. La seule vraie difficulté interne qu'a connue le système ne s'est manifestée qu'en fin de période, avec l'inflation, qui, dans la décennie 1970 atteignait souvent 5 à 10 % par an dans certains pays. On en a souvent fait reproche au keynésianisme.

Il ne subsistait alors à l'encontre d'un capitalisme ainsi régulé qu'une seule critique fondamentale mettant en cause son principe et ses fondements : le fait que ce système était en train d'engendrer, de légitimer et de consolider une société de consommation…

Quelques philosophes, au premier rang desquels Herbert Marcuse et Ivan Illich, suivis de près par le Français André Gorz, avaient pressenti l'inhumanité d'une société dominée par la référence à l'argent et la dangereuse destruction du lien social qui en résultait.

La vérité profonde et la force de ces critiques se rappellent cruellement à nous aujourd'hui, dans cette période où c'est précisément la domination excessive de la finance qui conduit le système à la crise. Mais à l'époque, dans la tranquillité du plein-emploi et du confort matériel, cet argument, soulevé maladroitement par les forces syndicales et politiques de gauche, ne pesait guère.

C'est dans ce contexte que s'ouvre la décennie 1970.

1970 : début de la désorganisation

À l'orée de cette décennie, l'échelle des revenus moyens comparés entre un Américain ou un Européen, et un Africain ou un Asiatique s'approchait de 1 à 60 ou 70 – contre 1 à 5 ou 6 vers 1922.

Cela aurait dû pousser les pays favorisés à faire bénéficier l'Amérique latine, l'Afrique et l'Asie de leur système économique efficace. Mais il n'en fut rien.

C'est dans la finance que se produit le premier gros craquement.

Le système de changes fixes qui a, en règle générale, assez bien accompagné l'essor des Trente Glorieuses fut défini et adopté lors d'une conférence mondiale tenue aux États-Unis, à Bretton Woods, en 1944. Dans la bataille qui eut lieu à cette occasion, le chef de la délégation britannique, qui n'était autre que Keynes lui-même, fut battu. Au lieu d'accepter le système, fondé sur l'équilibre entre une pluralité de monnaie et l'or, que proposait Keynes, les États-Unis imposèrent un système dans lequel toute transaction internationale peut être réglée dans l'une des trois monnaies acceptées, le dollar, la livre sterling ou l'or. La stabilité du système tenait à ce que les gouvernements des États-Unis et de Grande-Bretagne garantissaient un prix fixe de l'or dans leurs monnaies respectives – 35 dollars l'once d'or pour les États-Unis. Assez vite, le volume des transactions réglées en livres diminua par rapport aux autres, au point que la livre sterling disparut progressivement du système. Malgré quelques difficultés, le système se révéla efficace et stable, le monde connaissant des changes fixes pendant vingt-six ans.

Cependant, bien des monnaies connurent des dévaluations : elles étaient négociées, et donc leur coût aussi.

Rapidement, les États-Unis découvrirent l'avantage énorme qu'il y avait pour eux à avoir pour monnaie nationale celle du reste du monde : ainsi disparaissait le besoin d'équilibrer les comptes. Ils ne mirent guère de temps à succomber à la facilité. À l'époque, beaucoup de pays développés créaient leur système de protection sociale, tenant compte de l'intuition de Beveridge évoquée plus haut. Ainsi, les États-Unis mirent en place un système de retraites en partie public. Mais, dès l'origine, il fut incomplètement financé. Un important déficit public apparut.

Puis, en 1964, débuta la guerre du Vietnam, qui allait durer près de quinze ans. Cette guerre industrielle « à l'américaine » coûta très cher, entraînant un déséquilibre budgétaire gigantesque et permanent. Les États-Unis furent incapables de tenir leurs engagements monétaires. Faute de pouvoir (ou de vouloir) arrêter la guerre du Vietnam et équilibrer son budget, le président Nixon décida, en août 1971, de rompre le lien entre le dollar et l'or. Toutes les monnaies devinrent flottantes. Et le monde, suivant une évolution implacable, est entré dans une phase de vaste désordre monétaire, de laquelle il n'est pas sorti depuis.

Cette volatilité générale des taux de change, et notamment celle du dollar, rendit impossible aux fabricants de produits complexes, longs à fabriquer, et aux commerçants, de prévoir leurs prix au-delà de quelques semaines. C'était une entrave redoutable au commerce mondial.

Très vite, les gros opérateurs se retournèrent vers leurs banquiers et leurs assureurs. Ne serait-il pas possible de s'assurer contre le risque de variations de prix, notamment celles qui sont fortes et soudaines ?

Une science nouvelle émergea, les mathématiques financières. Elles fournirent une réponse claire : il n'était pas possible de s'assurer contre les variations de prix, les dévalorisations qui sanctionnent les différences de croissance de la productivité entre les pays ou les zones. Même si elles sont lentes et régulières, quasiment prévisibles, ces variations sont de l'ordre des mouvements de plaques tectoniques : les dévalorisations et dévaluations qu'elles entraînent sont irrépressibles et inévitables.

En revanche, il est possible de s'assurer contre les variations brutales de prix qui sanctionnent une insuffisance locale et momentanée de l'offre en établissant des contrats annexes aux contrats commerciaux principaux. Dans le contrat principal est décrit le produit ou le service échangé, ses spécifications, sa qualité et le volume prévu. Dans le contrat annexe, la date, à moyen terme et le prix promis et accepté. Ces contrats annexes prennent le nom de « produits dérivés ».

Dès la fin des années 1970, les marchés ajoutèrent eux-mêmes à cette remarquable invention une deuxième à laquelle les mathématiciens financiers n'avaient pas pensé. Pourquoi ne pas séparer ces contrats annexes des contrats principaux pour les acheter ou les vendre séparément ? Des opérateurs furent donc à même de prendre l'engagement de vendre à terme une marchandise ou un service qu'ils n'avaient pas encore acheté. On vit alors se développer des marchés de promesses de vente ou d'achat totalement déconnectés de tout mouvement économique réel. La spéculation était sans bornes. On gagna et on gagne toujours énormément d'argent sur ces marchés de produits dérivés dits « virtuels » et à l'extension illimitée.

En parallèle, le système bancaire des pays développés a évolué. Les grandes banques de dépôt ont atteint une dimension telle que leurs opérations de crédit finissent par devenir massivement créatrices de monnaie. Elles multiplient leurs activités, au point que la différence entre banques de dépôt et banques d'affaires voulue et établie par le *Glass Steagall Act* de 1933 s'estompe – elle sera d'ailleurs abolie aux États-Unis en 1997, et en Europe, largement sous pression allemande, dès 1990-1995.

L'inflation : le fléau des années 1970

Dans une vision exclusivement quantitative, et donc bien trop simpliste, un consensus se fit autour de l'idée que l'inflation était largement due à l'excès d'émission de monnaie par les banques centrales. En France, dès 1974, un expert nommé Jacques Rueff convainquit le gouvernement d'interdire à la Banque centrale de faire des avances sans intérêts à l'État, une pratique courante, en particulier depuis la guerre. Il était étrange de prendre une pareille mesure dans l'intention de réduire le volume des liquidités monétaires alors que, dans le même temps, les banques privées accéléraient puissamment leur création monétaire… Mais c'était en dollars. L'illusion monétaire nationale subsistait. La liberté totale de circulation des capitaux n'existait pas encore.

Toute l'Europe se rua vers cette technique de lutte contre l'inflation. Les États jusqu'alors peu endettés et plutôt florissants commencèrent à beaucoup emprunter au taux d'intérêt du marché. Désordres monétaires et dévaluations ici ou là n'y changeaient pas grand-chose. Ainsi débuta la politique d'endettement public, dans laquelle les États-Unis nous avaient précédés. Une formidable rente pour le système bancaire fut ainsi constituée aux dépens des États. La chose s'est aggravée lentement au fur et à mesure du ralentissement de la croissance après les Trente Glorieuses. En France, la dette publique est inférieure à 10 % du PIB en 1974 ; elle est de 75 % juste avant la crise en 2008.

Ainsi émergea progressivement ce système fou dans lequel ce sont maintenant les banques privées qui créent des liquidités sans aucune limite à l'appel de fonds venant des marchés spéculatifs de produits dérivés… Pendant que les États développés sombrent dans des situations budgétaires difficiles.

Cet endettement excessif des États, à commencer par les États-Unis, est un des éléments majeurs de la crise financière que nous vivons.

Ainsi, depuis 1952, l'endettement total de la société américaine – États, fédérations, entreprises et ménages confondus, à la seule exception des institutions financières – est resté stable jusqu'en 1981 (120 à 130 % du PIB). Puis, en 1981 l'élection de Ronald Reagan marqua un changement complet de philosophie et de pratiques financières. L'endettement devint alors un moyen admis, voire encouragé, de financer la croissance. L'augmentation de la dette globale est vertigineuse pendant ses deux mandats. De

Dette totale aux États-Unis depuis 1952

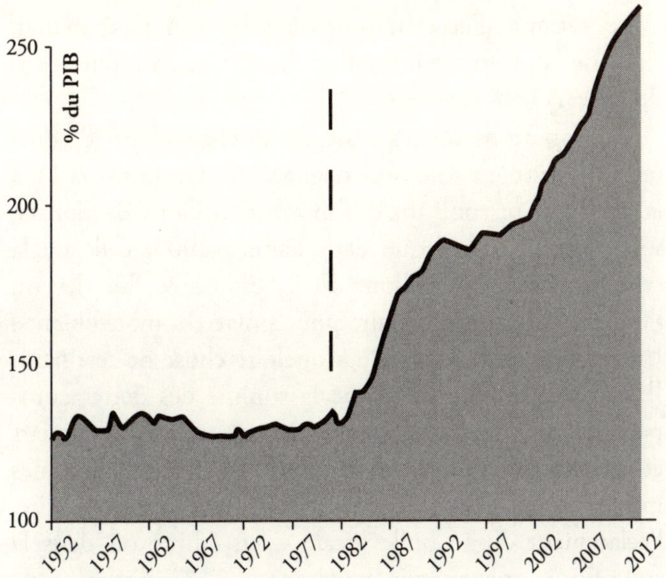

Source : Réserve fédérale.

1989 à 1993, Georges Bush père pratique la même philosophie et infléchit à peine la pente.

Seul le Démocrate Bill Clinton, de 1993 à 1997, tente de revenir à une conduite moins folle. L'élection de Bush fils en 1997 sera bientôt reconnue comme une catastrophe de dimension mondiale. Il fut le principal incitateur à la pratique redoutable des prêts hypothécaires *subprimes*. Pendant les années 2007 à 2011, la dette totale américaine a dépassé le triple (300 %) du PIB national.

La contrepartie de cet énorme endettement est faite de créances et de devises. Les réserves de change, dans le monde entier, vont en augmentant depuis le début du XXIe siècle, marquées par les cessions de devises, principalement américaines. Il faut surtout noter l'énorme part de la Chine, le réveil de la Russie, pays pétrolier, et la résistance du Japon malgré la persistance de sa crise.

La part de l'Euro système est importante et tient surtout à l'Allemagne et aux Pays-Bas.

Le rythme d'accélération a tendance à s'augmenter, signe de la profonde instabilité du système, annonciatrice de crise…

Les variations de ces réserves de change sur le court terme jouent un rôle non négligeable. De la mi-2011 à la mi-2012 se sont ainsi évaporés 4 trillions de dollars, soit presque autant que dans l'année 2009, celle de la crise bancaire. Le trillion, ou T, est de ce fait devenu l'unité de mesure nécessaire pour suivre ces mouvements. L'instabilité ainsi repérable a quelque chose de terrifiant. Il faut se souvenir aussi que la somme des dettes européennes est loin d'atteindre les 3 ou 4 trillions de dollars et qu'elle est donc réduite par rapport aux sommes immenses que l'on évoque ici. Mais même une mini-crise, l'éclatement d'une bulle locale – en Chine ou dans la zone Euro – peut servir de détonateur à la crise générale et à l'explosion de l'immense déficit mondial.

Les liquidités mondiales sont loin de n'être composées que de devises. L'essentiel est fait de titres financiers représentatifs des produits dérivés dont il vient d'être question.

La somme de ces liquidités représentées par des actifs faits de produits dérivés atteint aujourd'hui 700 t, soit 10 fois le produit brut mondial, ou encore plus de 7 fois le montant total des réserves. On ne peut croire que la masse titanesque de ces créances puisse être un jour remboursée, d'où la crainte de l'explosion, dont la crise 2007-2008 a été l'annonce ou l'amorce.

À quoi servent toutes ces liquidités ?

Le total des transactions qui s'opèrent dans cette masse, bien supérieur naturellement au volume total des liquidités elles-mêmes, ne concerne l'économie réelle que pour

2 %, contre 98 % pour l'économie financière, au demeurant de l'économie « virtuelle » en quasi-totalité, soit pour l'année 2007 un peu plus de 2 000 T [1].

Il faut en outre rappeler ici qu'en 2007, par exemple, le montant quotidien des échanges de devises (appelé par les transactions financières) était égal à cinquante fois le montant des exportations.

Notons la quasi-disparition dans les activités de ces liquidités des matières premières et de la Bourse. Voilà une économie financière qui a complètement cessé de financer l'économie réelle.

La bourse elle-même est très gravement affectée par cette financiarisation déchaînée de l'économie, elle n'est plus un moyen de financement des entreprises, un moyen d'encaisser des plus-values.

Durée moyenne de détention d'une action à la Bourse de New York et de Londres, 1900-2011

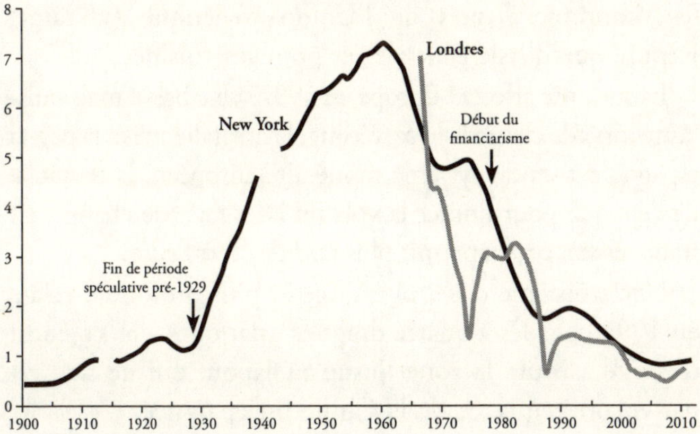

Source : NYSE.

1. Sources : BRI, FMI.

Dans ces conditions, il n'y a plus de raison de garder longtemps des actions par-devers soi. Le graphique ci-dessus montre en années le temps moyen de détention des actions par leurs acheteurs, et ce depuis 1900. On est tombé au XXIe siècle au-dessous d'un an. La finance a cessé d'accompagner les entreprises, ce qui aggrave la fragilité générale du système.

L'explosion de la bulle financière

Cette évolution s'est accompagnée de l'apparition de bulles financières qui éclatèrent successivement.

La première fut russe. Lorsque, entre 1990 et 1991, l'URSS explosa et que successivement Gorbatchev puis Eltsine mirent fin à l'économie planifiée, la toute jeune Russie, conseillée par les Américains, adopta d'un seul coup un système marchand complètement dérégulé financièrement. Une spéculation effrénée accompagnée d'une énorme inflation se développa immédiatement. La bulle explosa dès 1991. Ce fut un désastre pour toutes les économies issues de l'Union soviétique (Ukraine, République d'Asie centrale) et pour les voisines.

La suivante affecta l'Europe en 1992. Une brève mais puissante tornade chassa la livre sterling, la lire italienne et la peseta espagnole hors du système monétaire européen, la tentative de l'époque pour limiter la volatilité des taux de change. Le franc résista, ce qui permit plus tard de créer l'euro.

Une troisième crise, plus large et plus profonde, éclata en 1997 chez les « quatre dragons asiatiques » et s'étendit très vite à toute la zone, jusqu'au Japon, qui ne s'en est pas encore remis. Seule la Chine fut épargnée.

Vers le tournant du millénaire, une autre bulle financière, liée à la survalorisation des sociétés d'informatique et électronique, éclata à son tour. La crise de la e-économie fut mondiale, mais ne concerna guère les économies réelles. Quelques dizaines de milliards de dollars furent ainsi perdus.

Cette période vit aussi la faillite d'immenses firmes mondiales à dominante américaine (LCTM en 1998, Enron en 2001). L'État américain déploya beaucoup d'énergie et d'argent pour limiter les dégâts, mais cette crise eut malgré tout des conséquences à l'échelle mondiale. Dans les deux cas aussi, on attribua l'effondrement à une mauvaise gestion et à des imprudences, et l'on refusa d'y voir le signe annonciateur de déséquilibres beaucoup plus généraux, pas plus qu'on ne l'avait vu à propos de la e-économie.

En ce début de millénaire, une autre évolution dangereuse se dessina aux États-Unis. Si les salaires réels stagnaient depuis déjà plus d'une décennie, l'endettement général des particuliers comme de l'État permettait de maintenir une croissance forte, l'économie donnait l'impression d'aller fort bien, et le capitalisme d'être une réussite inouïe. Les deux présidents Bush évoquèrent tour à tour l'idée d'une société débarrassée de la lutte inutile entre salariés et patrons, où chacun serait capitaliste, où chacun serait propriétaire. Cette tendance donna l'idée aux banques d'élargir le marché des crédits immobiliers en renonçant aux enquêtes sur la solvabilité des emprunteurs. Ainsi se généralisèrent des prêts aux couches peu solvables de la population, naturellement accompagnés de taux d'intérêt de précaution, les *subprimes*.

Ce qui devait arriver arriva. Dès 2005-2006, le nombre d'expulsions requises pour non-paiement des échéances augmenta rapidement. En 2007, le chiffre de 1 500 000 expulsions fut atteint. Ce fut un véritable drame social : des policiers firent la grève des expulsions, les tribunaux étaient engorgés, les élus locaux se déchaînèrent… Pourtant, en 2007, on a calculé que, pour que les banques retrouvent leurs fonds et l'équilibre, il eût fallu expulser 4 millions de familles…

C'est ainsi que, vers 2007, la plupart des banques américaines entrèrent dans le rouge.

Il aurait fallu prévenir tous ces risques en les provisionnant, en vendant beaucoup d'actifs et agir de concert avec les autorités de tutelle. On s'en garda bien.

La science financière avait pendant ces années beaucoup progressé pour répondre, on l'a vu, à la demande toujours croissante des marchés spéculatifs. Deux inventions se diffusèrent très vite : le regroupement de créances multiples en un titre financier unique et la titrisation, c'est-à-dire la transformation d'une créance bancaire nominative en un titre financier unique, anonyme et cessible comme un actif quelconque.

Les banques américaines intensifièrent la création de titres multiples en regroupant des créances hypothécaires devenues incertaines, donc « pourries », avec d'autres créances parfaitement saines. Et l'on offrit ces produits à la vente aux banques du monde entier. On entrait dans le vol qualifié.

Malgré tout, ce fut une réussite. Seuls la Chine et les pays du monde arabe restèrent à l'écart de ces produits… Mais le reste du monde acheta, en particulier les pays anglo-saxons. Certains se montrèrent plus hésitants. Les banques françaises, par exemple, restèrent les plus réticentes. Question de culture… Elles furent donc moins affectées par le drame qui suivit. En effet, en 2007 et 2008, le résultat logique de ce que l'on vient de décrire fut une immense vague de faillites bancaires aux États-Unis. Des milliers d'établissements de taille petite ou moyenne, mais surtout les quatre plus grandes banques américaines spécialisées dans l'investissement, disparurent à cette occasion. Les faillites affectèrent bien entendu largement les bilans des banques aux activités plus générales.

Dans la même période, les grandes banques privées du monde découvrirent que les titres regroupés qui figuraient à leurs bilans comptaient de nombreuses créances pourries. Mais personne n'avait les moyens de chiffrer la valeur de ces créances malsaines. Toutes les banques se mirent à douter de la solvabilité de leurs partenaires et le crédit interbancaire s'arrêta presque complètement, faisant ainsi planer la menace d'une récession mondiale plus profonde que celle de 1930.

Les chefs d'État se réunirent, et c'est à cette occasion que le G20 fut créé. La première réunion de ce nouveau regroupement fut étonnamment efficace. Sous la pression conjointe de Gordon Brown, Premier ministre de Grande-Bretagne, et de Nicolas Sarkozy, président de la République française, le G20 décida qu'il fallait arrêter la progression de la récession et, pour ce faire, appeler tous les États à soutenir les banques. Il y avait d'ailleurs urgence. L'Islande venait de faire faillite, et on découvrit à cette occasion que ses banques avaient accumulé des créances – y compris les incertaines – pour huit fois la valeur de son produit national brut. Sans avoir poussé la folie jusque-là, l'Irlande ne se portait guère mieux…

Rejetant brutalement la logique du marché, les principaux États offrirent en 2008 à leurs systèmes bancaires la garantie publique pour l'essentiel de leurs bilans, ainsi que des prêts aux conditions avantageuses. En Grande-Bretagne et aux États-Unis, la garantie publique offerte aux banques dépassa 70 % du produit national brut. On fut un peu plus modéré dans la zone euro, mais la moyenne des garanties publiques offertes atteint tout de même 36 % du produit brut.

Beaucoup de banques utilisèrent ces ressources : ce sont donc les contribuables qui arrêtèrent la récession, et la dette publique augmenta donc beaucoup, aux États-Unis comme en Europe. Le seul pays où les banques avaient été suffisamment prudentes pour ne pas s'exposer excessivement, et purent rembourser les avances après cette première tornade fut la France. Mais elle était déjà suffisamment endettée…

Cette affaire, et notamment l'intervention de l'État, ne rencontra pas aux États-Unis un consensus aussi net qu'en Europe. Le monétarisme voulait que la logique du marché aille à son terme, que les faillites se fassent pour épurer les créances douteuses et que les responsables des imprudences commises ou d'une mauvaise gestion soient punis. Lorsque Henry Paulson, le secrétaire américain au Trésor, se pencha sur le cas des grandes banques générales américaines, il découvrit qu'elles étaient toutes en difficulté : City Group, Goldman Sachs, Wells Fargo, et bien sûr Lehman Brothers. Afin de satisfaire l'opinion publique, on trouva un coupable : Lehman Brothers, la moins bien placée dans la légitimité de l'establishment bancaire américain, fut laissée à la faillite, en 2008. Ce fut une faillite de plusieurs dizaines de milliards de dollars, la plus grosse de l'histoire du monde, et un véritable tremblement de terre dans la finance mondiale. Filiales, partenaires, déposants et créanciers furent touchés par dizaines de milliers, partout dans le monde.

Nous avons pris le temps de rappeler un peu longuement cet épisode de l'histoire financière récente pour trois raisons.

La première est la gravité de son impact sur l'économie réelle : le PIB global des pays de l'OCDE s'est réduit de 4 % environ en 2009, et la croissance retrouvée depuis est si lente que la plupart des pays n'ont pas encore retrouvé leur niveau de production de 2007.

La deuxième raison, et sans doute la plus importante, est que les soutiens aux banques et les quelques restructurations qui ont été opérées, s'ils ont évité une forte aggravation de la récession, n'ont absolument pas suffi à réveiller le crédit interbancaire, pourtant nécessaire à l'activité courante.

Enfin, la troisième raison est la persistance du risque d'une explosive massive de cette mégabulle financière devant la révélation de l'insolvabilité du déficit américain.

Les paradis fiscaux sont toujours aussi puissants et actifs, et accueillent près de la moitié de ces centaines de T que représentent les liquidités mondiales aujourd'hui.

Rien n'a été fait pour limiter la prolifération des produits dérivés. On n'a pas non plus voulu, ni surtout osé reprendre l'idée de Roosevelt évoquée plus haut, celle d'une séparation totale entre les banques gérant des dépôts, et de ce fait soumises à une interdiction de financer le risque, et les banques d'affaires ou d'investissement, dont le financement du risque est justement le métier, ce qui les achemine vers la spéculation. Cette séparation, effectuée en 1933 par le *Glass Steagall Act*, avait assuré au monde soixante-dix ans de vie financière sans crise. Rétablir cette distinction, c'est empêcher que les dépôts des particuliers et des entreprises, autrement dit le fonds de roulement de l'économie réelle, ne soient entraînés dans la tornade spéculative en cas de krach financier. On s'y est jusqu'à présent refusé… Cela permettrait pourtant de limiter les effets d'un éventuel tsunami financier.

Un autre élément de solution serait de contraindre les trois agences de notation à devenir des institutions partiellement publiques et à intégrer la nécessité de stabilité dans leurs décisions.

Nous reviendrons sur ces précautions nécessaires.

La nature de la crise est aujourd'hui telle qu'elle nous a conduits à aborder l'histoire de ces quarante dernières années d'abord sous l'angle de la finance. Mais il s'est passé bien d'autres choses pendant cette période, et il faut donc les avoir en tête pour prendre la mesure pleine et entière de la situation dans laquelle nous sommes.

1970-2010 : une transformation totale du capitalisme

C'est d'abord dans le secteur de la production, des entreprises et du marché du travail que cette mutation a commencé. Il faudra donc la décrire, puis examiner ses conséquences en matière de revenus et d'inégalités. On sera alors amené à découvrir le changement doctrinal ou théorique qui a accompagné ces mutations.

C'est en août 1971 que tout commence à basculer.

Nous vivons toujours, nous Américains, Européens et Japonais, cette phase inouïe des Trente Glorieuses, et il ne vient à personne l'idée qu'elle pourrait prendre fin.

La croissance est alors rapide, le plein-emploi général et tout cela est soutenu par une consommation des ménages dynamisée par des salaires pratiquement indexés sur la productivité. La période est profitable pour l'ensemble des entreprises du monde développé, y compris les petites et moyennes.

Tout cela s'est accompagné de l'émergence et du renforcement des multinationales. Le mouvement n'est pas vraiment nouveau, mais le nombre et la puissance de ces multinationales deviennent incroyables. Le capitalisme traditionnel et familial n'est plus de mise. On entre dans l'« ère des managers » (James Burnham), dans l'« ère de l'opulence » (J.K. Galbraith). L'aisance privée se généralise. Dans cette société quantitative, le goût de l'argent s'avive.

Or l'équilibre de l'activité productive tenait largement à ce que, du fait de la politique salariale, on rémunérait faiblement le capital. Les actionnaires ne s'en plaignaient guère.

Aux États-Unis, toujours inventifs, le système de retraites progressivement mis en place dans les années 1950 était pour l'essentiel à base professionnelle et privée. Les fonds de retraite plaçaient l'épargne recueillie en actions d'entreprise.

Ils en vinrent à mener combat dans les AG de sociétés pour obtenir de meilleurs dividendes. Cela se montra efficace. Des fonds de pension non professionnels se créèrent : il y eut par exemple les « veuves de Californie ». Le nouveau comportement se répandit très vite. En moins d'une vingtaine d'années, l'économie des pays anglophones, puis de quelques imitateurs, fut maillée d'un très puissant réseau de fonds de pension, présents dans le capital de la quasi-totalité des entreprises dépassant quelques milliers de salariés. La France ne rejoignit le mouvement que plus tard, et de façon plus restreinte : son système de retraite salariale était intégralement public et fonctionnait par répartition.

Partout ailleurs, l'idée de regroupement d'actionnaires pour peser sur les décisions d'entreprises se généralisa, et fut adoptée pour de tout autres structures : fonds d'investissement et fonds d'arbitrage, ou *hedge funds*.

Dès les années 1990, la présence de fonds collectifs de nationalités diverses était assurée dans à peu près toutes les entreprises multinationales des pays développés.

De ce fait, le comportement des actionnaires changea complètement. Dans le capitalisme traditionnel, il était d'usage que l'actionnaire s'intéresse à l'entreprise en question, à ses activités et à celles de la concurrence, suive son programme de recherche technique, garant de son avenir.

Les nouveaux représentants de fonds collectifs dans les assemblées générales cessèrent de s'intéresser à l'entreprise elle-même pour ne plus considérer que ses résultats. La conséquence la plus immédiate de cette transformation fut la pression exercée pour limiter les dépenses et majorer le dividende. On en vint ainsi à diminuer les frais de représentation et de publicité. L'effort de recherche et de formation se trouva également amputé pour cette raison.

Mais la victime la plus directe de cette pression fut la main-d'œuvre salariée. La quête insatiable du profit conduisit à rejeter systématiquement hors de l'entreprise la main-d'œuvre la moins clairement utile, celle qui n'apparaissait pas indispensable à la technicité de la firme, à la qualité de ses produits et à sa réputation. La maintenance, la propreté, l'entretien, la fabrication de certains composants simples furent impitoyablement délocalisés.

Le mot clé était « externalisation », et celle-ci se faisait vers de petites entreprises n'appartenant à aucune filiale de grand groupe afin de ne pas subir de présence syndicale. Il suffisait alors de diminuer la durée des contrats et de réadjuger souvent les fournitures en offrant des prix à la baisse pour obtenir des résultats significatifs.

La première forme visible de cette pression actionnariale, dans les années 1990, fut baptisée « valse des PDG ». Les fonds collectifs formaient des alliances, ralliaient d'autres actionnaires pour se procurer – y compris illégalement – leurs pouvoirs, et ainsi mettre en cause les directions. Une deuxième vague de diffusion de ces comportements prit la forme des OPA (offres publiques d'achat), la plupart du temps fondées sur l'insuffisante valorisation par l'entreprise de ses résultats auprès de ses actionnaires. Cette nouvelle mode se répandit dès la fin des années 1990.

La cupidité des actionnaires trouva à la même époque un moyen encore plus efficace de s'assurer que le comportement des directions opérationnelles d'entreprises répondait à leurs nouvelles exigences : associer la rémunération des dirigeants à la valeur boursière des entreprises, assiette de leur propre rémunération d'actionnaires, ou mieux encore, de leurs plus-values. Telle est la fonction des stock-options, avec entre autre, ce résultat de placer les PDG qui les détiennent sous des contraintes beaucoup plus volatiles et à beaucoup plus court terme que la pure conduite de l'entreprise.

En trente ans, ce nouveau style de direction des entreprises, que l'on peut qualifier de capitalisme actionnarial, s'est répandu dans tous les pays développés. Il est venu à bout de ce que Michel Albert appelait à la fin des Trente Glorieuses le capitalisme rhénan. C'est un nouveau capitalisme au sens strict. Son résultat le plus visible est la déstabilisation de la main-d'œuvre sur le marché du travail. L'élément le plus marquant est la généralisation du travail précaire : contrats de travail de quelques jours ou de quelques semaines, temps partiel non choisi, salaires aux limites du seuil de la pauvreté, parfois même inférieurs, embauches limitées à la journée. Il y a de tout dans la précarité. Moins observée, moins strictement décrite que le chômage, elle est aussi moins mesurée et moins connue. Elle concerne pourtant largement 20 % de la population salariée de nos pays.

Une telle dégradation des conditions de travail a vite saturé les systèmes de protection sociale. Le filet n'est plus étanche. Une grande nouveauté de la fin du XXe siècle est la réapparition de la pauvreté, qui avait à peu près complètement disparu pendant les Trente Glorieuses. Il s'agit des adultes valides sans ressources. Ils représentent aujourd'hui 3 à 6 % de la population « active » totale, à ajouter aux chômeurs et aux précaires. Ces trois catégories ne sont d'ailleurs pas étanches et se recoupent largement.

Près d'un tiers de la population est ainsi concerné par ce bouleversement du marché du travail. Les conséquences économiques, financières, sociales et même d'ordre public sont immenses.

Parmi les quelque 70 % de population encore titulaires de contrats de travail stables et de revenus décents, il y a sûrement des hommes et des femmes qui ont retrouvé un travail régulier après être passés par des situations de chômage et de précarité. Leur psychologie et leur comportement en sont nécessairement marqués. Et, naturellement, en temps de stagnation ou de récession, il est clair qu'un nombre considérable de travailleurs « installés » vivent dans la crainte de tomber en situation de chômage ou de précarité.

Tout cela produit dans la population des attitudes de peur, de méfiance devant les gouvernants et les patrons, de repli individualiste, de refus de coopération. L'apathie politique se développe, les partis protestataires et populistes grandissent, les gouvernements deviennent instables.

Dans toute l'Europe, tout référendum qui survient est l'occasion d'émettre un refus du système beaucoup plus que de répondre à la question posée.

Toutes ces évolutions ont évidemment des résultats visibles sur le plan macroéconomique. Le graphique ci-après montre sur la période 1975-2011 l'évolution, pour quinze des membres de l'OCDE, de la part des salaires directs et indirects (on appelle salaires indirects les prestations de la protection sociale) dans le produit intérieur brut total.

Cette approche statistique est très discutée, notamment parce que cette part des salaires fut inhabituellement haute dans la fin des années 1960 et le début des années 1970, alors que cette moyenne était restée stable, autour de 62 ou 63 %, depuis la guerre. Il reste que la période couverte ici est de trente ans, ce qui suffit à éliminer les petits cycles conjoncturels. Depuis 2006 et jusqu'à aujourd'hui, aucun signe ne laisse percevoir ni n'autorise à anticiper une inversion de la tendance. L'effondrement est donc continu et n'a rien de cyclique. La part globale de la rémunération directe et indirecte du travail passe en

Part des salaires dans la valeur ajoutée des entreprises
OCDE – 15*

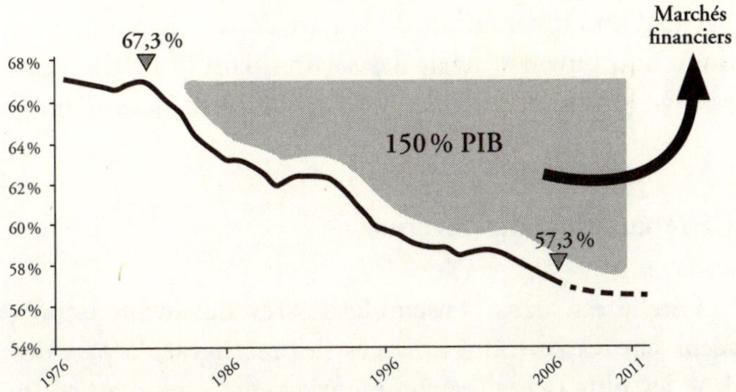

* Allemagne, Suède, États-Unis, Japon, Royaume-Uni, Danemark, Italie, Espagne, France, Pays-Bas, Autriche, Belgique, Finlande, Grèce et Irlande.

Source : OCDE.

moyenne pour ces quinze pays regroupés de 67 % du PIB à 57 % en un peu moins de trente ans. La cause en est bien sûr l'augmentation constante sur la période de la précarité et du chômage.

Si, en 2006, la part des salaires dans le PIB global était restée la même qu'en 1980, l'ensemble salaires plus protection sociale serait supérieur de 30 000 à 50 000 milliards de dollars à ce qu'il était en réalité. C'est là le phénomène majeur qui explique la diminution du taux de croissance de la consommation, donc du PIB. En cumulé sur la période, c'est environ une fois et demie le PIB global de tous ces pays qui manque à l'activité économique courante, un total de l'ordre de plusieurs dizaines de T – trillions de dollars. Ce total vertigineux a quitté l'activité économique réelle pour se présenter sur les marchés financiers spéculatifs, comme nous l'avons vu plus précédemment. Et l'économie est en croissance très ralentie de ce fait pendant toute la période, et même en quasi stagnation depuis 2008.

Une leçon peut être tirée de cette situation : la sortie de crise ne saurait se limiter à une prévision efficace des risques d'explosion du système. Elle ne peut se faire qu'à partir d'une restauration de la part de la consommation, donc du pouvoir d'achat des salaires dans le PIB… Perspective longue et difficile, mais absolument nécessaire.

La répartition des revenus

Quelle est, dans l'ensemble des revenus avant impôts reçus par les personnes privées (les ménages), la part des 1 % les plus riches, et comment a-t-elle évolué au cours du dernier siècle ? Les chiffres que nous allons citer découlent des travaux de MM. Saez, Piketty et Landais : ils représentent cette histoire en distinguant les pays anglophones et six pays non anglophones parmi les plus grands du capitalisme libéral. Naturellement, la langue n'a rien à voir avec tout cela, mais la parenté culturelle semble avoir curieusement entraîné une parenté de calendrier politique reflétant l'évolution de la pensée économique et financière. Ce regroupement fait donc sens.

Les leçons de cette histoire sont fortes.

Avant 1940, dans le capitalisme débridé, les plus riches, soit 1 % de la population, s'en donnent à cœur joie. Leur prélèvement oscille mais ne varie qu'entre 13 et 20 % selon les dates et les pays.

On peut déjà relever cependant la relative modération de ce prélèvement dans les pays à influence sociale-démocrate forte (notamment l'Australie, la Suède et l'Allemagne de Weimar). Mais l'enseignement le plus fort et le plus évident de ces travaux est la remarquable efficacité des stabilisateurs évoqués plus haut (la création de la Sécurité sociale et la politique des hauts salaires) pour calmer fortement la volatilité du partage des revenus en même temps que son caractère prédateur. La lecture de la période 1945-1980 en est réellement étonnante, d'autant plus que ce résultat n'était pas l'objectif premier de ces politiques nouvelles, dont le but était seulement d'éliminer les crises financières.

Le dernier enseignement de ces travaux est tout aussi vigoureux, incontestable et politiquement significatif. Dès que s'installent le capitalisme financiarisé, l'encouragement de l'endettement, l'abandon de la régulation financière globale par l'État et le privilège fiscal des grosses fortunes, l'ampleur des revenus des 1 % les plus riches recommence immédiatement à augmenter rapidement, le volume en redevient prédateur. Sur ce point-là, les travaux sont d'une clarté étonnante : pour la Grande-Bretagne, l'inversion de la courbe se lit dès le moment de l'élection de Margaret Thatcher en 1980 et, dans le cas des États-Unis, dès l'élection de Ronald Reagan en 1981. Il est tout aussi visible que cette part des 1 % les plus riches dans le partage général de l'ensemble des revenus demeure considérablement plus décente dans les pays d'Europe continentale ou au Japon, pays qui se sont bien gardés d'imiter avec la même ampleur les errements américains et britanniques en matière d'aggravation du déficit public et de la dette par la forte réduction de taxation des plus fortunés et par le recours systématique à l'endettement pour financer la croissance. Il semble donc bien y avoir une corrélation entre le prélèvement des plus riches sur l'ensemble de la société, selon qu'il est plus ou moins prédateur, et la stabilité de l'ensemble du système.

On en aura une vision plus nette encore en étudiant le cas des États-Unis. Un statisticien italien, M. Gini, a mis au point voilà quelques décennies un coefficient complexe, dit indice de Gini, qui rend compte du degré d'inégalité qui caractérise la distribution de l'ensemble des revenus dans une société donnée. Il varie entre 0 et 1.

Lorsqu'il est de zéro, cela veut dire que toutes les personnes de cette population reçoivent le même revenu. S'il est de 1, c'est qu'une personne richissime accumule la totalité des revenus et que tous les autres ne reçoivent plus rien.

Évolution de l'indice de Gini aux États-Unis
de 1913 à 2009

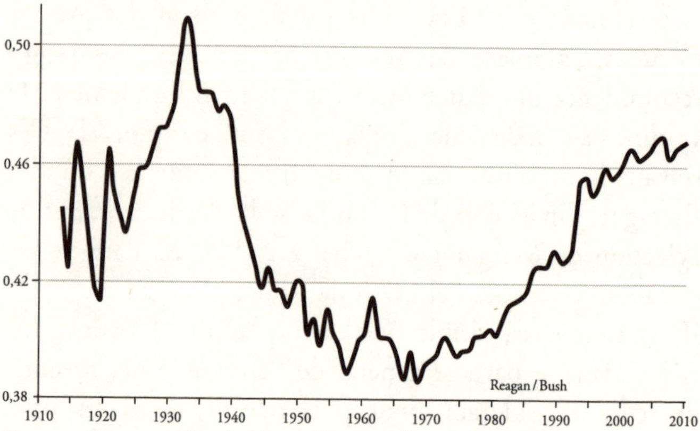

Source : Berruyer d'après Doug Henwood et Census Bureau.

Le graphique ci-dessus donne les variations de cet indice pour les seuls États-Unis.

Plusieurs constatations peuvent être faites :

– le capitalisme accepte spontanément de grandes variations des inégalités (1910-1930) ;

– l'aggravation forte des inégalités est annonciatrice de crise (fin de la décennie 1920) ;

– la crise puis l'économie de guerre conduisent à réduire beaucoup les inégalités ;

– la forte régulation du capitalisme (1945-1975) non seulement évite les crises, mais réduit beaucoup l'ampleur des variations de court terme ;

– l'entrée dans l'ère du capitalisme financiarisé non seulement remet les crises financières à l'ordre du jour, mais surtout pousse à une aggravation forte et rapide des inégalités.

Pour que l'information de nos lecteurs englobe aussi les faits dont l'opinion publique s'est le plus abondamment saisie, il faut encore observer deux éléments : la rémunération des plus grands dirigeants de l'économie et la situation des classes moyennes.

S'agissant de la rémunération des dirigeants, nous nous limiterons aux États-Unis. Leur évolution est parfaitement édifiante et vaut pour le monde développé tout entier.

Depuis la consolidation internationale du capitalisme dans la deuxième moitié du XIXe siècle, jusqu'à la Seconde Guerre mondiale, il était d'usage que les chefs de très grandes entreprises, industrielles et même financières, se versent un salaire quarante fois supérieur à celui de leurs employés.

Henry Ford – toujours lui, mais il est emblématique – avait dit, dans les années 1930, à peu près ceci : « Le capitalisme a besoin de ne subir que très peu de règles, mais cela exige qu'en compensation il respecte une éthique forte. Il est salubre à cet égard que tout patron se paye à peu près quarante fois le salaire moyen de ceux qu'il dirige, et guère plus. »

Et cela a tenu un siècle. On préserve cette proportion après la guerre, et pour toute la période des Trente Glorieuses. C'est à partir de 1990 que la rage de faire fortune s'empare des dirigeants de premier rang. Dès lors, le coefficient 350 est souvent dépassé. Si nous nous limitions aux 50 PDG les mieux payés, nous observerions des coefficients entre 400 et 600…

Voilà vingt ans maintenant que la rémunération des plus grands dirigeants de l'économie est faite pour plus de moitié d'éléments variables liés non plus à l'activité réelle de l'entreprise, mais à sa valeur boursière. Ici encore, on peut se contenter des données américaines, qui sont tout à fait à l'image de ce qui se passe en Europe.

Il n'est plus possible de trouver une relation quantitative raisonnable et acceptée entre ces fonctions et ces rémunérations. Certes, les responsabilités sont lourdes, les tâches difficiles, les risques d'échec et d'instabilité considérables, mais il n'en reste pas moins que les sommes évoquées sont démesurées

Un dernier aspect de toutes ces évolutions confirme dangereusement cette intuition. Il découle logiquement de tout ce qui vient d'être dit, mais il mérite d'être isolé, défini et analysé spécifiquement : c'est l'écrasement des classes moyennes.

On l'a vu, c'est au cours du dernier quart du XXe siècle que l'appétit du lucre s'empare de la civilisation occidentale, à partir de l'exemple américain, et qu'il est dans ce sens appuyé par de nouvelles procédures et l'affaiblissement ou la disparition de bien des règles. La hausse vertigineuse des rémunérations des chefs de grandes entreprises en est un signe. L'augmentation importante des dividendes versés aux actionnaires en est un autre, qui lui-même appelle une multiplication des détenteurs de portefeuilles boursiers, du fait des possibilités de gains énormes offertes par les marchés spéculatifs des produits dérivés.

Dès les années 1990, aux États-Unis tout d'abord, puis ensuite en Grande-Bretagne, le salaire réel cesse de croître, et accuse une très longue stagnation. On commence alors à découvrir parmi les couches supérieures des classes moyennes salariales un nombre considérable de personnes qui n'ont d'autre choix que de financer l'augmentation croissante de leur consommation par des revenus boursiers et la multiplication des emprunts. Vers le tournant du millénaire, aux États-Unis, les salaires ne représentaient plus que 55 % du volume total de la consommation, le reste venait des revenus boursiers et de l'endettement.

Il a été ainsi calculé que, pour la Grande-Bretagne, la totalité de la croissance du PIB de 2000 à 2006 n'était fondée que sur l'augmentation de l'endettement.

Robert Reich, ministre du Travail du président Clinton, a mesuré cette réalité financière sous un autre angle. Il a établi et publié qu'entre 1990 et 2010 le PIB américain a augmenté de plus de 15 % et que la moitié de cette immense nouvelle richesse a été captée par 1 % de la population, l'essentiel du reste par 5 % seulement. Pendant cette période, les salaires réels, eux, ont stagné.

On assiste donc à une sorte d'évaporation des classes moyennes vers le haut, laissant le reste dans la stagnation pendant que la croissance se poursuit.

À l'inverse, comme nous l'avons vu plus haut, la période 1970 – 2000 voit la somme des chômeurs, des précaires et des pauvres passer d'à peine 10 % de la population active totale à quelque 30 % aujourd'hui. Cette évolution se fait aux dépens des classes moyennes, composées en majorité de salariés. Et ceux qui ne sont pas tombés dans le travail précaire ou le chômage et n'ont pas encore été expulsés de leurs maisons vivent maintenant dans la crainte d'en arriver là.

Ces observations sont surtout vraies pour les États-Unis et la Grande-Bretagne. L'Europe continentale suit, certes, le même chemin, mais les évolutions y sont plus lentes.

Il reste à rappeler que les classes moyennes sont historiquement et sociologiquement les créatrices et le fondement réel de la démocratie. À l'incertitude sur l'avenir économique s'ajoute une incertitude grave sur la stabilité politique de notre société.

Il est assez extraordinaire que toutes ces évolutions dangereuses sinon catastrophiques aient pu se poursuivre pendant quarante ans dans la compréhension et avec l'accompagnement des pouvoirs publics, et surtout avec l'acquiescement de l'opinion publique.

La raison en est qu'une nouvelle doctrine économique a émergé pendant la guerre froide et s'est emparée en deux décennies du monde économique et des élites politiques et administratives dans les pays de libre entreprise.

Ce fut un événement majeur, car les dérives déstabilisantes qui nous ont menés à la crise présente ont trouvé là leur cadre justificatif, mais aussi parce que ce sont largement les éléments rémanents de cette façon de penser l'économie qui interdisent aujourd'hui de mettre en œuvre les solutions audacieuses (mais douloureuses) dorénavant nécessaires.

Cette doctrine est le monétarisme, souvent appelée à tort ultralibéralisme ou néolibéralisme.

La révolution intracapitaliste s'est faite aussi dans la pensée

Le but de ce livre n'est pas d'entrer dans l'immense controverse entre le monétarisme et les autres grands courants de la pensée économique. Nous nous limiterons à la trace historique de cette évolution et au rappel de ses conséquences majeures dans la pratique, les institutions et les règles du jeu économiques.

Aussi longtemps, plus de trois mille ans sans doute, que le marché se limita à une confrontation d'individus, (consommateurs - acheteurs face aux vendeurs), l'aisance fut fort limitée, l'économie peu attirante, et l'aventure humaine se joua donc ailleurs, dans la guerre, l'architecture, l'art et la pensée. Dans la Grèce antique ou la république puis l'Empire romain, comme dans le peu que l'on sait de l'Égypte ou de la Chine ancienne, rares sont les auteurs qui se sont aventurés à commenter un tant soit peu l'économie, discipline alors presque inconnue.

Mais, lorsqu'en moins d'un demi-siècle les inventions cumulées de la machine à vapeur et de la société anonyme permirent au marché de s'étendre aux grandes unités, on vit naître le capitalisme et croître très vite le champ couvert par l'économie, sa puissance et la fascination qu'elle se mit à exercer sur l'humanité civilisée. Avant même la multiplication des grandes unités, Vauban en France, à la fin du XVIIe siècle, fut le premier à tenter description, mesure et prescription politique. Le XVIIIe siècle vit l'éclosion des premiers travaux majeurs (Quesnay puis Smith) et le passage au XIXe ouvrit l'ère des travaux globaux avec Ricardo, Malthus puis Walras. Ils sont innombrables depuis.

Nos bibliothèques sont pleines de travaux et d'auteurs proposant des analyses globales de l'économie, de ses principes de fonctionnement et même dans certains cas de ses rapports avec l'ensemble de la société des hommes.

La plupart ne sont connus que des spécialistes. Dans deux cas seulement, la nature du message proposé fut telle qu'il suscita un écho considérable et remporta un immense succès d'opinion publique.

Le premier est Karl Marx. Nous n'en parlerons pas plus ici : il est étranger à la fin de l'histoire que nous traitons, même si son analyse de la survenance des crises demeure d'une étonnante et profonde pertinence dans l'actualité présente.

Le second est l'Américain Milton Friedman, né en 1912, décédé au début du XXIe siècle. Il est le vrai fondateur du monétarisme. Il vécut très jeune la crise mondiale de 1929-1932, mais se forma véritablement à l'économie après la guerre, pendant la période des Trente Glorieuses. Il obtint le prix Nobel d'économie en 1976, deux ans après Hayek, son précurseur. Douze autres prix Nobel successifs vinrent ensuite couronner des économistes monétaristes, c'est dire l'audience et l'importance extrême de ces travaux, couramment rattachés, du fait de Friedman lui-même, à l'« école de Chicago ».

Friedman fut un lecteur attentif et enthousiaste d'Adam Smith et reprit à son compte l'image de la « main invisible du marché ».

C'était une manière de rappeler que toute situation de marché finit par trouver un équilibre entre l'offre et la demande qui se traduit par un certain prix ou une certaine grille de prix. Il y a dans ce mécanisme une spontanéité que l'on peut assimiler à de l'automaticité. En résumé, le marché est autoéquilibrant. Friedman produisit des études mathématiquement approfondies des conditions dans lesquelles, par approximations successives, se produit cet équilibre.

Avant d'aller plus loin, il convient déjà de noter que ces recherches et ces travaux se poursuivent dans le respect des trois axiomes centraux, formulés depuis longtemps : « Les ressources sont illimitées, la nature a un considérable pouvoir réparateur et reconstituant, il n'y a pas de limite physique à la croissance. »

Friedman accentua l'impulsion donnée à l'introduction du calcul mathématique dans les travaux économiques. Cette jeune science humaine souffrait beaucoup d'être qualifiée par les mathématiciens, physiciens et chimistes de « science molle » par rapport aux leurs, les sciences dures. Cela revenait à approfondir le fossé entre l'économie et quelques disciplines voisines mais concernées par ses avancées et ses résultats, telles la sociologie, l'ergonomie, l'écologie ou plus encore l'histoire, ou même la politologie.

Toujours est-il que les monétaristes conduisirent d'autres travaux en aval, dont la conclusion la plus remarquable, et remarquée, était que tout équilibre de marché était optimal. Loin de vouloir dire « parfait », ce mot signifiait qu'un équilibre de marché produisait le meilleur partage possible entre toutes les parties prenantes, vendeurs et acheteurs, banquiers et opérateurs, actionnaires et salariés. La conséquence de ce théorème est que, si un équilibre de marché est, pour une raison quelconque – sociale, écologique ou autre –, considéré comme non satisfaisant, toute intervention extérieure, notamment celle de la puissance publique, visant à le modifier par de la réglementation, de la taxation ou de la subvention, fera nécessairement plus de perdants que de gagnants.

Les démonstrations mathématiques sont implacables.

Bien sûr, Friedman avait su établir et formuler les conditions logiques nécessaires pour que le marché puisse fournir ces performances, l'autoéquilibre et l'optimalité. Déjà dès les années 1960 et 1970, un jeune étudiant américain, Joseph Stiglitz, né trente et un ans après Friedmann, a fait sa thèse et ses premiers travaux sur ces conditions logiques. Il apporte un éclairage significatif sur la doctrine en établissant de manière formelle que la plupart de ces conditions, et notamment la plus importante, la stricte égalité d'information disponible pour tous les opérateurs, sont structurellement impossibles à réunir… (cela lui vaudra le prix Nobel d'économie en 2001).

L'enseignement majeur d'une telle doctrine est simple et clair : l'efficacité du marché est d'autant plus forte qu'il échappe à toute intervention publique. Moins l'état s'en mêle, mieux l'économie se porte. Ce seul message est déjà doux à entendre pour tous les producteurs, les commerçants, les agents de l'économie.

S'y ajoute, immédiatement et corollairement, un autre enseignement. Si on adopte ce point de vue, l'élément majeur, le moteur principal est le profit, puisque c'est lui qui se réemploie sur les marchés. L'essentiel est donc de faire le plus de profit possible. Et qu'est-ce qui empêche les opérateurs économiques et les personnes privées d'augmenter leurs profits ? Les impôts, taxes et règlements limitatifs bien sûr !

Peu importe que les finalités des règlements soient environnementales ou sociales, ils détériorent de toute façon les équilibres des marchés. C'est plus net encore pour les impôts et taxes. Débarrassons-nous donc de tout cela… L'enrichissement général qui en résultera permettra de mieux financer par le marché ces finalités environnementales ou sociales que le monde extérieur prétend imposer à une économie qui marcherait mieux sans cela.

Ces travaux culminent dans la décennie 1970 ; leurs conclusions conviennent à tout le monde !

Une coïncidence historique va en outre jouer un rôle décisif dans l'histoire. Les décennies 1960, 70, 80 et les suivantes marquent une rupture majeure. Depuis des milliers d'années, dans des économies à dominante agricole, le travail d'un chef de famille suffisait à peu près à fournir à sa femme et ses enfants de quoi manger, s'habiller et se chauffer dans une décence minimale. Princes, chefs religieux et généraux prélevaient de quoi vivre beaucoup mieux, mais ils ne représentaient que 1 ou 2 % de la population. À partir du milieu des Trente Glorieuses (1960-1970), la situation change : le travail d'un homme ne permet plus uniquement de manger, se chauffer, s'habiller. L'efficacité incroyable du capitalisme a permis un niveau de revenus tel qu'au-delà de ces besoins primaires il y a un résidu significatif qui permet de satisfaire des aspirations jusque-là inconnues de la masse du peuple : se déplacer, acquérir des soins médicaux et corporels, s'adonner à des loisirs.

Depuis ces années, la croissance des soins médicaux et des dépenses de loisirs est fulgurante. Elle l'est toujours.

L'opportunité de dépenses nouvelles se multiplie vertigineusement.

C'est précisément à cette période-là que Milton Friedman déclare : « Braves gens, vous payez trop d'impôts, vous subissez trop d'entraves réglementaires. Il vaudrait mieux s'en passer. »

Le succès fut foudroyant. Dans les pays anglo-saxons, le corps politique s'en saisit immédiatement et en fit très vite sa doctrine et sa pratique. Ainsi commencèrent, avec Reagan et Thatcher, les diminutions massives d'impôts pour les classes aisées et riches, et de ce fait l'aggravation des déficits budgétaires. La France, elle, y a succombé en 2007.

Ainsi cessa aussi le financement gratuit des États par les banques centrales, avec ces deux conséquences : le paiement d'intérêts de marché par les États ouvrit une période de déficits budgétaires massifs et continus qui constituent aujourd'hui un facteur aggravant de la crise générale ; une énorme rente fut ainsi construite au profit des banques, qui s'en servirent pour augmenter leurs liquidités à l'usage des marchés spéculatifs et tout particulièrement de ceux concernant les produits dérivés.

Cette vision générale de l'économie aboutissait en outre, tacitement mais malgré tout fort clairement, à encourager massivement l'endettement. Pour les personnes privées comme pour les États, mieux valait s'endetter que de laisser l'activité ralentir faute de moyens d'en financer la croissance par l'investissement…

Même si elle mettait complètement de côté les besoins collectifs et les infrastructures, cette doctrine était un formidable encouragement à l'enrichissement privé.

Cette mutation de la science économique remporta un grand succès.

Après les États-Unis et la Grande-Bretagne, le Japon, l'Italie, les Pays-Bas, l'Australie puis l'Allemagne et bien d'autres virent leurs gouvernements se rallier à cette doctrine, validée par des victoires électorales.

Il résulta en outre de cette légitimation endossée par les politiques deux dernières conséquences qu'il faut aussi noter.

La première est que c'est d'abord le marché qui est ainsi légitimé, voire encensé. Ce qui implique que tout marché est le bienvenu quel que soit son objet. Bien que n'ayant aucun rapport avec l'économie réelle, et donc aucun rapport avec la satisfaction de besoins sociaux reconnus, les marchés de produits dérivés se développèrent sans entraves. Aucun régulateur, aucun État ne formula d'objections à cette multiplication des transactions sur des « produits virtuels ». Les bulles se multiplièrent ainsi librement. La crise de la e-économie en 2001 n'en fut que la première explosion.

La deuxième et dernière conséquence, peut-être la plus grave, est que, puisque seul le marché est performant et que toute intervention publique en détériore l'équilibre, il est préférable d'arrêter le jeu de ces interventions constantes que nous avons décrites plus haut comme facteurs stabilisants du système.

Le marché s'était chargé lui-même d'en finir avec la politique des salaires indexés sur la productivité. Mais mettre fin aux politiques keynésiennes de finances extérieures et diminuer l'importance de la sphère publique et de la protection sociale dépendait en revanche des États. La plupart des États occidentaux virent dans la cohérence de la doctrine sur ce point, puis dans le ralliement général des droites européennes – sauf une partie de la française – au monétarisme et dans les victoires électorales consécutives plus qu'une légitimation : une consigne d'orienter ainsi l'ensemble de leurs politiques.

Telle est l'origine de ces vagues successives de « libéralisations », privatisations et déréglementations qui ont modifié le paysage économique de tout l'Occident.

L'évolution trentenaire que nous venons de décrire s'accompagne ainsi partout d'une fragilisation des régimes sociaux et d'une baisse régulière et progressive du volume des prestations sociales dans le produit intérieur brut. Cela fait partie du durcissement des conditions de vie du petit peuple pendant cette crise interminable.

Il vaut la peine de terminer ce passage sur la pensée dans le capitalisme par une remarque concernant la terminologie.

Pour des raisons assez obscures, cette forme particulière de pensée économique a été baptisée monétarisme. Cette dénomination n'est guère heureuse. Si cette doctrine traite beaucoup de la monnaie et de la finance, le lecteur en sait déjà assez pour considérer que c'est loin d'être essentiel. La doctrine entraîne des résultats beaucoup plus significatifs et considérables dans l'économie réelle.

Mieux vaut pourtant conserver ce terme que de se rallier à quelques-unes des autres appellations suggérées pour faire plus simple et moins technique – « néolibéralisme » ou « ultralibéralisme ». Il y aurait là un contresens total qui confine à la faute théorique et politique.

Le libéralisme est une façon de penser qui consiste à privilégier en tous domaines la recherche de la plus grande liberté possible pour les individus dans un système organisé collectivement.

Cette pensée, cette recherche, est née en fait au XVIIIe siècle, grâce à des auteurs prenant l'économie comme référence centrale de leur savoir et de leur réflexion. Le produit de leur réflexion, le libéralisme, ne se définit certainement pas par référence prioritaire à l'économie. Bien au contraire, l'accent majeur est mis sur l'organisation sociale tout entière. Le libéralisme politique est l'élément dominant de ce nouvel aspect de la pensée humaine. Mais, même dans l'ordre économique, les libéraux ont toujours considéré et affirmé que la liberté se définissait et s'exerçait dans le cadre des règles, des lois qui en décrivent les limites et protègent contre son abus.

Au demeurant, les fondateurs du libéralisme économique venaient de disciplines n'ouvrant guère le doute à ce sujet : Quesnay était médecin, Adam Smith philosophe moraliste et Malthus pasteur. L'idée que l'économie puisse s'affranchir de toute règle leur était totalement étrangère et tous, y compris Stuart Mill et Ricardo, ont longuement bataillé pour obtenir des décisions publiques et des lois dans de multiples domaines de l'économie.

L'idée que le marché fournit ses meilleures performances si aucune intervention publique ou loi ne cherche à l'orienter ou à le contrôler est donc radicalement nouvelle en économie, et même largement contraire à la pensée de toujours du libéralisme et des libéraux.

La conscience d'un ordre public et d'une légitimité humaine ou éthique à respecter est trop ancrée chez eux. La suppression de toute limite à spéculer et à s'enrichir est étrangère à la pensée libérale. Au demeurant, il existe depuis longtemps, dans l'Europe entière, des socialistes libéraux.

Il y a donc escroquerie intellectuelle à accoler, même avec un préfixe, le nom de libéralisme à un mode de pensée qui, en détruisant la protection des faibles et la préservation d'un intérêt collectif dans la production de l'équilibre de marché, nous rapproche plutôt de la jungle.

Et l'Europe, dans tout cela ?

L'Europe, en tant que continent et groupe de pays d'abord, mais même comme institution, n'est pas pour grand-chose dans l'évolution dramatique que nous avons décrite, ni non plus dans ses causes.

On l'a vu, les origines, techniques, pratiques et même intellectuelles de cette révolution intracapitaliste majeure sont principalement américaines.

L'Institution européenne, au demeurant, n'est pas d'ordre économique, elle n'est pas née pour en traiter, et si elle se trouve aujourd'hui centrée sur l'économie de manière dominante, c'est presque à l'origine le fruit d'un hasard.

En 1945, l'Europe ravagée se découvre comme désormais absente du front stratégique et militaire, exclusivement contrôlé par les États-Unis et l'URSS, comme économiquement très affaiblie, comme dépendante de l'extérieur en matière financière, alimentaire, énergique et stratégique. La cause tient évidemment et simplement aux deux guerres mondiales qu'elle a toutes deux déclenchées, et qui ont eu lieu sur son territoire avant de s'étendre au Pacifique et à l'Asie.

On avait beaucoup rêvé d'Europe dans le siècle précédent. Mais en 1945, l'évidence est là : la priorité absolue est de prévenir la guerre.

Des engagements solennels ne sauraient y suffire. Un regroupement organique de nations est nécessaire. La tâche est énorme et ne peut être accomplie que par étapes successives.

On commence par le plus évident et sans doute le plus facile : l'intégration dans une entité commune des industries du charbon et de l'acier pour rendre impossible la reconstitution d'industries d'armement séparées.

Cette première étape est un succès.

Dans la même veine, on propose d'intégrer les armées. Mais le conflit est encore trop présent dans les mémoires : l'idée de redonner des uniformes et des armes à des Allemands fait peur, et est donc abandonnée.

De puissantes forces politiques, chrétiennes-démocrates et socialistes principalement, restent majoritaires et désireuses de construire l'Europe, mais sans savoir par quels moyens.

La première idée autour de laquelle se crée un consensus concerne l'énergie atomique. Ce sera le traité d'Euratom. Mais c'est insuffisant.

Des fonctionnaires français proposent alors à Jean Monnet, l'infatigable initiateur de tout cela, de créer non pas une Europe de l'économie, mais simplement une Europe de la douane, un Marché commun. Des historiens racontent en s'en amusant que Jean Monnet a hésité. L'idée manquait de noblesse et de grandeur à ses yeux. Mais il n'y avait rien d'autre. Le traité de Rome fut donc négocié puis ratifié en 1957 et 1958, applicable dès avril 1959.

On est à l'époque au cœur des Trente Glorieuses.

La pensée économique dominante est keynésienne et régulatrice. La poussée privatisante et dérégulatrice ne se fait pas encore sentir. L'intérêt européen naissant pour l'économie commence par le commerce et s'y limite quelques années. Les débuts sont stupéfiants, largement extraordinaires. La suppression soudaine des droits de douane internes et de beaucoup de règles sanitaires ou techniques qui étaient autant d'entraves au commerce a des effets immenses et rapidement cumulatifs.

Dans les dix ans qui suivent, le commerce entre les six nations qui viennent de se grouper dans la Communauté économique européenne se développe deux fois plus vite que le commerce mondial. Même le commerce de chacun de ces six États avec le reste du monde augmente une fois et demie plus vite que le commerce mondial.

Les PIB suivent. La reconstruction étant terminée, c'est bien la croissance des Trente Glorieuses qui se déroule.

On parle à l'époque, selon les occasions données par l'actualité, de miracle allemand, de miracle italien et aussi de miracle français. Bref, en moins de dix ans après la signature de ce traité, l'Europe occidentale rattrape le niveau de vie des États-Unis beaucoup plus vite qu'elle ne l'avait espéré.

Le résultat économique est si éclatant et si convaincant que l'on en oublie de se soucier du fonctionnement interne.

Or il est difficile. On a préservé la nécessité de l'unanimité pour toutes les décisions importantes, ce qui crée des blocages.

L'Europe enchaîne les crises politiques, mais trouve des solutions à chacune grâce à des négociations longues durant parfois toute la nuit.

L'image s'impose assez vite, flattée par l'immense succès économique, d'une profonde réconciliation franco-allemande, d'une efficacité remarquable des institutions communes et enfin d'un vrai succès, voué à s'intensifier et à s'étendre. Après le millénaire durement marqué par de multiples guerres qu'elle vient de vivre, il est incontestable que l'Europe a su faire là une sorte de miracle. La paix assurée, l'appartenance à une communauté économique lancée dans une aventure d'intégration permise par une croissance sans précédent : tout cela est séduisant et convaincant. Tout le monde veut en être. La Grande-Bretagne, qui avait dénoncé le projet dans une belle colère sarcastique, retourne sa veste et demande à adhérer. Charles de Gaulle obtint un refus des Six.

Nous sommes en 1963. Les autres demandeurs d'adhésion attendront. Mais la Grande-Bretagne est tenace. Elle présente à nouveau sa demande en 1969, accompagnée cette fois de l'Irlande et du Danemark. De Gaulle a quitté le pouvoir, ce qui rend la négociation possible. L'adhésion se fait en 1973. La Grèce suivra huit ans plus tard, en janvier 1981.

Pendant ces vingt premières années, à la seule exception de l'adhésion britannique, danoise et irlandaise, l'Europe n'a signé aucun traité ni connu aucune modification importante.

L'énorme travail accompli était purement interne, il visait l'harmonisation financière, technique et sanitaire des conditions de la concurrence. Il visait aussi à établir les conditions de la surveillance et de la protection de cette concurrence. L'héritage des célèbres lois « anti-trusts » est passé à Bruxelles, qui s'en est fait un défenseur plus efficace et plus convaincu que la plupart des États ayant toujours des problèmes de champions nationaux à défendre, à commencer par les États-Unis, qui ont, eux, pratiquement abandonné aujourd'hui ce combat qu'ils avaient initié.

Les caractéristiques globales de cette période demeurent donc celles des Trente Glorieuses. La croissance reste forte. On le voit pour la France sur le graphique ci-dessous.

Mis à part une courte récession en 1974-1975, les variations conjoncturelles du rythme de croissance du PIB sont faibles. En moyenne par décennie, la croissance est de 4,8 % dans les années 1960 et 3,5 % dans les années 1970. C'est ensuite que les choses se détériorent. Malgré l'embellie nette en 1987-1988, la moyenne des années 1980 n'est que de 1,8 %, celle des années 1990 de 1,5 % et celle de la décennie 2000 de 0,8 %. On note sur la courbe l'annonce très nette de la récession de 2008-2009.

Mais restons au début de la période. Pendant la décennie 70, on n'observe dans l'économie globale aucun signe annonciateur des vastes déséquilibres et désordres qui vont se produire autour du changement de millénaire et après.

Évolution annuelle en volume du PIB français par habitant de 1960 à 2009 et moyenne par décennie

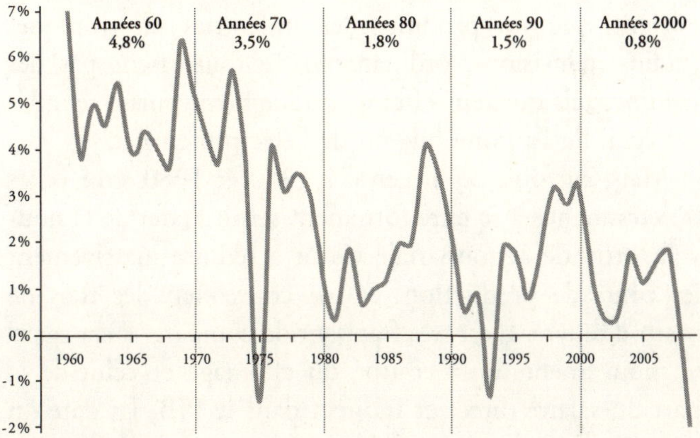

Source : Insee.

Le seul signe explicatif du ralentissement de croissance qui s'observe est le chômage. Dans le cas français, qui ne diffère guère des autres pays développés, le chômage reste inférieur à 5 % de la population globale jusque vers 1975. C'est ensuite qu'il commence une montée dangereuse, jusqu'à atteindre 9 % (1988-1990), pour remonter ensuite vers 10 %, niveau qui subsistera de 1995 jusqu'au tournant du siècle.

Il faut noter que cette statistique n'inclut pas la précarité. Pourtant, son envol et sa diffusion rapide sont notables à partir des années 1980, et elle est donc un facteur aggravant de l'évolution que nous sommes en train de découvrir.

Le niveau terrible atteint en 1996 ne va plus guère baisser, sauf lors de petites variations conjoncturelles.

La décennie 1970 fut celle où commença à se faire sentir un essoufflement du capitalisme lié au remplacement, pour la plupart des produits mécaniques de grande diffusion populaire, des marchés de premier achat par des marchés de renouvellement, à l'évidence moins dynamiques.

Cette évolution continue et s'amplifie. Il est en outre évident que les produits des industries électroniques (radios, télévisions, ordinateurs) ne fournissent pas des volumes tels que leur effet d'entraînement puisse remplacer celui de l'automobile ou de l'électroménager.

Mais, surtout, ces décennies 1970 et 1980 sont celles où commence à se faire fortement sentir l'effet de la nouvelle attitude actionnariale visant à réduire massivement les coûts de production, et par conséquent les frais de main-d'œuvre. Il est très frappant de comparer à cet égard le mouvement de la courbe du chômage et celui de la part du salaire direct et indirect dans le PIB. La date du décrochage est la même… Le premier signe de l'ouverture de la crise est bien l'ensemble chômage plus précarité. Les désordres financiers ne sont venus qu'après.

À l'évidence, ces évolutions (saturation des marchés de premier achat et fragilisation du salariat) touchent tous les pays développés, et prennent surtout leur source plutôt aux États-Unis. L'Europe n'y est pour rien, elle a seulement subi et accompagné. Le comportement des directions d'entreprises a rapidement fait tache d'huile, vers le Japon comme vers l'Europe.

Ce n'est qu'à partir des années 1980 que l'action de police du marché menée par la Direction de la concurrence de la Commission européenne à Bruxelles commence à s'inspirer de la doctrine monétariste.

En 1986, le traité dit « Acte unique » achève l'homogénéisation et l'intégration de ses unités nationales dans le marché commun, dont il étend les règles aux opérations économiques des États et des collectivités territoriales, et il établit dans ce marché la libre circulation des capitaux et des services. C'est de première importance, mais ce traité témoigne davantage d'une volonté d'intégration que de celle d'une adhésion à une éventuelle doctrine, d'ailleurs non évoquée et à laquelle aucune autre disposition de l'Acte unique ne peut être reliée.

C'est à cette époque que la Communauté économique européenne, après vingt ans de discrétion institutionnelle, entre dans une période très active de transformations politiques et structurelles, en lien avec la multiplication des adhésions : Espagne et Portugal en 1986 ; Autriche, Finlande et Suède en 1995 ; Chypre, Estonie, Lettonie, Lituanie, Malte, Pologne, République tchèque, Slovaquie et Slovénie en 2004 ; Bulgarie et Roumanie en 2007.

Nous voici vingt-sept.

Si des problèmes nouveaux apparaissent, la nature de la Communauté et l'orientation de la politique économique qu'elle poursuit restent, elles, immuables.

Le traité de Maastricht (février 1992) transforme la Communauté en Union européenne, assure la fusion de cette dernière avec la Ceca, et décide d'un élargissement timide des compétences de l'Union dans de nombreux domaines (politique étrangère, sécurité commune, éducation, culture, santé, transports, politique industrielle, etc.). Il annonce surtout l'intention de ses signataires de créer une monnaie européenne unique.

Les traités d'Amsterdam (1997) et de Nice (2001) sont presque exclusivement consacrés au renforcement de l'Union en tant que personnalité morale, à la définition des droits qu'elle défend, au renforcement des pouvoirs du Parlement et à des modifications de son fonctionnement interne.

Rien de tout cela ne concerne donc la philosophie économique appliquée par l'Union. La question ne sera pas davantage abordée dans le projet de traité constitutionnel ou dans le traité de Lisbonne.

C'est donc par une lente contagion transmise par le commerce et les marchés, que les différents éléments de la révolution intracapitaliste se sont diffusés et répandus en Europe.

La politique d'augmentation de la part des dividendes dans les résultats des sociétés et de pressuration de la main-d'œuvre s'est généralisée par effet de concurrence.

L'Europe ne l'a ni vue venir ni discutée, elle n'a pas cherché à s'y opposer, encore moins à en protéger ses citoyens. Elle l'a au contraire accompagnée en interne par le biais de mesures législatives et réglementaires assurant l'homogénéité sur le territoire de l'Union de ces nouvelles règles (fusions, acquisitions, OPA, etc.).

Elle a également encouragé les politiques de privatisations et de déréglementation, tout cela dans l'intention d'améliorer la place et la compétitivité de l'Union sur un marché de plus en plus mondialisé.

De la même façon, l'Europe a aidé à la mise en place et à l'organisation des nouveaux marchés financiers, ceux des produits dérivés notamment, qu'appelait l'évolution incessante de la finance mondiale.

Il existe une autre manière d'aborder ces réalités. Le Fonds monétaire international, FMI, s'est amusé à construire à partir de sept paramètres différents – contrôle du crédit, contrôle des taux d'intérêt, des capitaux et des opérations de Bourse, privatisations, droits de douane, etc. – un indice de libéralisation financière.

Le graphique ci-après en retrace l'évolution de 1973 à 2005 pour deux pays d'Europe.

Il saute aux yeux qu'il n'y a pas grande simultanéité dans ces évolutions et qu'elles sont donc de source nationale beaucoup plus qu'européenne. Si, très clairement, l'Europe n'a pas cherché à les contrecarrer ni à en protéger ses membres – qui, d'ailleurs, ne lui en ont jamais donné

Index de libéralisation financière de 1973 à 2005
(indice de 1 à 100)

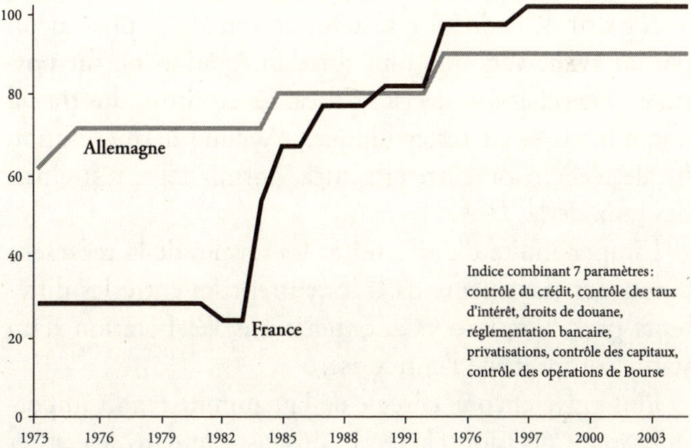

Source : FMI.

le mandat – elle n'en est pas non plus la cause ni l'organisatrice. Ce point est essentiel.

S'il n'y avait pas eu d'Union européenne, il est hautement vraisemblable que la vague monétariste nous aurait tout de même envahis, séparément, mais avec des résultats peu différents.

Ces enseignements sont utiles pour regarder le dernier avatar de tout cela la monnaie unique : l'euro.

Si les trente premières années s'étaient déroulées sans heurts, les nationalistes n'avaient pas pour autant disparu.

Déjà les États s'étaient raidis entre le traité de la Communauté charbon acier (1951) et celui de Marché commun (1958). Du temps de la Ceca, l'organe central régulateur s'appelait Haute Autorité, il recevait et envoyait dans le monde des ambassadeurs, beaucoup de décisions pouvaient être prises à la majorité. Avec la création du marché commun, l'organe central est devenu une commission, elle reçoit et envoie dans le monde des représentants. L'unanimité est nécessaire au Conseil des ministres pour un très grand nombre de décisions.

À partir de l'adhésion britannique en 1972, plus aucun pas en avant vers une plus forte intégration ne fut possible. Les champs décisifs, fiscalité et droit du travail notamment, sont restés bloqués. Aucune harmonisation fiscale réelle n'a pu être effectuée, hormis celle, restreinte, des taux de la TVA.

L'impossibilité d'uniformiser les formes de la représentation des travailleurs dans les entreprises entre les différents pays bloqua pendant trente ans l'élaboration d'un statut européen de l'entreprise.

Plus grave encore, la règle de l'unanimité rendit impossible toute décision claire et consensuelle dans les cas et les situations où les enjeux des politiques européennes entraient en contradiction avec des intérêts américains. Cela se manifesta clairement au moment des négociations du *Kennedy Round* en 1964-1967, cela avait été plus limpide encore au moment de la définition et de la mise en place de la Politique agricole commune (PAC), où l'acquiescement américain et donc l'accord du GATT sur le principe d'un marché à prix protégés n'avait été obtenu que contre l'abandon du domaine des aliments pour bétail à la liberté mondiale des marchés, et donc aux exportations américaines de soja, quitte d'ailleurs à provoquer une crise grave lorsque, en raison de difficultés structurelles internes, les États-Unis arrêtèrent brutalement et soudainement leurs exportations. Cette impossibilité d'arriver à définir quelque politique que ce soit dans tous les domaines où la seule existence d'une politique européenne était désagréable aux États-Unis devint une constante paralysante pour l'Union. De même, il n'existe pas de politique énergétique commune du fait des divergences de vues de plusieurs pays sur la question du nucléaire civil.

Cette primauté des intérêts nationaux entraîne une autre conséquence permanente et dommageable pour l'Union. La règle dite du juste retour entraînait l'impossibilité de définir une politique ou de lancer un chantier de travaux, d'investissement quelconque, si chaque État membre n'y retrouvait pas son compte à proportion de sa part dans les sommes dépensées. Les procédures nécessaires pour établir la mesure et le contrôle des opérations donnèrent aux politiques de l'Union un caractère excessivement bureaucratique qui les affaiblit beaucoup. Ce fut par exemple le cas de la politique d'aide à la coopération visant le tiers-monde.

Cette rémanence agressive d'un nationalisme ombrageux et omniprésent fut assez vite visible et perceptible comme l'empêchement fondamental pour l'Union de devenir une entité politique majeure sur le plan international.

La décennie 1980 enregistra les pires conséquences de cette paralysie, notamment pour toute décision extérieure au champ du traité. C'est ainsi que, lorsqu'un triple meurtrier français s'enfuit au Portugal, il s'avéra à peu près impossible de l'extrader… C'est ainsi que, quelques années après la mort du maréchal Tito en 1980, lorsque commença la désagrégation de l'ancienne Yougoslavie, les désaccords profonds sur cette question furent vite apparents et paralysant. Et lorsqu'en 1986 la perspective de la guerre civile fut évidente, il fut impossible de trouver un accord sur la conduite à tenir. Il fallut trois ans de drames et d'horreurs pour que les Européens prennent une décision unanime : celle d'appeler les Américains au secours…

Le problème fut le même à propos du Moyen-Orient et à propos de la question palestinienne.

Pour tous ceux qui voyaient dans l'émergence de l'Europe la condition nécessaire pour que notre continent retrouve sa place dans la gestion des affaires du monde, pour que notre mode de vie et d'organisation sociale soit correctement et puissamment défendu et représenté dans le monde de géants qui s'était développé (États-Unis, Chine, Inde et Brésil…), la paralysie qui affectait notre bloc de nations était une catastrophe. Après d'incessantes conversations, un accord se fit sur l'idée d'étendre les compétences de l'Union dans les domaines de la politique étrangère et de la justice, d'étendre aussi les pouvoirs du Parlement. Ce dernier était élu au suffrage universel depuis 1972, mais il restait essentiellement consultatif, ce qui d'un point de vue démocratique était scandaleux.

Ainsi fut négocié un nouveau traité fondamental signé à Maastricht en 1992. La Communauté économique européenne devint l'Union européenne. Il s'y crée une citoyenneté. Mais le souverainisme impénitent des États membres continua pourtant de sévir : on ne réduisit que très peu le champ des décisions exigeant l'unanimité. On n'intégra pas la politique étrangère ni la politique judiciaire dans les compétences habituelles de l'Union ; on se contenta d'ajouter au traité de Rome, baptisé premier pilier, deux autres piliers, l'un pour la politique étrangère et de sécurité commune, l'autre pour la justice, gérés tous deux en intergouvernemental, donc avec nécessité d'unanimité pour toute décision. Il n'était pas question de faire ensemble de la politique étrangère ou judiciaire, mais seulement de décider, à l'occasion, d'actions communes de politique étrangère ou judiciaire… la paralysie continuait, le rêve européen fut une fois de plus entravé.

Pourtant, le plaidoyer insistant de Jacques Delors, à l'époque président de la Commission, trouva l'appui d'une heureuse négociation entre François Mitterrand et Helmut Kohl à la suite de laquelle l'adhésion de l'Allemagne de l'Est à l'Union et son intégration dans la République fédérale furent accompagnées de la création d'une monnaie unique.

Cela fut inscrit dans le traité de Maastricht, dont ce fut de loin la décision la plus importante.

Les institutions et les mécanismes de l'Union européenne ne subirent plus ensuite aucune modification importante jusqu'à la décennie 2010.

Nous cessons ici de nous intéresser aux procédures ou modes de travail de l'Union pour nous pencher sur la monnaie qui va devenir la variable majeure. Nous pouvons déjà noter que la création de cette monnaie ne doit rien à l'économie et tout à la géopolitique.

Une monnaie commune n'était en rien nécessaire aux activités de l'Union. Elle n'était d'ailleurs pas demandée par les opérateurs. La mutation interne du capitalisme s'accommodait fort bien d'une multiplication de monnaies faibles, incapables de lui opposer la moindre résistance. L'émergence d'une monnaie européenne unique offrait au contraire un éventuel moyen – si on le souhaitait – de se protéger quelque peu et de limiter si possible les excès financiers américains…

Puisque la politique ne l'a pas permis en plus de quarante ans, une monnaie unique commune représente une autre stratégie pour favoriser en Europe une communauté d'expériences, de perceptions et de réactions.

Dès la signature du traité de Maastricht, une autre analyse, plus implicite, vient renforcer l'espoir et le besoin de cette unité monétaire : c'est la conscience de l'immense danger que fait courir au monde la croissance démesurée de la dette globale (administration, ménages et entreprises) américaine, approchant déjà en 1992 les 200 % du PIB.

L'idée d'une monnaie unique est accueillie dans les milieux économiques anglo-saxons avec d'incroyables sarcasmes et une grande violence. De nombreuses autorités de l'économie ou de la finance, venant de l'Université, des affaires ou même de l'administration, multiplient les pronostics d'échec et d'infaisabilité.

En outre, en 1992, alors que l'on sortait à peine de la crise russe éclate une nouvelle et grande crise financière. En septembre, la lire italienne puis la livre sterling dévaluent et quittent le système monétaire européen, et sont suivies en novembre par la peseta espagnole et l'escudo portugais. Engendrée par la courte récession de 1993, elle-même résultat de la méfiance créée par le non du Danemark au référendum de 1992, cette crise sanctionna la surévaluation de plusieurs monnaies au sein du SME, mais elle fut surtout le fruit d'une très intense spéculation. Beaucoup y ont vu, non sans raison, une ruse d'institutions financières privées anglo-saxonnes pour affaiblir le système monétaire européen, et par là compliquer, voire rendre impossible, la mise en place de l'euro. Le franc français fut également attaqué mais résista, ce qui permit d'ailleurs de créer tout de même l'Euro.

La bataille fut donc longue et émaillée de controverses techniques, d'affrontements politiques brutaux et d'instabilité financière. Mais l'engagement Kohl-Mitterrand de 1992 avait une grande force. La volonté politique l'emporta. Elle découlait beaucoup plus de la volonté de réduire les contradictions intraeuropéennes et de diminuer l'extrême dépendance de l'Europe vis-à-vis du dollar que d'une analyse du monde financier et de son évolution. La mise en place de l'euro n'a donc aucun rapport avec la progression des thèses et des pratiques monétaristes à l'intérieur de l'Union européenne.

En 1995 fut trouvé l'accord sur le nom, l'euro, et en 1996 l'Institut monétaire européen, préfiguration de la Banque centrale fut mis en place. Le 1er janvier 1999, onze nations membres de l'UE adoptaient pour leurs onze monnaies nationales des parités totalement fixes entre elles et avec un étalon commun nommé l'euro.

Le 1er janvier 2002, tous les billets de banques et les pièces circulant dans ces pays cessèrent d'avoir cours et furent remplacés par les billets et les pièces d'une circulation monétaire totalement nouvelle.

Aux onze premiers pays (Allemagne, Autriche, Belgique, Espagne, Finlande, France, Irlande, Italie, Luxembourg, Pays-Bas et Portugal) s'ajoutèrent la Grèce en 2001, la Slovénie en 2007, Chypre et Malte en 2008, la Slovaquie en 2009 et l'Estonie en 2011. D'autres adhésions sont prévues. Nous sommes maintenant dix-sept. C'est la plus belle opération réussie par l'Europe et c'est la dernière.

Les avantages de cette opération sont énormes : transparence des prix dans dix-sept pays, disparition d'énormes coûts de change et de transaction, simplification majeure des déplacements dans la zone, disparition des fluctuations dans les cours et de ce fait baisse importante des taux d'intérêt dans la zone. Ils sont d'ailleurs toujours à des taux historiquement bas.

On a accusé l'euro d'avoir incité à l'inflation. De fait, dans les deux premières années, les prix de certains produits de consommation courante comme le café ou le pain, qui en euros s'exprimaient avec trois décimales derrière l'unité, furent trop souvent arrondis à l'euro supérieur. Ce mouvement s'est calmé maintenant, un équilibre a été trouvé. Les travaux spécialisés ne détectent plus de facteur d'inflation dans la monnaie actuellement. La hausse totale n'a guère dû dépasser 2 %, acquis en deux ans et stoppés depuis.

En quelques années, l'euro est devenu la deuxième monnaie en circulation dans le monde, et même assez vite la première pour les émissions d'obligations d'État.

Pendant les deux premières années, les vents de la conjoncture firent beaucoup baisser l'euro par rapport au dollar. Les raisons furent nombreuses, et la première fut l'énorme flux de transferts transatlantiques liés aux déficits américains. Puis cela se corrigea, on vit l'euro monter beaucoup, trop même pour la santé des exportations européennes.

Les quelques années suivantes virent donc la banalisation de l'euro comme monnaie de la zone, la progression lente mais régulière de sa place dans les règlements mondiaux et ses fluctuations suivre les rythmes des marchés mondiaux.

Sans que l'euro y soit pour grand-chose, la financiarisation du capitalisme mondial progressait. Ce phénomène s'accompagnait du ralentissement de la croissance, de la montée continue du chômage, de la précarité et de la pauvreté, donc des charges sociales des États.

Du côté de ces derniers, l'accroissement accepté, sinon encouragé, de l'endettement, mieux vu par le monétarisme, était général. Pour les États-Unis et la Grande-Bretagne, par exemple, toute la croissance des années 2000 fut financée par l'endettement des ménages comme des États.

Mais, de ce fait, il subsistait un peu de croissance : pas de raison de s'alarmer. Dans un pareil climat, le monde entier ne sut voir dans la crise asiatique de 1997, dans la faillite de LTCM en 1998 ou dans celle d'Enron en 2001 que des accidents ou des résultats de mauvaise gestion, et non les signes annonciateurs de déséquilibres infiniment plus graves et plus profonds.

De ce fait, la crise des *subprimes* en 2007, l'écroulement d'innombrables banques américaines, dont les quatre plus grandes banques d'investissement, l'extension de ces difficultés à travers la titrisation, la généralisation mondiale de la méfiance inter-bancaire et la faillite de Lehman Brothers en 2008 prirent tout le monde par surprise.

Le souvenir de la crise de 1929 était dans toutes les mémoires, et notamment celles des gouvernants. Ils furent rapides à décider, au cours d'un premier G20 réuni pour l'occasion, d'éviter la transformation d'un krach boursier en récession, comme cela avait été le cas en 1930, et pour ce faire de consolider l'ensemble des banques menacées. Il n'y avait guère d'autre moyen que de faire appel aux puissances publiques, donc aux contribuables. La décision était majeure, puisque c'était la rupture avec le monétarisme, aux yeux duquel le bon fonctionnement du marché exigeait de laisser les faillites se faire.

On s'est hélas bien gardés d'aller jusqu'au bout de ce changement de doctrine. Mais c'était un début essentiel, et protecteur : la récession fut effectivement limitée, en volume et dans le temps.

Les actions entamées lors des G20 suivants restent marginales : amélioration des mesures prudentielles et des contrôles, quelques limitations du champ de manœuvre de quelques paradis fiscaux. Rien d'essentiel n'a donc encore été fait.

La garantie publique fut offerte aux banques en danger. Islande et Irlande durent restructurer en catastrophe leurs systèmes financiers et s'imposer une austérité terrible.

Grande-Bretagne et États-Unis proposèrent à leurs banques la garantie publique, avec une enveloppe atteignant 70 % du PIB.

La même chose se fit en Union européenne, pour une moyenne de 36 % du PIB. Quelques pays, dont la France, n'en souffrirent pas trop, car leurs banques, ayant été moins imprudentes, remboursèrent l'essentiel de ces prêts d'urgence. Mais partout ailleurs la garantie fut utilisée, augmentant d'autant les déficits publics, et donc la dette.

Cette situation amena immédiatement les marchés à spéculer sur la soutenabilité de la dette des différents pays.

Un problème apparut immédiatement : quel que soit leur degré – très variable – d'endettement, les pays membres de la zone euro avaient une dette publique en Euros.

Or le traité, sur demande allemande acceptée par les autres, et donc aussi par la France, interdisait à la Banque centrale européenne d'accepter que l'euro puisse être utilisé pour combler des déficits budgétaires ou financiers…

La Grèce fut le premier pays qui menaça de se trouver en situation de défaut de paiement. La crainte en devint publique à la fin de l'hiver et au printemps 2010.

Ce n'était pas une grande affaire. La dette grecque représentait moins de 2 % du PIB de la zone. L'Europe et sa Banque centrale n'auraient eu aucun mal à digérer un pareil trou, ni surtout à faire front à une menace spéculative de cette ampleur, à la condition d'en prendre les moyens : un volume important de devises pour vaincre la spéculation sur les marchés. Mais ils n'en avaient pas le droit.

Alors commence une bataille aussi institutionnelle que financière, qui n'est pas encore tout à fait terminée.

Le problème vient du fait que, lorsque les marchés anticipent un défaut de paiement en euros, c'est toute la zone euro qui se trouve visée par des opérations spéculatives. En outre, au-delà de la Grèce, nombre d'autres pays de la zone euro ont des dettes lourdes, et de ce fait des situations de paiement potentiellement fragiles – Irlande, Portugal et Espagne en première ligne. L'Italie se profile derrière, puis arrive la France. Une spéculation contre l'euro en tant que tel, contribuant à aggraver les taux d'intérêt, est donc une menace lourde pour toute la zone. Certains y ont vu une menace d'éclatement de l'euro lui-même.

Mais pour tous les pays concernés, une sortie de l'euro et le retour à la monnaie nationale auraient impliqué une dévaluation d'au moins 20 %, dans certains cas davantage. C'était à l'évidence impossible et infaisable. Ainsi s'explique la dureté des négociations qui s'ensuivirent et l'atmosphère dramatique dans laquelle elles se sont déroulées.

Les attaques spéculatives intermittentes se succédèrent pendant ces deux ans et demi. Après quelques négociations concernant exclusivement la Grèce, les gouvernements de la zone euro réussirent à décider de la création, en 2010, du Fonds européen de stabilité, puis, en 2011, de l'élargissement et de la consolidation de ce fonds par sa transformation en Mécanisme européen de stabilité.

La pression des marchés continuant, les gouvernements de la zone euro réussirent ensuite, fin 2011, à mettre au point un Traité sur la stabilité, la coordination et la gouvernance (TSCG) de la zone euro.

En 2012, l'heureuse addition à ce dernier d'un pacte de croissance (plus ou moins arraché à Mme Merkel par François Hollande entraînant derrière lui l'Espagne et l'Italie et rendant la ratification plus crédible), puis son approbation par la Cour constitutionnelle allemande diminuèrent grandement la fébrilité des marchés. Ces mécanismes et cette atmosphère permirent d'apporter à la Grèce les moyens d'éviter le défaut de paiement tout en l'obligeant par accord international à de profondes et brutales réformes internes qui l'ont conduite à une récession considérable.

Le niveau de vie moyen de la population chuta d'environ 10 %. Le PIB grec de 2011 enregistra une baisse de près de 7 %. Il est parfaitement clair qu'une faillite nationale isolée avec dévaluation de la monnaie locale aurait eu des effets encore plus terrifiants.

Si la Grèce a échappé au pire, et l'euro à une crise qui aurait pu entraîner sa disparition, la signature de l'Europe (zone euro) derrière une politique grecque de terrible austérité prit une signification politique lourde. La Grèce s'enfonce dans la récession, la misère, la colère sociale et la protestation publique permanente. L'Espagne, loin d'en être au même point, ne va toutefois guère mieux. Les batailles sur les conditions (les engagements de réformes) de prêts sont constantes.

C'est au milieu de ces débats que le président de la Banque centrale européenne, Mario Draghi, obtint de son Conseil en septembre 2012 le droit pour la Banque d'acheter sans limite des titres d'État émis par les États membres de la zone euro en situation financière difficile. Il n'y a plus d'espoir de victoire ni de profit pour les spéculateurs contre l'euro.

C'est la disparition d'un risque qui fut sérieux, et qui s'estompe. Mais cela ne règle pas pour autant le problème global de la solvabilité des pays en déficit, et donc pas vraiment non plus celui de la stabilité à terme de l'euro.

Pour analyser clairement ce passé récent et anticiper les problèmes qui vont se poser dans l'avenir proche, il faut comprendre que, dans la séquence que nous venons de rappeler se mélangent et s'interpénètrent deux débats étrangers l'un à l'autre par leurs sujets, mais que la conjoncture fait se rejoindre.

Le premier concerne l'Unité européenne. La situation a quelque chose de surprenant. Si le marché intégré est une réussite et l'Europe une grande puissance commerciale, ni l'Union, à vingt-sept membres, ni même la zone euro ne s'avèrent capables de décisions fortes et rapides : désaccord sur la guerre en Irak, désaccord sur le soutien à la Grèce, désaccord sur les limites du soutien mutuel possible s'il était nécessaire : la paralysie permanente fut visible et désastreuse. Il fallut bien des semaines pour décider du premier plan de soutien à la Grèce. L'absence de solution efficace et rapide était un encouragement à la spéculation sur les marchés.

D'innombrables auteurs y ont vu l'annonce d'une sortie de la Grèce de l'euro, puis de l'éclatement et de la disparition de celui-ci, chacun sachant inévitable après le drame grec que le même problème se pose pour le Portugal, l'Irlande et surtout l'Espagne, sans parler de l'Italie et de la France, moins immédiatement menacées. La probabilité que l'euro y résiste était faible.

Et, naturellement, aux yeux de la plupart des commentateurs, la fin de l'euro signifiait la fin de l'Europe.

En même temps se déroulait et se déroule toujours le deuxième débat, qui est strictement économique celui-là. C'est même très clairement un débat de doctrine, de théorie économique.

La situation dramatique de la zone euro découle de l'endettement excessif et dangereux de nombre des pays qui en sont membres. Mais, au-delà de cette situation d'endettement, ils peuvent être inclus dans l'évolution économique générale que décrit ce livre : croissance lente ou quasi nulle, chômage et précarité importants.

La stagnation, puis la régression amputaient le volume des rentrées fiscales, les empêchant de rembourser pleinement leur dette. Et là s'affrontent deux visions doctrinales.

Dans l'une, que l'on peut appeler orthodoxe, et qui est en conformité avec les canons du monétarisme, l'essentiel de l'économie tient à la confiance financière. Tenir ses engagements est la condition de cette confiance. La croissance ne peut réapparaître qu'ensuite, et si cette condition est remplie. La puissance publique n'a pas vocation à s'occuper de la croissance ni à chercher à la susciter. C'est le bon fonctionnement du marché seul qui permet la croissance, et ce bon fonctionnement exige que les dettes soient payées, que les banqueroutes soient assumées.

Première économie d'Europe, l'Allemagne a su gérer ses affaires internes et passer le début de la crise bancaire et financière dans de bonnes conditions. Elle a pu en outre préserver un commerce extérieur excédentaire et garde de ce fait une situation financière très solide. Elle doit une grande part de ces résultats favorables à sa gestion monétaire. De fait, l'Allemagne reste viscéralement attachée aux dogmes de la pensée financière classique et même monétariste. Dans l'attitude qu'elle affiche à l'égard des pays à déficit budgétaire lourd et niveau d'endettement excessif, il y a non seulement du désaccord, mais aussi du mépris.

La pensée allemande d'aujourd'hui sous-estime grandement les avantages structurels, sociologiques et même culturels qu'elle tire de son histoire. Elle affecte d'ignorer totalement les contraintes, elles aussi structurelles, sociologiques et culturelles, qu'en sens inverse ces pays subissent. C'est une situation de vraie mésentente. Déjà au moment de la création de l'euro, les milieux financiers allemands affichaient leur refus de voir adhérer « les pays du Club Med ». Ce désaccord, cette incompréhension continuent et s'aggravent.

Car un facteur nouveau apparaît. Pour rester capables de régler leurs échéances et pour diminuer la dépense publique, ces pays sont obligés d'opérer chez eux une chirurgie budgétaire de grande ampleur aux effets récessionnistes. La nature et l'ampleur de ces réformes sont dictées par les bailleurs de fonds de la zone euro qui viennent les secourir, au premier rang desquels l'Allemagne. Le mouvement du commerce extérieur communique son ralentissement aux voisins. Ainsi les perspectives de croissance pour 2012 sont-elles négatives pour la Grèce (–3 %), le Portugal (- 3 %) et l'Italie (0), quasi stagnantes autour de 0,5 % pour la France, la Grande-Bretagne et les Pays-Bas, inférieures à 1 % pour l'Allemagne, l'Autriche, l'Espagne et l'Irlande (source Eurostat).

C'est pire naturellement pour 2013. Ces pays sont en récession cumulative, dans une période où le mouvement mondial se ralentit lui-même.

C'est ici qu'apparaît l'autre vision doctrinale, largement héritière du keynésianisme.

Ses porte-parole aujourd'hui les plus notoires et les plus vigoureux sont deux Prix Nobel d'économie récents : Joseph Stiglitz et Paul Krugman.

Leur thème est simple. Pour que tout pays endetté puisse continuer à payer ne fût-ce qu'une partie de sa dette, la condition évidente, absolue, c'est qu'il connaisse un peu de croissance… Cette vision prohibe donc et combat toute politique publique tendant à diminuer l'effet de la dépense publique comme moteur de la croissance, et à entraîner par là une aggravation de la récession. Naturellement, cette vision est soutenue par les pays endettés de l'Europe du Sud, et en France par la gauche au pouvoir. Mais le pouvoir de décision dominant demeure entre les mains de ceux dont l'équilibre budgétaire et le commerce extérieur positif assurent qu'ils fourniront les fonds de soutien aux autres, à savoir l'Allemagne, les Pays-Bas, la Finlande et l'Autriche.

Quand s'est noué ce conflit, en 2009-2010, la position de ces quatre pays était sans concession, et l'austérité imposée à la Grèce redoutable.

Puis le langage des faits a parlé. On a su retarder, ou rendre moins probable, la crise de l'euro par défaut de paiement grec, au moins deux fois. Mais il devenait évident que la Grèce entrait en récession dure, et dans une certaine mesure l'Espagne aussi. Il était de plus en plus clair que, la stagnation devenant récession et s'aggravant, une éventuelle spéculation contre l'euro déclenchée à l'occasion d'un défaut de paiement avait de fortes chances de devenir torrentielle et d'emporter l'euro lui-même.

Or, en Europe continentale, tous les gouvernements partagent cette conviction qu'à long terme, et pour préparer dans une ou deux décennies les négociations sur l'équilibre du monde avec l'Asie, et notamment la Chine, l'existence d'une entité politique commune en Europe est une condition nécessaire à sa présence dans la négociation, ce qui veut dire une condition absolue de survie. La relation avec la Russie, nécessaire bien que compliquée, appelle aussi une entité de cette nature, pleinement politique et pas seulement économique. De la même façon, la relation avec le monde musulman, et distinctement sa partie arabe, fait apparaître un besoin de même nature. Le leadership américain faiblit en effet, il est loin d'être éclairé dans tous ces domaines, et il est en outre évident que, pour les États-Unis, la zone asiatique est déjà et sera de plus en plus largement plus importante que l'Europe. Ces raisonnements sont à l'évidence partagés par la diplomatie allemande.

Les unités politiques séparées et petites n'ont plus de place dans le monde qui vient.

L'enseignement majeur de l'épisode financier dangereux que nous sommes en train de vivre se résume bien au fait que la faiblesse politique de l'Union découle de l'absence d'un pouvoir central fédéral capable d'assurer inconditionnellement la défense solidaire de l'ensemble et de mettre une limite aux écarts financiers et budgétaires de ses membres. Renforcer l'Union et lui donner un caractère fédéral est donc l'un des moyens de résister à la crise financière présente, en même temps que cette réponse à la crise est le moyen de reprendre une construction arrêtée en route et présentement bloquée par les souverainistes de tous pays. Les défenseurs d'une sortie de crise par un retour à la croissance en Europe sont donc placés devant un dilemme redoutable. Il n'est pas possible aujourd'hui de gagner en même temps les deux combats, celui, politique, de l'unité européenne et celui, économique, d'imposer en Europe une pratique et une théorie favorisant la croissance et combattant la récession.

Les exigences du court terme appelant, même dans la vision conservatrice, une fédéralisation plus poussée de l'Europe, les gouvernements y ont vu l'occasion de reprendre une édification européenne en panne depuis des années. Le retrait de la Grande-Bretagne de ces négociations et son refus de la perspective unificatrice rendent enfin la chose possible. Le durcissement nationaliste de la Russie, la force et la rapidité de l'émergence de la Chine, l'inquiétude découlant de l'instabilité du monde arabe et du monde musulman moyen oriental, tout cela confirme l'urgence de ce renforcement européen. Il se fait donc avec des traités et des discours encore trop marqués, on l'a vu, d'orientations récessionnistes devant la crise.

Le déroulement du deuxième débat et la recherche de sa solution seront donc reportés après la clôture indiscutable du premier. Avoir préservé la perspective de l'unification européenne dans une crise qui pouvait la mettre à bas est déjà une victoire.

Les politiques récessionnistes continueront à faire des dégâts en Europe du Sud. Mais leur inefficacité finira par se voir.

Et, en tout cas, les décisions de 2012, le traité budgétaire, le pacte de croissance, la décision de la BCE nous mettent probablement à l'abri d'une crise par défaut de paiement dans la zone euro. C'est un détonateur de moins devant la menace de déflagration générale créée par la volatilité des liquidités mondiales.

Bien des souverainistes et des gens de gauche voudraient refuser un traité qui risque de ne pas favoriser les politiques nécessaires pour éviter la récession.

C'est incompréhensible. On ne peut sortir de l'euro sans une tempête monétaire effrayante qui laisserait des nations dévastées et très affaiblies, donc les monnaies et les économies qui s'y livreraient.

Le choix est exclu. Il faut approuver et appuyer la relance d'une unité européenne qui est déjà protectrice, et continuer dans ce cadre le combat de doctrine pour retrouver les fondements et les moyens d'un nouveau modèle de développement, soutenable celui-là.

Michel Rocard
15 decembre 2012

Annexes

HENRY FORD : « POURQUOI J'AI MIS EN PLACE LA SEMAINE DE 5 JOURS PAYÉS 6 »

World's Work, octobre 1926

Henry Ford récidive. Douze ans après avoir doublé les salaires de ses ouvriers le fameux "Five Dollars a Day" (5 $ par jour), ce grand industriel récidive en montrant que non seulement l'innovation sociale n'est pas un frein au développement économique mais que le développement économique n'est pas durable sans innovation sociale : « refusant de s'attarder sur le côté humaniste de la réduction du temps de travail », Ford explique que le capitalisme a besoin d'entreprises qui produisent mais qu'il a besoin aussi de consommateurs qui ont des revenus et des modes de vie qui leur permettent de consommer.

Cette traduction a été réalisée par Valérie Courteau pour le site les-crises.fr d'Olivier Berruyer. Merci à eux de nous avoir autorisés à publier de larges extraits de cette interview.

* * *

Dans cette interview, le constructeur automobile raconte pourquoi il a réduit la semaine de travail à 40 heures sans diminution de salaire.

Il y a douze ans, Henry Ford faisait une annonce qui a révolutionné l'industrie et amené des ouvriers par dizaines de milliers à prendre d'assaut les emplois offerts par Ford : désormais, le salaire minimum dans ses usines serait de 5 dollars pour une journée de 8 heures. À cette époque, un bon salaire était de 2,50 dollars pour une journée de 10 heures. Aujourd'hui, Ford fait une autre annonce beaucoup plus importante : « Nous avons mis en vigueur dans toutes nos usines la semaine de 5 jours. Il n'y aura donc plus de travail chez nous le samedi et le dimanche. Ce seront des jours libres, mais les travailleurs recevront la même rémunération que pour une semaine de 6 jours par semaine. La journée de travail continuera d'être de 8 heures, sans heures supplémentaires. »

« Pour l'instant, cela ne s'appliquera pas au chemin de fer ni aux gardiens ou à certains emplois où les processus doivent être continus : certains auront à travailler le samedi et le dimanche. Mais ils représentent moins de 1 % de nos salariés et chacun d'eux aura 2 jours de repos consécutifs dans la semaine. »

« Cette décision de mettre en vigueur la semaine de 5 jours n'est pas soudaine. Nous allons vers elle depuis quatre ans. Nous avons marché à tâtons. [...] Maintenant, nous savons, par nos expériences de passage de 6 à 5 jours et vice-versa, qu'une semaine complète de salaire pour une semaine de travail de courte durée sera rentable. »

« Le pays est prêt pour la semaine de 5 jours. Cela va se généraliser à toute l'industrie. En l'adoptant nous-mêmes, nous la plaçons de fait dans une cinquantaine de secteurs, car nous sommes des fabricants de voiture mais aussi des mineurs de charbon, des mineurs de fer, des bûcherons, et ainsi de suite. La semaine courte sera généralisée, parce que, sans elle, le pays ne sera pas en mesure d'absorber sa production et de rester prospère. »

« Les ouvriers bien rémunérés ont plus de loisirs, et ces loisirs deviennent des besoins. Ces désirs de loisirs vont bientôt devenir des besoins. Bien gérée, une entreprise paie des salaires élevés et vend à bas prix. Ses ouvriers ont le loisir de profiter de la vie et ont les moyens pour financer cette jouissance. »

« L'industrie de ce pays ne pourra exister longtemps si nombre d'entreprises reviennent à la journée de dix heures de travail, car alors les gens n'auront plus de temps pour consommer les biens produits. Par exemple, le travailleur devrait avoir accès à l'automobile pour aller faire du shopping de l'aube jusqu'au crépuscule. Et cela aura des conséquences innombrables, pour l'automobile, en permettant aux gens de se déplacer rapidement et facilement, on leur donne une chance de découvrir ce qui se passe dans le monde – ce qui les conduit à une vie plus riche qui nécessite plus de nourriture, plus et de meilleurs produits, plus de livres, plus de musique – plus de tout.

« Les avantages du voyage ne sont plus limités à ceux qui peuvent se payer un coûteux voyage à l'étranger. Il y a plus à apprendre dans ce pays qu'il n'y en a à l'étranger. »

« **Tout comme la journée de 8 heures a inauguré notre chemin vers la prospérité, la semaine de 5 jours va ouvrir le chemin d'une prospérité encore plus grande.** »

« Bien sûr, il y a un côté humaniste à la réduction du temps de travail. Mais s'attarder sur ce point est susceptible de nous mettre dans l'embarras car alors les loisirs pourraient devenir prioritaires sur le travail au lieu de se situer après le travail – où ils doivent se situer. »

« Il est grand temps de nous débarrasser de l'idée que les loisirs pour les ouvriers sont soit du temps perdu, soit un privilège de classe. »

« Ce n'est que récemment qu'un Français a parlé de la consommation accrue d'alcool en pointant la journée de 8 heures, la dénonçant comme un dispositif qui donne plus le temps de boire aux ouvriers. »

Nous, nous constatons que les hommes reviennent, après un repos de deux jours, frais et dispos et qu'ils sont capables de mettre leur esprit ainsi que leurs mains immédiatement au travail. »

La semaine de 5 jours n'est pas le but ultime, pas plus que la journée de 8 heures. Il suffit de gérer ce que nous sommes en mesure de gérer et de laisser l'avenir prendre soin de lui-même. C'est ce qui se passera de toute façon. »

***

En 1926, Ford ne sera pas pris au sérieux quand il propose un partage plus juste des gains de productivité. Trois ans plus tard éclatera la crise de 1929 et treize ans plus tard, la seconde guerre mondiale. Après 1945, on mettra en place dans tous nos pays la semaine de 5 jours sans baisse de salaire.

Antoine Riboud : « Il faut descendre à 32 heures par semaine »

Le Monde, 28 septembre 1993

Antoine Riboud fut le fondateur et de PDG du plus grand groupe agroalimentaire français, BSN-Danone. En 1972, il prononce un discours précurseur devant les assises du patronat français : «Si les ressources d'énergie de la terre sont limitées, celles de l'homme sont infinies s'il se sent motivé. »

En 1993, il est le premier à relancer le débat sur le temps de travail, un sujet tabou depuis l'échec des 39 heures au début des années 1980.

* * *

« On peut admettre que le chômage dû à la crise (3 %) se résorbera avec le redémarrage de l'économie et les mesures du gouvernement. Il restera un chômage, que nous appellerons structurel, qui représente 8 % de la population active. Seuls des moyens audacieux pourront le réduire…

Il faut réduire significativement la durée du travail. Car, si vous la réduisez de quelques heures, la productivité absorbera la diminution d'horaires. Il faut avoir la volonté de descendre à 32 heures, soit 4 jours par semaine. Cela nécessitera toute une nouvelle organisation du travail et obligera toutes les industries et les services à embaucher fortement.

Êtes-vous prêts à appliquer le premier votre idée ?

Non, car cette mesure très audacieuse doit être appliquée obligatoirement par l'ensemble des professions pour éviter de fausser la concurrence. Nous ne pouvons pas supporter des coûts supérieurs à ceux des autres industriels, ce qui risque de se produire si nous descendons à 32 heures et embauchons plus de salariés, alors que nos concurrents restent à 39 heures avec moins de personnel.

Cette mesure nécessite une grande cohérence et ne se fera pas sans une négociation entre tous les acteurs économiques et sociaux. Elle n'aura aucune consistance sans l'arbitrage de l'État, sur le plan français et sur le plan européen.

À combien estimez-vous les créations d'emplois ?

Tout bien calculé, (même en tenant compte des gains de productivité que va faire l'entreprise en changeant son organisation), cela permettrait d'augmenter de 6 % ou 7 % le nombre d'emplois, ce qui permettrait, en France, de créer 1 400 000 emplois.

L'IMPACT MACROÉCONOMIQUE DES QUATRE JOURS

Options finances, 15 novembre 1993

Patrick Artus, directeur des études économiques de la Caisse des dépôts, a exploré le bouclage macro-économique de la formule Larrouturou. Sa conclusion est formelle : « il tient » ; ce qui, précise-t-il, « ne présage en rien de la faisabilité pratique du passage à la semaine de quatre jours… »

Pour que la semaine de quatre jours constitue un remède envisageable au problème du chômage, il faut éviter qu'elle ne provoque des déséquilibres graves et donc assurer à la fois le maintien du potentiel de production, la stabilité des coûts de production unitaires des entreprises, la stabilité (ou éventuellement la hausse) du revenu disponible et l'absence du déficit des administrations.

— La stabilité de la capacité de production implique que la hausse de l'emploi (N) et celle de la productivité horaire du travail (P) compensent la baisse de la durée du travail, en l'espèce 18 %.

Soit N + P = 18 %. Quelle peut donc être l'évolution de la productivité horaire avec le passage à la semaine de quatre jours ? La baisse de la durée du travail est normalement un facteur de gains de productivité (moindre fatigue, moindre absentéisme, nécessité d'achever le travail en quatre jours...). Le coût organisationnel peut toutefois compenser ces gains. On peut donc formuler deux hypothèses : un gain de 5 % de productivité horaire (P = 5 %, N = 13 %) et une absence de gain (P = 0 %, N = 18 %).

– Puisque la production est stable, la stabilité du coût unitaire de production implique que la variation du salaire par tête (W), celle de l'emploi et celle du taux de cotisations sociales (t) à la charge des entreprises s'annulent. Le coût unitaire varie donc avec la masse salariale multipliée par 1 + le taux de cotisations sociales. Le taux apparent de charges sociales des entreprises était de 34,2 % en 1992. Lorsque la production horaire ne varie pas (P = 0), on a N = 18 %, d'où t + 1,34 (W + 18 %) = 0.

Si elle augmente (P = 5), l'équation devient t + 1,34 (W + 13 %) = 0. La baisse du taux de cotisations sociales doit compenser la variation de la masse salariale accrue des charges sociales.

– L'absence de dégradation du déficit budgétaire implique que la baisse des charges sociales des entreprises liée à la baisse des taux (t) soit couverte par la hausse des charges sociales due au surcroît éventuel de masse salariale qui apparaît grâce à l'augmentation de l'emploi, par la baisse du coût du chômage et par un supplément de pression fiscale directe sur les salaires si les autres recettes ne suffisent pas. Le coût du chômage en 1992 de 260 milliards environ (prestations + coût de la politique de l'emploi) situe le coût du chômage à 102 000 francs l'an (pour un chômage de 2 550 000 personnes au sens du BIT), alors que la masse salariale par tête dans les entreprises (hors charges salariales) est de 126 000 francs. Cela implique que le surcroît d'impôts qui équilibre le budget

(T) est donné (en % de la masse salariale hors charges des entreprises) par :

T= – t – 34,2 % (W + N) – 0,80 N. Le premier terme (– t) reflète l'effet de la baisse du taux de cotisations sociales ; le second (– 34,2 % [W + N]) celui de la hausse possible de la masse salariale ; le troisième celui de la réduction du coût de travail (0,80 = 102 000/126 000).

Lorsque P = 0, T = – 0,75 t – 14,4 et lorsque P = 5, T = – 0,75 t – 10,4, le gain en emploi étant plus faible dans le second cas, la réduction du coût du chômage est plus limitée.

— Le revenu disponible varie avec la masse salariale (W + N), diminue avec la réduction des prestations liées au chômage et dépend du surcroît (ou de la baisse) d'impôt nécessaire (T) pour équilibrer le budget. La stabilité du coût unitaire de production implique que 1,32 (W + N) = – t (la baisse du taux de cotisations sociales équilibre la hausse de la masse salariale accrue des charges sociales). La variation du revenu disponible s'écrit donc R= – 0,75 – T – 0,80N = 0. Le premier terme reflète l'évolution de la masse salariale (W + N), le second la hausse éventuelle des impôts (si T est positif, le revenu disponible est réduit), le troisième la baisse des transferts liés au chômage. En reportant l'expression de l'équilibre budgétaire ci-dessus, on obtient R = 0. Il n'y a donc pas de variation du revenu disponible. Le dernier agent économique, c'est-à-dire les ménages, ne connaît pas non plus de variation de ses revenus.

ACCORD DE FINANCEMENT
D'UN PASSAGE GÉNÉRAL À LA SEMAINE DE 4 JOURS
DANS UNE ENTREPRISE AGRO-ALIMENTAIRE
DE 800 SALARIÉS

Explication du tableau ci-contre.

* Hypothèse inflation de 2 % par an.

** Si l'on excepte la suppression de la prime de salissure, peu sensible, 0,5 %, aucune baisse de rémunération n'a été appliquée. L'effort des salariés a pris la forme d'un ralentissement de la progression des salaires pendant les deux premières années.

*** Dans cette branche, la convention collective prévoit que le nombre de jours de congés augmente un peu avec l'ancienneté. Mais, en passant à 4 jours, chacun a gagné 40 jours de congés d'un coup ! On a donc décidé du blocage du dispositif «Congés payés à l'ancienneté». Par rapport aux entreprises concurrentes qui doivent continuer à appliquer cette clause, l'entreprise passée à 4 jours fait une économie estimée à 1,3 % la première année...

Au total, sans augmenter d'un centime les coûts de production, la semaine de 4 jours a permis la création de 120 emplois en CDI.

Années	1	2	3	4	5	6	7	8	9	10	11	12	Cumul
Coût													
Embauches (+15 % CDI)	15	15	15	15	15	15	15	15	15	15	15	15	180
Financement													
Exonération charges sociales	10	8	8	8	8	8	8	0	0	0	0	0	58
Blocage salaires *	1	2	2	2	2	2	2	2	2	2	2	2	23
(N + 8)								(3)	(4)	(4)	(4)	(4)	
Induit			0,02	0,04	0,06	0,08	0,1	0,12	0,14	0,16	0,18	0,2	1,1
Désindexation 6/38			0,3	0,6	0,9	1,2	1,5	1,5	1,5	1,5	1,5	1,5	12
Salissure **	0,5	0,5	0,5	0,5	0,5	0,5	0,5	0,5	0,5	0,5	0,5	0,5	6
C.P. ancienneté ***	1,3	1,4	1,5	1,5	1,6	1,6	1,7	1,7	1,8	1,8	1,9	1,9	19,7
Prime ancienneté	0,5	1	1,5	2	2,5	3	4	4,5	5	6	7	7,5	44,5
Induit			0,03	0,04	0,05	0,06	0,08	0,09	0,1	0,12	0,14	0,15	0,86
Co-investissement	1,25	1,25	1,3	1,3	1,4	1,4	1,5	1,5	1,5	1,5	1,6	1,6	17,1
TOTAL	14,55	14,15	15,15	15,98	17,10	17,84	19,38	11,91	12,54	13,58	14,82	15,35	182,26
Ecart	— 0,45	— 0,8	0,15	0,98	2,01	2,84	4,38	— 3,09	— 2,46	— 1,42	— 0,18	0,35	2 ,26
Provision	— 0,45	— 1,3	— 1,15	— 0,17	1,84	4,68	9,06	5,97	3,51	2,09	1,91	2,26	

Table

Cet ouvrage a été achevé d'imprimer en janvier 2013
sur les presses de Normandie Roto Impression s.a.s.
61250 Lonrai
N° d'imprimeur : 130321
N° d'édition : L.01ELKN000433.A002
dépôt légal : janvier 2013

Imprimé en France